처음부터 다시 배우는

개정판

두근두근

일본어 ①

저자 박효경, 황영희

시사일본어사

한국에는 일본어를 처음 접하는 학습자뿐만 아니라 직업적 동기와 자기 계발을 위해 장기간 잊었던 일본어를 다시 배우고자 하는 학습자도 있습니다. 본 교재는 일본어와 일본 문화에 대한 기초 학습을 처음 시작하거나 다시 시작하는 성인 학습자를 대상으로 일본어를 효과적으로 학습할 수 있도록 1부 일본어, 2부 일본 문화로 구성하였습니다.

현재 국내에는 일본어를 배우고자 하는 학습자가 초급 과정의 교재로 어떤 것을 선택해야 할 지 모를 정도로 기초 학습서가 많습니다. 하지만, 한국어와 유사한 일본어의 특성상 기초 교재들의 내용은 크게 다르지 않은 것 또한 사실입니다. 그리고 학습자에게 이상적인 일본어 학습 환경은 일본 현지 생활 속에서 자연스럽게 습득되는 것이라고 생각됩니다. 이러한 일본어 학습자의 갈증을 해소하기 위해 일본 문화를 배경으로 알기 쉽고 실생활에 꼭 필요한 언어 요소가 연관성 있게 들어간 내용으로 제작하였습니다.

단순한 여행에서 일본인과의 개인적인 만남뿐만 아니라, 정치·사회·경제적 교류가 더욱 확대되면서 일본인과의 접촉이 늘어나고 있는 상황에서 원활한 커뮤니케이션을 위해서는 일본어 능력뿐만 아니라 사회 언어 능력도 요구됩니다. 일본인의 (비)언어 행동과 밀접한 일본어 단어 하나, 문장 하나를 기억하고 사용함으로써 일본 및 일본인에 대한 시각은 크게 바뀔 것입니다.

본 교재는 일본어의 히라가나와 가타카나 학습에서 시작하여 어휘와 발음, 문법 등 일본어의 기초적인 지식을 일본인의 이름, 일본의 지명, 음식, 교통 문화, 스포츠, 일본인의 매너 등 일본 문화의 특징을 배경으로 한국과 비교하며 대조적으로 학습하는 구조로 전개하였습니다. 이를 통해 일본어에 대한 기초 지식뿐만 아니라 일본인과 일본에 관한 이해의 기초도 마련될 것입니다. 기존에 단순히 이미지를 제시하거나 칼럼을 실은 것과는 달리 2부의 일본 문화에 나오는 어휘를 1부의 회화 내용에 적용하여 학습자가 다음 단계에서 응용할 수 있는 힘을 기를 수 있게 하였습니다.

다시 말해 일본어의 읽기, 쓰기, 듣기, 말하기의 4기능을 일본 문화와 접목하여 흥미를 가지고 학습하면서 일본어 학습에서의 첫걸음을 정확하게 디딜 수 있도록 하였습니다. 이를 위한 본 교재의 기존 교재와의 차별성은 다음과 같은 점에 있습니다.

우선 한국인 일본어 학습자의 일본어 습득 과정을 전공하고 다년간 일본어 교육을 경험한 집필자가 일본어의 학습을 위해 첫 단계에서 학습자에게 꼭 필요한 것들을 담았습니다. 한국인의 일본어 습득과 관련한 최신의 연구 성과를 반영하여 회화의 내용이나 연습문제, 본문의 어휘에 대해서 언어 생활에서 바로 사용할 수 있는 것을 선택하였습니다.

그리고 문체 면에서도 비즈니스 관계에 있는 일본인에게 사용하는 정중체(formal)와 친구 사이에 스스럼없이 사용할 수 있는 보통체(informal)를 동시에 제시하여 일본어 초급 과정에서부터 두 가지 문체를 체계적으로 습득할 수 있도록 구성하였습니다.

또한, 학습자가 일본어를 인지해가는 과정을 염두에 두고 거기에 자극을 줄 수 있도록 노력하였습니다. 즉, 일본 문화의 중요한 요소를 회화와 관련 설명에 스며들게 하고 더불어 이미지를 통해 일본어와 일본 문화를 연상하면서 학습할 수 있도록 하였습니다. 나아가 최근의 언어적 변화, 유행어 등을 소개하여 살아있는 일본어를 사용할 있도록 하였습니다.

각 Unit의 끝에는 학습 평가와 생각해 보기를 통해 본문에서 학습한 내용을 확인하고 현재의 일본어(문화 이해) 능력을 응용하고 심화시키고자 하였습니다. 이와 같이 일본어를 처음 배우는 학습자도, 다시 배우는 학습자도 만족할 수 있도록 많은 것을 효과적으로 담으려 노력하였습니다.

전체 학습 과정을 통해 다음과 같이 일본어와 일본 문화에 접근하고자 하는 전략을 세워 진행해 가시면 저자의 의도가 충분히 전달되어 학습 효과가 클 것입니다. 첫째, 일본어 발음, 어휘, 문법, 담화 등 일본어의 기초적인 지식을 일본 문화와 접목시켜 통합적으로 학습합니다. 둘째, 풍부한 이미지와 함께 제시되는 일본의 이름, 지명, 음식, 교통, 볼거리, 패션, 스포츠 등 관련 어휘를 회화에서 사용할 수 있도록 합니다. 셋째, 사적인 인포멀한 대화와 공적인 포멀한 대화를 동시에 사용하여 다양한 커뮤니케이션에 대응할 수 있도록 합니다.

또한, 본 교재가 사이버대학교의 온라인 교육에 맞춰진 것으로 이미지만이 아니라 금후에는 가상현실 속의 일본어 학습이 실현되어 보다 효과적인 커뮤니케이션 학습이 이루어지길 바래봅니다.

끝으로 본 교재의 학습을 통해 일본어와 일본 문화 이해의 초급 단계의 벽을 허물고 다음 단계로의 발전이 있으시길 바라며 지속적인 일본어 학습의 결과가 일본인과의 교류에 적극 활용된다면 저자로서 기쁠 따름입니다.

저자 일동

이 책은 이렇게 구성되어 있어요!

각 과의 구성

1부 기초 일본어에 관한 지식

2부 일본 문화에 관한 지식

- 각 과의 후반부에 학습 내용을 확인할 수 있는 학습 평가, 연습문제, 생각해 보기가 제시됩니다. Unit 1 히라가나 부터 Unit 13 동사의 て형까지 학습하게 됩니다. 한 학기 동안의 학습에 맞춰 간단한 일본어를 할 수 있는 단계 까지 학습합니다.

- 기초적인 일본어 학습은 1부 일본어 회화에서 하게 되며, 2부 문화에서는 1부에서 배운 단어와 문장이 쓰여지는 장면·상황과 관련된 일본, 일본인, 일본 문화의 요소를 소개합니다. 1부에서는 일본어를 배우는데 가장 중요 한 네 가지 기능인 말하기, 듣기, 쓰기, 읽기의 능력을 향상시킵니다.

- 아울러 주요 문법 사항을 잘 습득하였는지 확인하면서 연습할 수 있는 종합 연습 문제를 따로 마련하였습니다. Unit 4까지 학습한 후에는 명사문과 な형용사 활용, Unit 7까지 학습한 후에는 지시어와 い형용사 활용, Unit 10 까지 학습한 후에는 동사의 ます형 활용, Unit 13까지 학습한 후에는 동사의 て형에 관련된 문제를 출제하여 순차적으로 기본적인 일본어의 문법 사항을 확인할 수 있도록 유도하였습니다.

- 2부에서는 일본(인)과 일본어 이해의 첫걸음으로, 예를 들어 '좋아하는 음식은 무엇입니까?(好きな料理はなん ですか)'와 관련된 일본어 표현을 배우고 이와 연계하여 다양한 일본의 음식 문화(すし, ラーメン, おこのみ やき, うどん, そば, なべりょうり, うめぼし, なっとう, おにぎり, どんぶり, にほんしゅ 등)를 소개하여 학습자가 응용할 수 있도록 하였습니다.

이런 내용을 배울 수 있어요!

- 일본어의 문자(히라가나, 가타카나)와 발음, 초급 문법과 어휘 등 일본어의 기초적인 지식을 일본 문화(이름, 지명, 음식, 교통, 관광, 복장, 스포츠, 매너 등)의 특징과 함께 학습할 수 있습니다.

- 일본어의 읽기/쓰기/듣기/말하기의 네 가지 기능을 일본 문화와 접목하여 재미있게 학습함으로써 흥미로운 일본과 일본어 이해로의 첫걸음을 뗄 수 있습니다.

- 회사에서 쓸 수 있는 정중한 대화와 학교에서의 친구들과의 일상적인 대화를 함께 학습함으로써 정중형/보통 형의 다양한 커뮤니케이션을 습득할 수 있습니다.

회화 1

정중체 회화를 듣고 학습할 수 있도록 제시하였으며, 회화에 나온 신출 단어 및 표현은 교재 하단에 정리해 두어 편리하게 학습할 수 있도록 하였습니다. 또한 회화 본문에 쓰인 주요 표현을 설명 및 예문과 함께 다루었습니다.

회화 2

보통체 회화를 듣고 학습할 수 있도록 제시하였으며, 회화에 나온 신출 단어 및 표현은 교재 하단에 정리해 두어 편리하게 학습할 수 있도록 하였습니다. 또한 회화 본문에 쓰인 주요 표현을 설명 및 예문과 함께 다루었습니다.

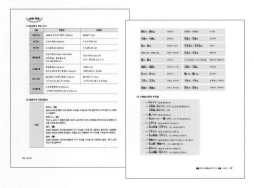

심화 학습

심화된 문법 사항이나 기타 표현 등의 내용을 알기 쉬운 설명으로 제시하여 학습에 도움이 될 수 있도록 하였습니다.

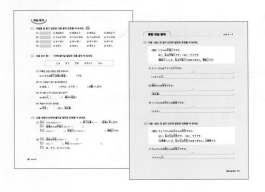

학습 평가 및 종합 연습 문제

각 Unit에서 배운 내용을 다양한 형태의 문제로 풀어보며 정리 및 실력 점검을 할 수 있도록 하였으며, 총 네 번에 걸쳐 종합 연습 문제를 풀어보며 철저히 복습할 수 있도록 하였습니다. 종합 연습 문제의 정답은 QR 코드 스캔 또는 시사일본어사 홈페이지를 통해 다운로드할 수 있습니다. (www.sisabooks.com/jpn)

종합 연습 문제
정답 보기

이 책의 구성 및 특징

2부

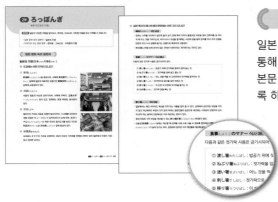

일본 문화 속의 일본어

일본 문화 속에서 일본어가 어떻게 보여지는지 다양한 주제를 통해 알기 쉽고 재미있게 설명했습니다.
본문 속 일본어는 발음을 병기하여 내용의 이해를 도울 수 있도록 하였습니다.

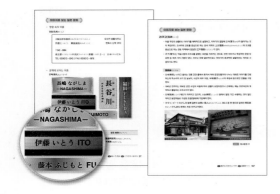

이미지로 보는 일본 문화

최신 일본 사정을 사진이나 이미지를 통해 다양한 주제로 배울 수 있도록 하였습니다.
본문 속 일본어는 발음을 병기하여 내용의 이해를 도울 수 있도록 하였습니다.

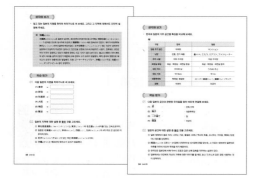

생각해 보기

함께 생각해 볼 수 있는 주제를 제시하여, 일본 문화에 대해 좀 더 다양한 시각으로 접근할 수 있도록 하였습니다. 또한, 예시 내용도 함께 제시하였습니다.

학습 평가

각 Unit에서 배운 내용을 다양한 형태의 문제로 풀어 보며 정리 및 실력 점검을 할 수 있도록 하였습니다.

학습 평가 정답

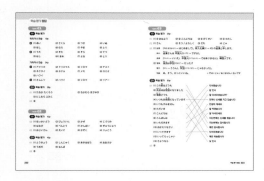

각 Unit별 학습 평가의 정답을 한 눈에 볼 수 있도록 정리했습니다.

본문 해석

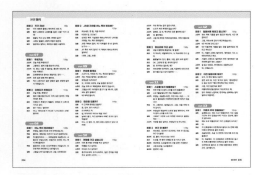

각 Unit별 회화 1, 2의 본문 해석 내용을 실어, 전체 내용을 확인할 수 있도록 하였습니다.

색인

각 Unit별로 쓰인 단어 및 표현을 정리해 놓아, 단어를 쉽게 찾아 복습할 수 있도록 하였습니다.

MP3 무료 다운로드

음성 듣기

Unit 1, 2의 문자와 발음부터 각 Unit의 회화, 단어 및 표현의 원어민 음성을 수록하고 있습니다. 음성은 QR코드를 통한 스트리밍 서비스 이용 및 시사일본어사 홈페이지에서 무료 다운로드가 가능합니다. (www.sisabooks.com/jpn)

목차

	제목	회화		주요 표현	문화
Unit 01	あいうえお くろさわ あきら	일본어의 문자			일본인의 이름
Unit 02	いっぱい ろっぽんぎ	일본어의 소리			일본의 지명
Unit 03	おはようございます おとうさん・パパ	회화1 おはようございます。 회화2 おはよう。		명사문	일본의 인사와 호칭
Unit 04	好きな料理は何ですか うめぼし	회화1 好きな料理は何ですか。 회화2 好きな料理は何？		な형용사문	일본의 음식
Unit 05	どこですか ２じょう・１メートル	회화1 お住まいはどちらですか。 회화2 おうちはどこ？		지시어, 시간표현	일본의 공간
Unit 06	顔が広いですね あくしゅ	회화1 顔が広いですね。 회화2 背が高いね！		い형용사문	일본인의 신체 접촉
Unit 07	寒かったですよね ゆかた	회화1 寒かったですよね。 회화2 暑かったり寒かったり。		い형용사의 과거형	일본인의 패션 문화
Unit 08	どちらが便利ですか のぞみ	회화1 どちらが便利ですか。 회화2 JRと地下鉄、どっちが便利？		의문 표현	일본의 교통문화
Unit 09	コーヒーにします セブン-イレブン	회화1 コーヒーにします。 회화2 コンビニ、ある？		동사의 종류, ます형	일본의 브랜드
Unit 10	旅行に行きたいです 祇園まつり	회화1 旅行に行きたいです。 회화2 おまつりに行きたい。		ます형을 활용한 문형	일본의 볼거리
Unit 11	相撲を見ませんか よこづな	회화1 相撲を見ませんか。 회화2 野球、見ない？		동사의 부정형	일본의 스포츠와 오락
Unit 12	日本語で何といいますか ググる	회화1 日本語で何といいますか。 회화2 これは日本語で何？		외래어 표기, て형 활용	일본어의 외래어와 유행어
Unit 13	教えてくれませんか おもいやり	회화1 教えてくれませんか。 회화2 教えてくれる？		て형을 이용한 의뢰 표현	일본인의 배려와 매너

Unit 01

1부

あいうえお

아이우에오

2부

くろさわ あきら

구로사와 아키라

주요 학습 내용

1부
1. 일본어의 문자
2. 히라가나
3. 가타카나

2부
1. 일본인의 이름
2. 명함·문패
3. 생각해 보기
4. 학습 평가

학습 목표

• 일본어에서 사용되는 문자의 종류를 설명할 수 있다.

• 오십음도(히라가나, 가타카나)를 이해하고 읽고 쓸 수 있다.

• 일본인의 이름에 쓰인 문자와 소리를 이해할 수 있다.

• 일본인의 성과 이름을 통해 일본 문화의 특징을 이해할 수 있다.

• 일본인의 다양한 명함과 문패를 읽을 수 있다.

1부 あいうえお

아이우에오

1. 일본어의 문자

일본어의 문자는 크게 히라가나(ひらがな)・가타카나(カタカナ)・한자(漢字)로 구성된다.

히라가나(ひらがな)
- 한자의 초서체가 변형되어 만들어진 글자이다.
- 헤이안시대에 성립되었으며 주로 궁중의 여성들이 수필이나 서간문에 사용하였다.
  한자와 더불어 현대 일본어를 표현하는 가장 기본이 되는 문자이다.
- 현재 쓰이는 기본 문자는 46자이다.

가타카나(カタカナ)
- 한자 자획의 일부를 따서 사용한 것에서부터 시작되었다.
- 헤이안시대 초기에 승려들이 불경의 읽는 법을 표시하기 시작하면서 생겨난 글자이다.
- 주로 외래어 표기나 의성어, 의태어, 전보문, 동・식물의 이름 등에 사용된다.
- 히라가나와 마찬가지로 기본 문자는 46자이고, 발음도 동일하다.

한자(漢字)
- 현대 일본에서는 2,136자의 상용한자를 제정하여 일상생활의 한자 사용 기준으로 삼고 있으
  며, 1946년 이후 난해한 글자를 간략화한 새로운 자체(新字体)가 정해져 통용되고 있다.
  예 國 → 国   體 → 体   讀 → 読
- 일본에서 만들어진 한자도 있다.
  예 峠 고개   鮭 연어

〈한자 읽기〉
- 보통 하나의 한자(漢字)에는 두 가지 이상의 읽는 방법이 있다.
  • 훈독: 한자의 뜻으로 읽는 법 (일본 고유어에 한자를 대응시켜 읽는 것)
    예 国 くに [kuni] 나라   山 やま [yama] 산
  • 음독: 중국의 한자음을 기본으로 하여 읽는 법
    예 韓国 かんこく [kankoku] 한국   富士山 ふじさん [hujisan] 후지산

2. 히라가나

(1) 오십음도

일본어의 기본적인 음절을 열거하여 표기한 것으로, 모음에 따라 세로 5자, 자음에 따라 가로 10자로 나열한다.

· 행(行) : 같은 자음끼리 세로로 배열한 줄
· 단(段) : 같은 모음끼리 가로로 배열한 줄

와행	라행	야행	마행	하행	나행	타행	사행	카행	아행	행/단
わ [wa]	ら [ra]	や [ya]	ま [ma]	は [ha]	な [na]	た [ta]	さ [sa]	か [ka]	あ [a]	아단
	り [ri]		み [mi]	ひ [hi]	に [ni]	ち [chi]	し [shi]	き [ki]	い [i]	이단
	る [ru]	ゆ [yu]	む [mu]	ふ [hu]	ぬ [nu]	つ [tsu]	す [su]	く [ku]	う [u]	우단
	れ [re]		め [me]	へ [he]	ね [ne]	て [te]	せ [se]	け [ke]	え [e]	에단
を [o]	ろ [ro]	よ [yo]	も [mo]	ほ [ho]	の [no]	と [to]	そ [so]	こ [ko]	お [o]	오단

(2) 히라가나 문자와 발음

 あ행

あ[a]	い[i]	う[u]	え[e]	お[o]
あ	い	う	え	お
あい	いち	うた	えき	おとこ
[a-i]	[i-chi]	[u-ta]	[e-ki]	[o-to-ko]
사랑	일(숫자 1)	노래	역	남자

- 일본어 모음에는 5개가 있으며, 우리말의 '아, 이, 우, 에, 오'처럼 발음한다.
- 단, 「う」는 입술을 앞으로 내밀지 말고, 약간 옆으로 벌리며 발음한다. (평순 모음)

か행

か[ka]	き[ki]	く[ku]	け[ke]	こ[ko]
か	き	く	け	こ
かみ	きた	くろ	いけ	ここ
[ka-mi]	[ki-ta]	[ku-ro]	[i-ke]	[ko-ko]
종이	북쪽	검은색	연못	여기

- 어두에서는 우리말 'ㄱ'과 'ㅋ'의 중간음에 가깝게, 어중이나 어말에서는 'ㄲ'에 가깝게 발음한다.
- 예 かみ[ka-mi]　あか[a-ka]
  きた[ki-ta]　えき[e-ki]

さ행

さ[sa]	し[shi]	す[su]	せ[se]	そ[so]
さ	し	す	せ	そ
さくら [sa-ku-ra] 벚꽃	さしみ [sa-shi-mi] 회	すし [su-shi] 초밥	せかい [se-ka-i] 세계	そら [so-ra] 하늘

• 「さ」, 「せ」, 「そ」의 자음은 [s]이지만, 「し」는 입술 모양을 좀 더 옆으로 길게 하여 발음한다.
• 「す」는 입술을 앞으로 내밀지 말고 발음하며, 우리말의 '스'에 가깝게 발음한다.

た행

た[ta]	ち[chi]	つ[tsu]	て[te]	と[to]
た	ち	つ	て	と
たこ [ta-ko] 문어	くち [ku-chi] 입	つき [tsu-ki] 달	てつ [te-tsu] 철	とけい [to-ke-i] 시계

• 「た」, 「て」, 「と」는 어두에서는 'ㅌ'음을 약하게 한 발음이며, 어중이나 어말에서는 'ㄸ'음에 가까운 발음이다.
• 「ち」와 「つ」는 우리말의 'ㅊ'와 'ㅉ'의 중간음 정도로 발음한다.

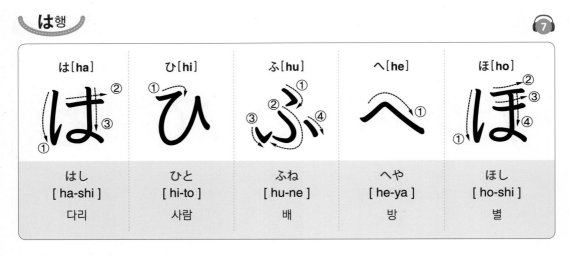

な행

な[na]	に[ni]	ぬ[nu]	ね[ne]	の[no]
なわ [na-wa] 새끼줄	にく [ni-ku] 고기	いぬ [i-nu] 개	あね [a-ne] 언니/누나	のり [no-ri] 김

• な행 자음은 우리말의 'ㄴ'과 같으나, 「に」는 구개음화로 혀를 안쪽으로 넣어서 발음한다.

は행

は[ha]	ひ[hi]	ふ[hu]	へ[he]	ほ[ho]
はし [ha-shi] 다리	ひと [hi-to] 사람	ふね [hu-ne] 배	へや [he-ya] 방	ほし [ho-shi] 별

• は행 자음은 우리말의 'ㅎ'처럼 발음한다.
• 단, 「ふ」는 입술 사이로 나오는 마찰음으로, 촛불을 끌 때 입모양으로 '후'하고 발음한다.

ま행

ま[ma]	み[mi]	む[mu]	め[me]	も[mo]
ま	み	む	め	も
まめ [ma-me] 콩	みなみ [mi-na-mi] 남쪽	むら [mu-ra] 마을	あめ [a-me] 비	もち [mo-chi] 떡

• ま행 자음은 우리말의 'ㅁ'과 거의 같으며, 짧고 가볍게 발음한다.

や행

や[ya]	ゆ[yu]	よ[yo]
や	ゆ	よ
やま [ya-ma] 산	ゆめ [yu-me] 꿈	よる [yo-ru] 밤

• 반모음으로, 우리말의 '야, 유, 요'와 거의 같다.

ら행

ら[ra]	り[ri]	る[ru]	れ[re]	ろ[ro]
ら① ②	り① ②	る①	② れ①	ろ①
あきら [a-ki-ra]	とり [to-ri]	くるま [ku-ru-ma]	あられ [a-ra-re]	いろ [i-ro]
아키라(인명)	새	자동차	싸락눈/과자	색깔

- ら행 자음은 우리말 'ㄹ'과 거의 같으며, 혀끝이 잇몸을 가볍게 튕기듯이 내는 소리이다.

わ행

わ[wa]		を[o]
② わ①		を① ② ③
わたし [wa-ta-shi]		日本語を勉強する
나		일본어를 공부하다

- 「わ」는 입술을 둥글게 오므리지 말고, 입술을 약간 옆으로 벌리며 '와'하고 발음한다.
- 「を」는 わ행이지만, 'w'음이 퇴화하여 あ행의 「お」와 발음이 완전히 동일하며, '~을/를'이라는 의미의 목적격 조사로만 사용한다.

출처　참고문헌 ⑥

학습 평가 히라가나 연습

1 잘 듣고 각각의 단어를 따라 읽어 보세요. 🎧12

あい	かみ	さくら	たこ	なわ	はし	まめ	やま	あきら	わたし
いち	きた	さしみ	くち	にく	ひと	みなみ		とり	
うた	くろ	すし	つき	いぬ	ふね	むら	ゆめ	くるま	
えき	いけ	せかい	てつ	あね	へや	あめ		あられ	
おとこ	ここ	そら	とけい	のり	ほし	もち	よる	いろ	

2 잘 듣고 알맞은 문자를 써 보세요. 🎧13

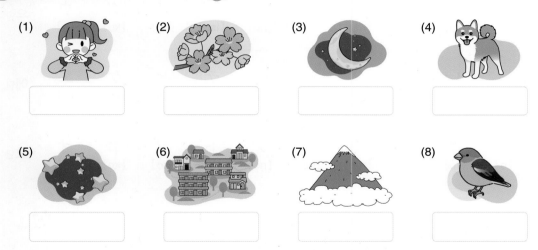

(1)

(2)

(3)

(4)

(5)

(6)

(7)

(8)

3 잘 듣고 알맞은 단어를 골라 ✔표를 해 보세요. 🎧14

(1) ☐ あい 사랑　　☐ いち 1, 일　　☐ うた 노래　　☐ えき 역　　☐ おと 소리

(2) ☐ かみ 종이　　☐ きた 북쪽　　☐ くろ 검은색　　☐ いけ 연못　　☐ ここ 여기

(3) ☐ さく 울타리　　☐ しま 섬　　☐ すし 초밥　　☐ せき 자리　　☐ そら 하늘

(4) ☐ たこ 문어　　☐ くち 입　　☐ つき 달　　☐ てつ 철　　☐ とけい 시계

(5) ☐ はし 다리　　☐ ひと 사람　　☐ ふね 배　　☐ へや 방　　☐ ほし 별

(6) ☐ あめ 비　　☐ みなみ 남쪽　　☐ むら 마을　　☐ まめ 콩　　☐ もり 숲

(7) ☐ やま 산　　☐ ゆめ 꿈　　☐ よる 밤

(8) ☐ あき 가을　　☐ とり 새　　☐ くる 오다　　☐ それ 그것　　☐ いろ 색깔

1부 あいうえお　2부 くろさわ あきら　**19**

3. 가타카나

(1) 오십음도

와행	라행	야행	마행	하행	나행	타행	사행	카행	아행	행 / 단
ワ [wa]	ラ [ra]	ヤ [ya]	マ [ma]	ハ [ha]	ナ [na]	タ [ta]	サ [sa]	カ [ka]	ア [a]	아단
	リ [ri]		ミ [mi]	ヒ [hi]	ニ [ni]	チ [chi]	シ [shi]	キ [ki]	イ [i]	이단
	ル [ru]	ユ [yu]	ム [mu]	フ [hu]	ヌ [nu]	ツ [tsu]	ス [su]	ク [ku]	ウ [u]	우단
	レ [re]		メ [me]	ヘ [he]	ネ [ne]	テ [te]	セ [se]	ケ [ke]	エ [e]	에단
ヲ [o]	ロ [ro]	ヨ [yo]	モ [mo]	ホ [ho]	ノ [no]	ト [to]	ソ [so]	コ [ko]	オ [o]	오단

(2) 가타카나 문자와 발음

ア[a]	イ[i]	ウ[u]	エ[e]	オ[o]
ア	イ	ウ	エ	オ
アメリカ [a-me-ri-ka]	イタリア [i-ta-ri-a]	ソウル [so-u-ru]	エア [e-a]	オムレツ [o-mu-re-tsu]
아메리카(미국)	이탈리아	서울	공기	오믈렛

カ행

カ[ka]	キ[ki]	ク[ku]	ケ[ke]	コ[ko]
カ	**キ**	**ク**	**ケ**	**コ**
カラオケ	キムチ	クリスマス	ケーキ	コアラ
[ka-ra-o-ke]	[ki-mu-chi]	[ku-ri-su-ma-su]	[ke-ki]	[ko-a-ra]
노래방	김치	크리스마스	케이크	코알라

サ행

サ[sa]	シ[shi]	ス[su]	ス[se]	ソ[so]
サ	**シ**	**ス**	**セ**	**ソ**
サラダ	シネマ	スイス	セロリ	ソース
[sa-ra-da]	[shi-ne-ma]	[su-i-su]	[se-ro-ri]	[so-su]
샐러드	시네마	스위스	샐러리	소스

タ행

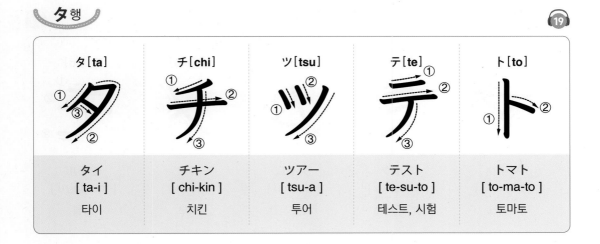

タ[ta]	チ[chi]	ツ[tsu]	テ[te]	ト[to]
タ	**チ**	**ツ**	**テ**	**ト**
タイ	チキン	ツアー	テスト	トマト
[ta-i]	[chi-kin]	[tsu-a]	[te-su-to]	[to-ma-to]
타이	치킨	투어	테스트, 시험	토마토

ナ행

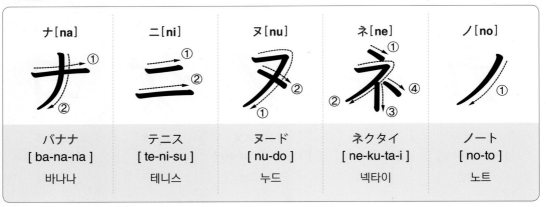

ナ[na]	ニ[ni]	ヌ[nu]	ネ[ne]	ノ[no]
バナナ [ba-na-na] 바나나	テニス [te-ni-su] 테니스	ヌード [nu-do] 누드	ネクタイ [ne-ku-ta-i] 넥타이	ノート [no-to] 노트

ハ행

ハ[ha]	ヒ[hi]	フ[hu]	ヘ[he]	ホ[ho]
ハム [ha-mu] 햄	コーヒー [ko-hi] 커피	マフラー [ma-hu-ra] 머플러	ヘア [he-a] 머리카락, 헤어	ホテル [ho-te-ru] 호텔

マ행

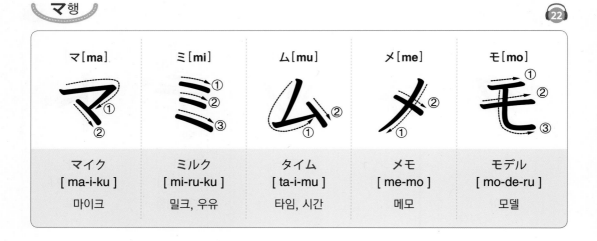

マ[ma]	ミ[mi]	ム[mu]	メ[me]	モ[mo]
マイク [ma-i-ku] 마이크	ミルク [mi-ru-ku] 밀크, 우유	タイム [ta-i-mu] 타임, 시간	メモ [me-mo] 메모	モデル [mo-de-ru] 모델

ヤ행

ヤ[ya]		ユ[yu]		ヨ[yo]
ヤ①②		ユ①②		②③ヨ①
ヤクルト		ユーロ		ヨガ
[ya-ku-ru-to]		[yu-ro]		[yo-ga]
야쿠르트(상품명)		유로		요가

ラ행 @24

ラ[ra]	リ[ri]	ル[ru]	レ[re]	ロ[ro]
ラ①②	リ①②	ル①②	レ①	ロ①②③
ラジオ	リボン	ルビー	レモン	ロミオ
[ra-ji-o]	[ri-bon]	[ru-bi]	[re-mon]	[ro-mi-o]
라디오	리본	루비	레몬	로미오

ワ행 @25

ワ[wa]				ヲ[o]
ワ①②				①②③ヲ
ハワイ				
[ha-wa-i]				
하와이				

1 잘 듣고 각각의 단어를 따라 읽어 보세요. 26

アメリカ	カラオケ	サラダ	タイ	バナナ	ハム	マイク	ヤクルト	ラジオ	ハワイ
イタリア	キムチ	シネマ	チキン	テニス	コーヒー	ミルク		リボン	
ソウル	クリスマス	スイス	ツアー	ヌード	マフラー	タイム	ユーロ	ルビー	
エア	ケーキ	セロリ	テスト	ネクタイ	ヘア	メモ		レモン	
オムレツ	コアラ	ソース	トマト	ノート	ホテル	モデル	ヨガ	ロミオ	

2 잘 듣고 알맞은 문자를 써 보세요. 27

(1)

(2)

(3)

(4)

(5)

(6)

(7)

(8)

(9)

3 잘 듣고 알맞은 단어를 골라 ✔표를 해 보세요. 28

(1) □ アメリカ 미국   □ イタリア 이탈리아   □ カラオケ 노래방   □ オムレツ 오믈렛

(2) □ ソウル 서울   □ ハワイ 하와이   □ マフラー 머플러   □ コアラ 코알라

(3) □ キムチ 김치   □ テスト 테스트   □ ロミオ 로미오   □ シネマ 시네마, 영화

(4) □ エア 공기   □ ヨガ 요가   □ ツアー 투어   □ ヘア 헤어

2부 くろさわ あきら

구로사와 아키라

> **포인트** 일본인의 이름을 이해하고, 다양한 명함과 문패를 읽을 수 있습니다.
>
> • 일본 문화 속의 일본어 – 일본인의 이름
> • 이미지로 보는 일본 문화 – 명함 · 문패

일본 문화 속의 일본어

일본인의 이름(日本人にほんじんの名前なまえ)

❉ 일본인은 언제부터 성(姓)을 사용했나요?

- 성은 일본어로 묘지(名字·苗字みょうじ)라고 한다.
- 성은 헤이안(平安へいあん)시대 말부터 세습되었다.
- 무사(侍さむらい) 세력이 새롭게 등장하였다.
- 자신이 지배하는 토지의 소유권을 주장하기 위해 지명을 성으로 사용하였다.
- 에도(江戸えど)시대의 상인들은 자신의 가게 이름을 성으로 사용하였다.
- 에도시대 무사들은 성을 쓰는 것과 칼을 차는 특권이 있었다.
- 메이지유신(明治維新めいじいしん) 이후인 1870년의 태정관령(太政官令)에 따라 서민에게도 성을 허용하였다.

❉ 일본인의 성은 어떻게 만들어졌나요?

- 배우 야마다 유(山田優やまだ ゆう)
  야마다는 산(山やま)에 있는 밭(田た)이라는 의미이다.
- 가족명(姓)의 상위 30위는 '장소', '지명', '위치', '물건'과 관련이 있다.
  ① 田中たなか ② 山本やまもと ③ 高橋たかはし ④ 小林こばやし ⑤ 中村なかむら
  ⑥ 山田やまだ ⑦ 井上いのうえ ⑧ 木村きむら ⑨ 松本まつもと ⑩ 清水しみず ⑪ 林はやし 등

✳ **일본인의 성과 이름은 어떻게 읽나요?**

훈독(訓読くんどく)	음독(音読おんどく)
正行まさゆき 西村文子にしむら ふみこ	修司しゅうじ 高倉健たかくら けん

* 佐藤さとう는 동북(東北とうほく) 지역에 많으며 전체의 8% 이상을 차지한다.

✳ **일본에는 어떤 이름이 많나요?**

· 통계에 따르면 일본에는 성이 약 4만여 개 정도 있다.

· 상위 100위까지의 성이 전체 인구의 1/3 이상을 차지하고 있다.

· 메이지야스다생명보험(明治安田生命保険めいじやすだせいめいほけん)의 이름 조사(2023년 기준)

  남자아이 이름 1위 : 하루토(はると)

  여자아이 이름 1위 : 메이(めい)

· 남성 이름은 과거에는 太郎たろう나 拓郎たくろう 등이 많았다.

  참고 木村拓也きむら たくや

· 외자 이름인 宏ひろし, 淳あつし 등이 증가했다.

· 애칭과 닉네임

  マ로 시작하는 이름 : マークン

  み로 시작하는 이름 : みーちゃん

· 영어의 영향을 받은 George 讓二じょうじ, Naomi 直美なおみ 등과 같은 이름도 있다.

출처 참고문헌 ④

✳ **재미있는 일본인 이름에는 어떤 것이 있나요?**

· 무적(無敵むてき)

  부자(金持かねもち), 신(神かみ), 대장(大将たいしょう), 일(一にのまえ), 부처(仏ほとけ),

  도쿄(東京とうきょう), 가나자와(金沢かなざわ), 시부야(渋谷しぶや)

  참고 아마미 제도 (奄美諸島あまみしょとう) 출신의 외자 성의 음악가로 元はじめちとせ 등이 있다.

- 명함 속의 이름

  명함(名刺めいし)

  大阪法律事務所おおさかほうりつじむしょ   오사카 법률사무소

  弁護士べんごし　難波康治なんば こうじ   변호사 난바 코지

  〒542-0084

  東京都とうきょうと中央区ちゅうおうく新橋しんばし2-1　日本にほんビル

  TEL (03)6213-0243 / FAX (03)6213-0876

- 문패에 보이는 이름

  문패(表札ひょうさつ)

- 병원, 건설 회사의 이름

건설 회사 建設会社けんせつがいしゃ	병원 病院びょういん
大山組おおやまぐみ 株式会社かぶしきがいしゃ　岡田組おかだぐみ	高橋歯科医院たかはししかいいん 田中医院たなかいいん

생각해 보기

- 역사적 인물을 포함하여 알고 있는 일본인의 이름을 한자와 히라가나로 써 보세요. 그리고 그 사람에 대해서도 간단히 설명해 주세요.

> 예 **黒沢明**くろさわ あきら
>
> 昭和しょうわ ～ 平成へいせい시대에 세계적으로 이름이 알려진 일본 영화계의 거장이다. 「7인의 사무라이(七人しちにんの侍さむらい)」(1954년), 「가게무샤(影武者かげむしゃ)」(1980년) 등을 발표한 영화감독이다. 영화적 조형이 압도적이며 다이내믹한 액션 표현, 휴머니즘을 기조로 한 것이 작품의 특색이다.

학습 평가

01 다음 일본인의 이름을 히라가나로 써 보세요.

(1) 田中拓郎(다나카 타쿠로) → [   ]

(2) 中村正行(나카무라 마사유키) → [   ]

(3) 西村文子(니시무라 후미코) → [   ]

02 일본인의 이름에 대한 설명 중 틀린 것을 고르세요.

① 일본인의 성은 약 4만여 개로 상위 100위까지가 전체 인구의 1/3이상을 차지한다.

② 일본에도 元はじめちとせ와 같은 외자 성이 있다.

③ 일본에서 일본인 성 다음에 組くみ가 들어간 것은 병원 이름을 가리키는 경우가 많다.

④ 일본에서 일반인에게도 성이 허용된 것은 明治めいじ시대이다.

1부

いっぱい

한잔 / 가득

2부

ろっぽんぎ

롯폰기(도쿄의 지명)

주요 학습 내용

1부

1. 일본어 발음의 종류
2. 청음
3. 청음 이외의 소리
4. 학습 평가

2부

1. 일본의 지명
2. 편의점 · 고속도로 · 지하철의 이름
3. 생각해 보기
4. 학습 평가

학습 목표

- 일본어 발음의 종류 및 발음의 중요 요소를 설명할 수 있다.
- 일본의 도로명과 지명을 통해 문자와 소리를 이해할 수 있다.
- 일본의 도로명과 지명을 통해 일본 문화의 특징을 설명할 수 있다.
- 일본의 다양한 지명을 알아보고, 편의점 · 고속도로 · 지하철의 이름을 읽고 사용할 수 있다.

1부 いっぱい

한잔 / 가득

1. 일본어 발음의 종류

청음(清音)

'맑은 소리'라는 뜻으로
오십음도의 모든 음을 의미함

청음(清音)
이외의 음

- 탁음(濁音)
- 반탁음(半濁音)
- 요음(拗音)
- 촉음(促音)
- 발음(撥音)
- 장음(長音)

2. 청음

오십음도의 모든 음

와행	라행	야행	마행	하행	나행	타행	사행	카행	아행	행 / 단
わ	ら	や	ま	は	な	た	さ	か	あ	아단
	り		み	ひ	に	ち	し	き	い	이단
	る	ゆ	む	ふ	ぬ	つ	す	く	う	우단
	れ		め	へ	ね	て	せ	け	え	에단
を	ろ	よ	も	ほ	の	と	そ	こ	お	오단

와행	라행	야행	마행	하행	나행	타행	사행	카행	아행	행\단
わ	ら	や	ま	は	な	た	さ	か	あ	아단
	り		み	ひ	に	ち	し	き	い	이단
	る	ゆ	む	ふ	ぬ	つ	す	く	う	우단
	れ		め	へ	ね	て	せ	け	え	에단
を	ろ	よ	も	ほ	の	と	そ	こ	お	오단

| □ 모음 | □ 자음 | □ 이중모음 |

3. 청음 이외의 음

(1) 탁음(だくおん)

- 청음 「か, さ, た, は」행의 오른쪽 상단에 탁점(゛)이 붙은 글자
- 성대를 울리고 나오는 유성음

| 탁음과 반탁음 |

わ	ら	や	ま	ぱ	ば	な	だ	ざ	が	あ
	り		み	ぴ	び	に	ぢ	じ	ぎ	い
	る	ゆ	む	ぷ	ぶ	ぬ	づ	ず	ぐ	う
	れ		め	ぺ	べ	ね	で	ぜ	げ	え
を	ろ	よ	も	ぽ	ぼ	の	ど	ぞ	ご	お

| | | | | 반탁음 | 탁음 | | 탁음 | | | |

が [ga]	ぎ [gi]	ぐ [gu]	げ [ge]	ご [go]
かがみ	ぎんざ	かぐ	げた	なごや
[ka-ga-mi]	[gi-nn-za]	[ka-gu]	[ge-ta]	[na-go-ya]
거울	긴자(지명)	가구	나막신	나고야(지명)

• 한국어 '아가'의 'ㄱ'에 가까운 음. 단어의 처음에 나오는 음을 강조하여 발음하는 것이 좋다.

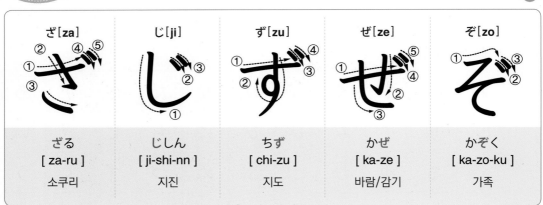

ざ [za]	じ [ji]	ず [zu]	ぜ [ze]	ぞ [zo]
ざる	じしん	ちず	かぜ	かぞく
[za-ru]	[ji-shi-nn]	[chi-zu]	[ka-ze]	[ka-zo-ku]
소쿠리	지진	지도	바람/감기	가족

• ざ행의 자음은 한국어에 없는 [z]발음이다. 한국어의 'ㅈ'으로 발음하기 쉬우므로 주의한다.

だ[da]	ぢ[ji]	づ[zu]	で[de]	ど[do]
だ	ぢ	づ	で	ど
さらだ/サラダ	はなぢ	こづつみ	そで	どうぞ
[sa-ra-da]	[ha-na-ji]	[ko-zu-tsu-mi]	[so-de]	[do-u-zo]
샐러드	코피	소포	소매	부디

• 「だ」, 「で」, 「ど」의 자음은 한국어의 'ㄷ'과 같은 음이며, 「ぢ」, 「づ」는 각각 「じ」, 「ず」와 같은 음이다.

주의

「じ」와 「ぢ」 그리고 「ず」와 「づ」

「し」에 탁점을 붙인 「じ」와 「ち」에 탁점을 붙인 「ぢ」는 발음이 같다.

「す」에 탁점을 붙인 「ず」와 「つ」에 탁점을 붙인 「づ」도 발음이 같다.

15세기부터 「じ」와 「ぢ」, 「ず」와 「づ」의 음에 차이가 없어지는 현상이 빈번히 일어났다는 기록이 있으며 이를 '四つ仮名의 혼동'과 같은 학술 용어로 일컫기도 한다.

일본어의 표기에서는 「じ」, 「ず」가 주로 사용되며 「ぢ」와 「づ」는 원래의 단어에 「ち」나 「つ」가 들어 있는 복합어에 주로 남아 있다.

예　鼻 코 + 血 피 = 鼻血 코피
　　小 작은 + つつみ(包み) 포장 = 小包 소포

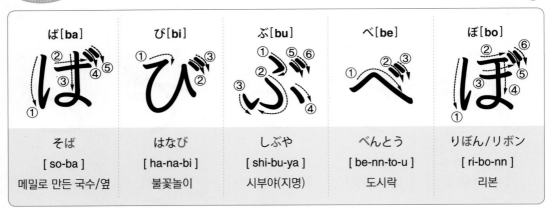

・ば행의 자음은 한국어 '부부'의 뒤에 오는 'ㅂ'과 같은 음이다.

(2) 반탁음

「は」행의 오른쪽 상단에 반탁점(˚)이 붙은 글자

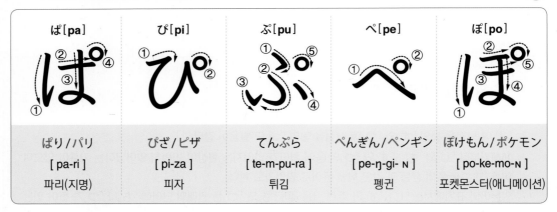

| 탁음과 반탁음이 붙어 전혀 다른 뜻이 되는 단어들 |

(3) 요음

- 「い」를 제외한 い단 음 「き・し・ち・に・ひ・み・り・ぎ・じ・び・ぴ」에 이중 모음 「や・ゆ・よ」를 작게 써서 표기한 글자이다.
- 두 글자가 조합된 것으로 한 음절로 발음해야 한다.

・やきゅうじょう 야구장　　・ぎょうざ 교자, 군만두

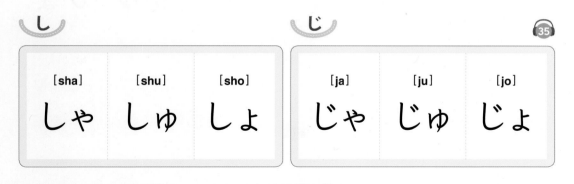

・きゅうしゅう 규슈(지명)　　・しんじゅく 신주쿠(지명)

・おもちゃ 장난감　　・〜ちょう(町) 일본의 행정 구역 단위

にゃ [nya]　にゅ [nyu]　にょ [nyo]

・ぎゅうにゅう 우유

ひゃ [hya]　ひゅ [hyu]　ひょ [hyo]

びゃ [bya]　びゅ [byu]　びょ [byo]

・ひゃく 숫자 100　　・びょういん 병원

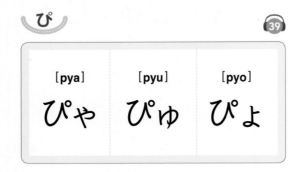

ぴゃ [pya]　ぴゅ [pyu]　ぴょ [pyo]

・ぴょんぴょん 가벼운 것이 튀어오르는 것을 나타내는 의태어

み

[mya]	[myu]	[myo]
みゃ	みゅ	みょ

・みょうじ 성(氏)

り

[rya]	[ryu]	[ryo]
りゃ	りゅ	りょ

・りょこう 여행

소리낼 때의 유의사항

「じゃ」=「ぢゃ」	「じゃ」➡ [ja]	「ざ」➡ [za]
「じゅ」=「ぢゅ」	「じゅ」➡ [ju]	「ず」➡ [zu]
「じょ」=「ぢょ」	「じょ」➡ [jo]	「ぞ」➡ [zo]

비교해 봅시다!

きやく [ki-ya-ku] 규약	きゃく [kya-ku] 손님
じゆう [ji-yu-u] 자유	じゅう [ju-u] 숫자 10
びよういん [bi-yo-u-i-ɴ] 미용실	びょういん [byo-u-i-ɴ] 병원
いしや [i-shi-ya] 석재상	いしゃ [i-sha] 의사

(4) 촉음

- 후두(喉頭)가 긴장하면서 자음이 겹치는 음을 말하며, 「つまる音」이라고도 한다.
- 청음 「つ」를 앞 글자보다 작게 써서 표기하고, 「つ」 다음에 이어지는 음에 따라 [k], [p], [s], [t] 으로 발음된다.
- 한국어의 받침과 같은 역할을 하지만, 한국어와 달리 한 박자로 발음한다.

- ばった 메뚜기
- らっぱ 나팔

① 「つ」＋ か(ka)행 → [k]
ほっかいどう[ho-kka-i-do-u] 홋카이도(지명)

② 「つ」＋ ぱ(pa)행 → [p]
いっぱい [i-ppa-i] 가득/한잔

③ 「つ」＋ た(ta)행 → [t]
なっとう[na-tto-u] 낫토(음식명)

④ 「つ」＋ さ(sa)행 → [s]
あっさり[a-ssa-ri] 산뜻하게, 시원하게

비교해 봅시다!

ねこ 고양이	ねっこ 나무 뿌리
まくら 베개	まっくら 암흑, 시커멓다
まち 거리, 마을	まっち 성냥
ひと 사람	ひっと(ヒット) 안타

(5) 발음 🎧45

- 특수 음소인 「ん(/ɴ/)」을 말하며, 「はねる音」라고도 한다.
- 「ん」 다음에 오는 음에 따라서 [m], [n], [ŋ], [ɴ]으로 발음된다.
- 한국어의 받침처럼 쓰이나, 한국어와는 달리 독립된 음절로서 한 박자 길이로 발음한다.
- 오십음도 안에 넣어서 제시하는 경우도 많다.

	わ	ら	や	ま	は	な	た	さ	か	あ
		り		み	ひ	に	ち	し	き	い
		る	ゆ	む	ふ	ぬ	つ	す	く	う
		れ		め	へ	ね	て	せ	け	え
ん	を	ろ	よ	も	ほ	の	と	そ	こ	お

ん

① 「ん」 + ま행 · ば행 · ぱ행 → [m]
かんぱい [ka-m-pai] 건배

② 「ん」 + さ행 · ざ행 · た행 · だ행 · な행 · ら행 → [n]
ぎんざ [gi-n-za] 긴자(지명)

③ 「ん」 + か행 · が행 → [ŋ]
ろっぽんぎ [ro-ppo-ŋ-gi] 롯폰기(지명)

④ 문말(어말) / 「ん」 + あ행 · や행 · わ행 · は행 → [ɴ]
にほん(일본) → [nihoɴ] 일본

(6) 장음　46

- 「ひく音」이라고도 불리며, 한 음절의 소리를 길게 늘여 두 음절분의 길이로 발음한다.
- 히라가나 단어에서는 장음을 「あ, い, う, え, お」의 모음으로 표기하지만, 가타카나 단어에서는 「ー」으로 표기한다.
- 모음의 장단(長短)에 따라 의미의 차이도 생기므로 주의해야 한다.

① あ단 + 「あ」 → [a:]
　おばあさん [o-ba:-sa-N] 할머니　　　スカート [su-ka:-to] 스커트

② い단 + 「い」 → [i:]
　おじいさん [o-ji:-sa-N] 할아버지　　スキー [su-ki:] 스키

③ う단 + 「う」 → [u:]
　くうき [ku:-ki] 공기　　　　　　　グーグル [gu:-gu-ru] 구글

④ え단 + 「い」·「え」 → [e:]
　えいご [e:-go] 영어　　　　　　　　ケーキ [ke:-ki] 케이크

⑤ お단 + 「う」·「お」 → [o:]
　とうきょう [to:-kyo:] 도쿄(지명)　　ロープ [ro:-pu] 로프

비교해 봅시다!　　　　　　　　　　　　　　　　　　　　　47

おばあさん 할머니	おばさん 아주머니, 이모, 고모
おじいさん 할아버지	おじさん 아저씨, 삼촌
くうき 공기	くき 줄기
ちゅちゅ 참새 울음소리	ちゅうちゅう 쥐 울음소리

박(拍)

– 박자와 같은 개념으로 일본어를 발음할 때 글자 하나하나에 주어지는 일정한 시간적 단위이다.

– 일본어의 모든 가나는 원칙적으로 한 박(拍)의 길이를 가진다.

– 촉음(っ), 발음(ん), 장음도 각각 한 박(拍)의 길이를 가진다. (단, 요음은 두 글자를 한 박(拍)으로 침)

1박	て	손
2박	り す	다람쥐	きょ う	오늘
3박	じ ん じゃ	신사
4박	い っ ぱ い	가득, 한잔
5박	ろ っ ぽ ん ぎ	롯폰기(일본 도쿄의 지명)

악센트

– 일본어는 고저(高低) 악센트로, 음절과 음절의 경계에서 높낮이가 변한다.

– 제1음절과 제2음절에서는 반드시 높낮이가 변한다.

– 현 교육 과정의 악센트는 도쿄 지방의 악센트로, 방언에 따라 차이가 크다.

• 악센트와 인토네이션

– 악센트는 단어마다 정해져 있는 소리의 높낮이이며, 인토네이션은 문장 전체에 나타나는 소리의 높이 변화를 말한다.

　　Q きょう、べんきょうする？ 오늘 공부해?

　　A うん、べんきょうする。 응, 공부해.

학습 평가

1 다음을 잘 듣고 각각의 단어를 따라 읽어 보세요. 🎧49

かがみ	ざる	さらだ	そば	パリ	しゃしん	おもちゃ	いっぱい
ぎんざ	じしん	はなぢ	はなび	ピザ			
かぐ	ちず	こづつみ	しぶや	てんぷら	きゅうしゅう	しんじゅく	
げた	かぜ	そて	べんとう	ペンギン			
なごや	ぞう	どうぞ	リボン	ポケモン	びょういん	りょこう	にほん

2 다음을 잘 듣고 알맞은 문자를 써 보세요. 🎧50

(1)

(2)

(3)

(4)

(5)

(6)

(7)

(8)

3 잘 듣고 알맞은 단어를 골라 ✓표를 해 보세요. 🎧51

(1) ☐ おばあさん 할머니　　☐ おじいさん 할아버지　　☐ おばさん 아주머니　　☐ おじさん 아저씨, 삼촌

(2) ☐ えいご 영어　　☐ えいが 영화　　☐ えど 에도　　☐ エート 영어 숫자 8

(3) ☐ かんぱい 건배　　☐ かがみ 거울　　☐ かぞく 가족　　☐ ぎょうざ 교자, 군만두

(4) ☐ リボン 리본　　☐ りょこう 여행　　☐ いしゃ 의사　　☐ いっぱい 가득/한잔

2부 ろっぽんぎ

롯폰기(도쿄의 지명)

포인트 일본의 다양한 지명을 알아보고, 편의점, 고속도로, 지하철 이름을 읽고 이해할 수 있습니다.

- 일본 문화 속의 일본어 – 일본의 지명
- 이미지로 보는 일본 문화 – 편의점 · 고속도로 · 지하철의 이름

일본 문화 속의 일본어

일본의 지명(日本にほんの地名ちめい)

❋ 도쿄에는 어떤 지역이 있나요?

① 新宿しんじゅく

신주쿠역

新宿駅しんじゅくえき을 중심으로, 서쪽에 東京都庁とうきょうとちょう, 동쪽에 일본의 대표적인 유흥가인 歌舞伎町かぶきちょう, 남쪽에 쇼핑센터가 있다.

② 池袋いけぶくろ

가부키쵸

서울의 명동과 비슷한 분위기이며, 서쪽에 주택가, 立教大学りっきょうだいがく 등이 있고, 동쪽에는 유명 백화점, 음식점이 있다.

③ 渋谷しぶや

스크램블 교차로

젊은이의 거리로 새로운 유행의 발신지이다. 스크램블 교차로의 대형 전광판 キューフロント(QFRONT)가 눈에 띄며, 忠犬ハチ公ちゅうけんはちこう는 죽은 주인이 돌아오기를 9년간 기다린 秋田犬あきたいぬ로 渋谷駅しぶやえき 앞에 동상이 있다.

④ 秋葉原あきはばら

AKB48나 オタク의 거리로 유명하며, 250개 이상의 가전제품 판매점 간판이 있어 일본에서 야경이 가장 밝고 화려한 곳이다.

⑤ **東京**とうきょう**スカイツリー**

세계에서 가장 높은 전파탑(634m)으로 전시장, 쇼핑센터 등이 있는 대형 복합 시설이다.

도쿄 스카이트리

⑥ **浅草**あさくさ

도쿄 도심에서 전통을 느낄 수 있는 곳으로 **浅草寺**せんそうじ와 상점가인 **仲見世通り**なかみせどおり가 유명하다.

⑦ **銀座**ぎんざ

1600년대에 은화를 주조하는 기관인 '은좌(銀座)'가 있었던 것에서 유래한 지명으로, 오랜 전통을 자랑하는 점포와 백화점, 세계 각국의 유명 브랜드 매장이 늘어서 있다.

⑧ **六本木**ろっぽんぎ

유명 레스토랑을 비롯해 방송국, 극장, 호텔이 모여 있는 **六本木**ろっぽんぎ**ヒルズ**가 있다.

⑨ **お台場**だいば

오다이바

젊은 층에게 많은 사랑을 받고 있으며 우리나라에서도 유명한 관광지이다. **新橋駅**しんばしえき에서 **レインボーブリッジ**를 지나 **お台場**だいば로 이어지는 **ユリカモメ** 노선, 쇼핑몰 **アクアシティ**, TV 프로그램 세트를 견학할 수 있는 **フジテレビ** 사옥 등이 있으며, 실제 크기의 1/4로 축소된 자유의 여신상(**自由**じゆう**の女神**めがみ)이 있다.

❋ **일본의 행정 구역은 어떻게 나뉘나요?**

- **北海道**ほっかいどう, **本州**ほんしゅう, **四国**しこく, **九州**きゅうしゅう + 6,900여 개의 작은 섬으로 이루어져 있다.

- 크게 8개의 지방과 1**都**と, 1**道**どう, 2**府**ふ, 43**県**けん 등 총 47개 구역으로 나뉜다.

  ① **札幌**さっぽろ를 중심으로 하는 **北海道**ほっかいどう 지방

  ② **仙台**せんだい를 중심으로 하는 **東北**とうほく 지방
  아오모리현, 이와테현, 미야기현, 아키타현, 야마가타현, 후쿠시마현(**福島県**ふくしまけん)

  ③ **東京**とうきょう를 중심으로 하는 **関東**かんとう 지방
  이바라키현, 도치기현, 군마현, 사이타마현, 지바현, 도쿄도, 가나가와현(**神奈川県**かながわけん)

④ **名古屋**なごやを 중심으로 하는 **中部**ちゅうぶ 지방

　　니가타현, 도야마현, 이시카와현, 후쿠이현, 야마나시현, 나가노현, 기후현, 시즈오카현, 아이치현

⑤ **大阪**おおさかを 중심으로 하는 **関西**かんさい 지방　　　　　　　　참고 **近畿**きんき

　　미에현, 시가현, 교토부, 오사카부, 효고현, 나라현, 와카야마현(**和歌山県**わかやまけん)

⑥ **広島**ひろしまを 중심으로 하는 **中国**ちゅうごく 지방

　　돗토리현, 시마네현, 오카야마현, 히로시마현,

　　야마구치현(**山口県**やまぐちけん)

⑦ **高松**たかまつを 중심으로 하는 **四国**しこく 지방

　　도쿠시마현, 가가와현, 에히메현, 고치현(**高知県**こうちけん)

⑧ **福岡**ふくおかを 중심으로 하는 **九州**きゅうしゅう 지방

　　후쿠오카현, 사가현,

　　나가사키현(**長崎県**ながさきけん),

　　구마모토현, 오이타현,

　　미야자키현, 가고시마현,

　　오키나와현(**沖縄県**おきなわけん)

✳ **関西**かんさい **지방의 중심인 오사카(大阪**おおさか**), 교토(京都**きょうと**), 고베(神戸**こうべ**)에는 어떤 지역이 있나요?**

① **道頓堀**どうとんぼり

梅田うめだ와 **難波**なんば를 주축으로 하는 간사이 지방의 중심 도시 **大阪**おおさか를 대표하는 유흥가이다. ドラッグストア 등이 있으며 **お好み焼き**おこのみやき, **串焼き**くしやき, た**こ焼き**たこやき 등이 유명하다.

도톤보리

② **大阪城**おおさかじょう

豊臣秀吉とよとみひでよし가 지은 성으로 전란으로 대부분 소실되었고 지금의 **天守閣**てんしゅかく도 1948년에 재건되었다.

참고 **姫路城**ひめじじょう

오사카성

③ **渡月橋**とげつきょう

嵐山あらしやま로 들어가는 입구로 '달(月つき)이 다리(橋はし)를 건너는(渡わたる) 듯하다'라는 시구에서 비롯된 이름이다.

④ **清水寺**きよみずでら

京都きょうと에 위치하며 세 줄기로 떨어지는 물을 마시면 소원을 이루어 준다는 **音羽**おとわの**滝**たきが 유명하다.

⑤ **甲子園球場**こうしえんきゅうじょう

西ノ宮にしのみやを 본거지로 하는 야구팀 **阪神**はんしん**タイガーズ**의 홈그라운드이다. 매년 봄과 여름에 고교 야구가 열린다. 1925년 8월에 완성되었는데 그 해는 10간 12지의 각각 맨 처음인 **甲**과 **子**가 60년 만에 만나는 해이고 길조였던 것에서 **甲子園**こうしえん이라고 이름 붙여졌다. 2024년 한국계 고등학교인 교토 국제고가 우승하여 화제가 되었다.

도게츠쿄

기요미즈데라

고시엔

출처 참고문헌 ④

✽ **東京**とうきょう**의 옛 지명은** 江戸えど**입니다.** 大阪おおさか**의 옛 지명은 무엇인가요?**

- **上方**かみかた・かみがたは 江戸えど시대의 京都きょうと・**大坂**おおさか・**畿内**きない, **近畿**きんき 지방 일대를 가리키는 말이다.
- 천황이 사는 수도인 京都きょうと를「**上**かみ」로 한 것에서 유래한다.
- 江戸えどが 정치의 중심이라면 예로부터 大阪おおさか는 경제와 문화의 중심지이다.
- **上方文化**かみかたぶんか의 예

> 예 ・**上方歌**うた　・**上方落語**らくご　・**上方歌舞伎**かぶき　・**上方三味線**しゃみせん

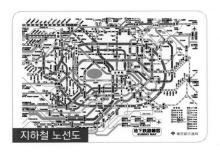

이미지로 보는 일본 문화

이름

- コンビニの名前なまえ : 편의점 이름
  - コンビニは コンビニエンス・ストア의 약칭이다.
  - 매출액 순서로 본 주요 편의점(2023년 기준)

> 예 ①セブン-イレブン ②ファミリーマート ③ローソン ④ミニストップ ⑤ポプラ

  - 지역별로 다양한 편의점이 있다.
  - 인구 10만 명당 コンビニ 점포 수가 많은 都道府県とどうふけん (2020년 기준)
    1위 – 北海道ほっかいどう 57.43점포　　2위 – 山梨県やまなしけん 56.64점포
    3위 – 東京都とうきょうと 52.65점포

- 高速道路こうそくどうろの名前なまえ : 고속도로 이름
  ① 首都高速道路しゅとこうそくどうろ

  東京都とうきょうと와 그 주변 지역에 있는 길이 322.5km의 도시 고속도로로 首都高しゅとこう로 불리는 경우가 많다.

  ② 東名高速道路とうめいこうそくどうろ

  東京都とうきょうと의 東京IC에서 神奈川県かながわけん・静岡県しずおかけん을 경유하여 愛知県あいちけん의 名古屋なごや에 이르는 고속도로로, 東名高速とうめいこうそく 또는 東名とうめい로 불리는 경우가 많다.

  ③ 阪神高速道路はんしんこうそくどうろ

  大阪市おおさかし・神戸市こうべ 및 京都市きょうとし와 그 주변 지역으로 연결되는 길이 273km의 유료 자동차 전용 도로이다. 일반적으로 阪神高速はんしんこうそく 또는 阪高はんこう, 阪神はんしん이라고 불린다.

- 地下鉄路線ちかてつろせんの名前なまえ : 지하철 노선의 이름

  東京地下鉄とうきょうちかてつ
  ＝ 東京とうきょうメトロ・都営地下鉄とえいちかてつ의 이름

  ① 浅草線あさくさせん　　② 新宿線しんじゅくせん
  ③ 日比谷線ひびやせん　　④ 銀座線ぎんざせん
  ⑤ 大江戸線おおえどせん　　⑥ 丸ノ内線まるのうちせん

지하철 노선도

1부 いっぱい 2부 ろっぽんぎ 47

- 알고 있는 일본의 지명을 한자와 히라가나로 써 보세요. 그리고 그 지역에 대해서도 간단히 설명해 주세요.

> 예 **沖縄**おきなわ
>
> **沖縄県**おきなわけん은 일본의 남서부, 최서단에 위치한 현으로 과거에는 **琉球王国**りゅうきゅうおうこく가 존재한 곳으로 청나라에 조공하고 **薩摩藩**さつまはん에도 종속되어 있었다. 메이지시대(**明治時代**めいじじだい)부터 일본에 편입되었다. **太平洋戦争**たいへいようせんそう 때는 미군이 상륙하여 일본에서 유일하게 지상전이 일어나고 민간인을 포함해 다수의 희생자가 나왔다. 전후에도 1972년까지 미국이 점령하고 있었기 때문에 현재도 미군 기지가 많이 남아 있다. 불교의 영향이 적어 본토와 같이 육식을 금하지 않았기 때문에 오래 전부터 고기 요리가 발달했다. 특히 중국의 영향으로 돼지고기 요리가 전통적으로 발달했다. 또한 ゴーヤーチャンプルー, **沖縄**おきなわそば, **泡盛**あわもり, オリオンビール 등이 유명하다.

학습 평가

01 다음 일본의 지명을 히라가나로 써 보세요.

(1) 東京 → [　　　　　　]

(2) 新宿 → [　　　　　　]

(3) 秋葉原 → [　　　　　　]

(4) 大阪 → [　　　　　　]

(5) 梅田 → [　　　　　　]

(6) 難波 → [　　　　　　]

02 일본의 지역에 대한 설명 중 **틀린** 것을 고르세요.

① **東名高速道路**とうめいこうそくどうろ는 **東京**とうきょう와 **名古屋**なごや 사이를 잇는 고속도로이다.

② 일본은 **北海道**ほっかいどう, **本州**ほんしゅう, **四国**しこく, **九州**きゅうしゅう의 4개 주요 큰 섬으로 이루어져 있다.

③ **忠犬**ちゅうけんハチ**公**こう가 있는 역은 **新宿駅**しんじゅくえき이다.

④ **沖縄**おきなわ는 예로부터 돼지고기 요리가 발달했다.

Unit 03

1부

おはようございます

안녕하세요(아침 인사)

2부

おとうさん・パパ

아버지 • 아빠

주요 학습 내용

1부
1. おはようございます。
2. おはよう。
3. 심화 학습
4. 학습 평가

2부
1. 일본의 인사와 호칭의 종류 및 특징
2. 한일간 인사와 호칭의 차이
3. 생각해 보기
4. 학습 평가

학습 목표

• 회사에서의 아침 인사와 첫 대면의 인사를 구사할 수 있다.
• 일본어의 인칭대명사와 가족 호칭의 특징을 설명할 수 있다.
• 일본의 다양한 인사와 호칭을 사용할 수 있다.

1부 おはようございます

안녕하세요(아침 인사)

> **포인트** 친구들 사이의 가벼운 인사말과 회사에서의 정중한 인사말에는 어떤 차이가 있는지 비교하며 학습합니다.

정중체	部長、おはようございます。 あ、おはよう。	보통체	おはよう。 おはよう。

회화 1

おはようございます 〔52〕

鈴木	部長、おはようございます。
部長	あ、おはよう。こちらは新入社員の金漢さんです。
金漢	はじめまして。新入社員の金漢と申します。
鈴木	金漢さんは中国人ですか。
金漢	いいえ、中国人ではありません。韓国人です。
鈴木	ああ、そうですか。どうぞ、よろしくお願いします。
金漢	こちらこそよろしくお願いします。

| 단어 및 표현 | 〔53〕

- **部長**ぶちょう 부장(님)
- **こちら** 이쪽
- **〜は** ~은/는(조사)
- **新入社員**しんにゅうしゃいん 신입 사원

- **〜の** ~의, ~인(조사)
- **〜さん** ~씨(사람 이름에 붙이는 접미사)
- **中国人**ちゅうごくじん 중국인
- **韓国人**かんこくじん 한국인
  - 참고 **日本人**にほんじん 일본인

- **そうですか** 그렇습니까?
- **どうぞ** 부디
- **よろしくお願**ねがいします 잘 부탁합니다
- **こちらこそ** 이쪽이야말로

주요 표현

1 **おはようございます** 안녕하세요(격식을 차린 아침 인사)

- 친구 사이, 손아래 사람에게는 おはよう로 인사

2 **こちらは新入社員しんにゅうしゃいんの金漢キムハンさんです**
이쪽은 신입사원인 김한 씨입니다.

- 명사1は 명사2です :~은/는 ~입니다
- こちらは ～です: 이쪽 분은 ~입니다(타인을 소개하는 정형구)

3 **はじめまして。新入社員しんにゅうしゃいんの金漢キムハンと申もうします**
처음 뵙겠습니다. 신입사원인 김한이라고 합니다.

- はじめまして : 첫 대면에서의 인사말
- ～と申もうします : ~라고 합니다(자기 소개의 정중한 표현)

4 **金漢キムハンさんは中国人ちゅうごくじんですか** 김한 씨는 중국인입니까?

- 묻고 대답하는 표현

> 명사 + ですか 입니까?
> – ええ / はい、명사 + です
> – いいえ、명사 + では(= じゃ) / ありません(= ないです)

예 **A** 彼氏かれしは韓国人かんこくじんですか。 남자 친구는 한국인입니까?

B1 ええ、そうです。 네, 그렇습니다.

B2 はい、韓国人かんこくじんです。 네, 한국인입니다.

B3 いいえ、韓国人かんこくじんではありません。 아니요, 한국인이 아닙니다.

참고 🔖

≫ 과거형

- 기본 문형 | 명사1 は   명사2 でした : ~은/는 ~였습니다

- 묻고 대답하는 표현 | 명사 + でしたか 였습니까?
  > – ええ / はい、명사 + でした
  > – いいえ、명사 + では(= じゃ) / ありませんでした(= なかったです)

회화 2

おはよう 〔54〕

陽子（ようこ）　おはよう。

智美（ともみ）　おはよう。あの人（ひと）、だれ？　陽子（ようこ）の彼氏（かれし）？

陽子（ようこ）　うん、そう。

智美（ともみ）　学生（がくせい）？

陽子（ようこ）　ううん、学生（がくせい）じゃない。会社員（かいしゃいん）。

智美（ともみ）　かっこいいね！

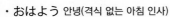

金漢（キムハン）　はじめまして。キム・ハンです。

智美（ともみ）　あ、どうも、智美（ともみ）です。どうぞ、よろしく。

金漢（キムハン）　こちらこそ、よろしく。

| 단어 및 표현 | 〔55〕

- おはよう 안녕(격식 없는 아침 인사)
- あの人ひと 저 사람
- だれ 누구
- 彼氏かれし 그(남성 3인칭) / 남자친구
- 学生がくせい 학생
- 会社員かいしゃいん 회사원
- かっこいい 멋있다
- こんにちは 안녕하세요(낮 인사)
- よろしく 잘 부탁해

1 **陽子**ようこ**の彼氏**かれし**？ うん、そう** 요코의 남자 친구? 응, 맞아

- 명사1 は 명사2 (だ) : ~은/는 ~이다

- 묻고 대답하는 표현

  > 명사 ＋ (↗) / か
  > – うん、명사 (だ)
  > – ううん、명사 では(＝ じゃ)ない

(예) A **彼氏**かれし、**学生**がくせい**？** 남자 친구는 학생?

B1 うん、**学生**がくせい**。** 응, 학생.

B2 ううん、**学生**がくせい**では(じゃ)ない。** 아니, 학생이 아니야.

참고

≫ 과거형

- 기본 문형

  > 명사1 は 명사2 だった : ~은/는 ~였다

- 묻고 대답하는 표현

  > 문말(명사 ＋ だった)(↗) / 명사 ＋ だった ＋ か ~였어?
  > – うん、명사 ＋ だった
  > – ううん、명사 ＋ では(＝ じゃ)なかった

(예) A **彼**かれ**は学生**がくせい**だった？** 학생이었어?

B1 うん、**学生**がくせい**だった。** 응, 학생이었어.

B2 ううん、**学生**がくせい**では(じゃ)なかった。** 아니, 학생이 아니었어.

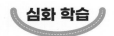 심화 학습

(1) 일상에서 하는 인사

상황	정중체	보통체
아침 인사	おはようございます 안녕하세요	おはよう 안녕
낮 인사	こんにちは 안녕하세요	こんにちは 안녕
밤 인사	こんばんは 안녕하세요	こんばんは 안녕
헤어질 때	さようなら 안녕히 가세요(계세요) それでは、またあした 그럼, 내일 뵙겠습니다.	さようなら 안녕, 잘가 じゃ、またね 그럼, 또 봐
사과할 때	すみません 죄송합니다 もうしわけございません 죄송합니다	ごめん 미안 ごめんなさい 미안해요
감사 인사	ありがとうございます 감사합니다 - どういたしまして 천만에요	ありがとう 고마워 - どういたしまして 천만에요
식사할 때	いただきます 잘 먹겠습니다 - ごちそうさま(でした) 잘 먹었습니다	

(2) 일본어의 인칭대명사

1인칭	**わたし (私)** 남녀노소에 관계없이 타인 앞에서 자신을 나타낼 때 가장 일반적이고 무리 없이 누구에게나 사용한다. **わたくし (私)** 「わたし」보다 더 정중한 말로 성인이 공식적인 자리나 예의를 갖추어야 할 상대에게 자신을 나타낼 때 사용한다. **ぼく (僕)** 남성이 동년배나 손아랫사람에게 자기 자신을 가리킬 때 사용하는 말이지만, 요즘에는 남성이 상대의 상하에 관계없이, 친밀감 있고 허물없이 자기 자신을 가리킬 때 사용한다. **おれ (俺)** 남성이 동년배나 손아랫사람에게 자기 자신을 가리킬 때 사용하는 말로, 「ぼく」보다 약간 거친 말투이다.

	あなた
2인칭	・동년배 이하의 사람에게 격식을 차려서 사용하는 말이다. ・여성들이 친한 사이에서 상대를 부를 때나 부부가 서로 상대를 부르는 말로도 쓰이지만, 특히 아내가 남편을 부를 때 사용하는 경우가 많다. 출처 참고문헌 ⑥ **きみ** ・동년배 또는 친밀한 사이의 손아랫사람에게 쓰는 말이다. ・「あなた」보다 경의가 낮고, 「おまえ」보다 경의가 높다. ・주로 남성이 사용한다. **おまえ** 주로 남성이 동년배나 손아랫사람을 가리키는 말이다.
3인칭	**かれ（彼）** 3인칭 남자를 가리키는 대명사이며, 여자가 자신의 남자 친구를 가리킬 때도 사용한다. **かのじょ（彼女）** 3인칭 여자를 가리키는 대명사이며, 남자가 자신의 여자 친구를 가리킬 때도 사용한다.
부정칭	**だれ（誰）** 사람을 가리키는 대표적인 부정칭대명사이다. **どなた** 「だれ」의 높임말이다.

✱ 가족 호칭

가족 구성원	자기 가족을 부를 때	자기 가족을 타인에게 말할 때	남의 가족을 말할 때
할아버지	お祖父さん	祖父	お祖父さん
할머니	お祖母さん	祖母	お祖母さん
아버지	お父さん	父	お父さん
어머니	お母さん	母	お母さん
형/오빠	お兄ちゃん 兄さん（ちゃん）	兄	お兄さん
누나/언니	お姉ちゃん 姉さん（ちゃん）	姉	お姉さん
남동생	이름	弟	弟さん
여동생	이름	妹	妹さん

01 다음을 잘 듣고 알맞은 것을 골라 번호를 써 보세요. 🎧56

(1) ［　　　］ ① おはおう　② おあよう　③ おはよ　④ おはよう

(2) ［　　　］ ① こんにちわ　② こんにちは　③ こんばんは　④ こんちは

(3) ［　　　］ ① かくせい　② がっせい　③ がくせい　④ がくせ

(4) ［　　　］ ① わだし　② はたし　② あたし　④ わたし

02 다음 보기 중 (　) 안에 들어갈 알맞은 것을 골라 써 보세요.

┌───┐
│　　じゃ　　そう　　だれ　　よろしく　　さん　　│
└───┘

(1) 이쪽은 신입 사원인 김한 씨입니다.

➡ こちらは新入社員の金漢 (　　　　　) です。

(2) 아, 그래요? 부디 잘 부탁합니다.

➡ ああ、(　　　　　) ですか。どうぞ、(　　　　　) お願いします。

(3) 저 사람 누구? 요코의 남자 친구?

➡ あの人、(　　　　　)？　陽子の彼氏?

(4) 학생이 아니야. 회사원.

➡ 学生 (　　　　　) ない。会社員。

03 다음 대화의 빈칸에 들어갈 알맞은 표현을 써 보세요.

(1) 金漢　(처음 뵙겠습니다 → 　　　　　　　　　　)。新入社員 (인 → 　　)金漢と申します。
　　鈴木　金漢さんは中国人 (입니까? → 　　　　　)。
　　金漢　(아니요 → 　　　　　)、中国人(이 아닙니다 → 　　　　　　　)。韓国人です。

(2) 智美　彼氏は学生 (이었어? → 　　　　　)？
　　陽子　(아니 → 　　　　　)、学生 (이 아니었어 → 　　　　　　　)。
　　智美　あ、そう。かっこいいね。

2부 おとうさん・パパ

아버지 • 아빠

포인트 일본어의 인사와 호칭에 대해 이해할 수 있습니다.

- 일본 문화 속의 일본어 – 일본의 인사와 호칭의 종류 및 특징
- 이미지로 보는 일본 문화 – 한일간 인사와 호칭의 차이

일본 문화 속의 일본어

일본의 인사와 호칭(日本にほんの挨拶あいさつと呼称こしょう)

✻ 일본에는 어떤 인사가 있나요?

- 会釈えしゃく는 지나치면서 가볍게 목례로 하는 인사이다.
- お辞儀じぎ는 허리부터 상체와 머리를 숙여 정중하게 경의를 표하는 인사이다.
- 挨拶あいさつ라는 말 자체는 일본 불교에서 유래된 말로 一挨一拶いちあいいちさつ, 즉 불교의 선종에서 수행자가 수행 성과를 서로 질문함으로써 깨달음과 지식의 깊이를 확인하던 행위에서 유래했다. 문답이나 답변의 의미로 일반인에게 확산되어 타인과 만났을 때 주고 받는 의례적인 안부나 말을 가리킨다.
- 일본인 특유의 인사 동작은 일정한 거리를 두고 정중한 인사 동작을 반복하는 것이다.

✻ 한국과 다른 일본 인사의 특징이 있나요?

반복형 인사

- 한국에서는 헤어질 때 인사 동작을 한 번 하는 것이 보통이지만, 일본에서는 2~3회 반복해서 인사를 하는 경우가 많다. 상대방에게 공손한 마음을 반복해서 보여주기 위한 목적이다.

| 반복형 인사말의 예 |

- 지나간 과거와 연관시켜 반복적으로 인사를 한다.

> この前まえはどうもありがとうございました。 지난번에는 감사했습니다.
> 先日せんじつはお世話せわになりました。 지난번에는 신세를 졌습니다.

- 감사와 사과 표현은 과거의 일을 전제로 반복해서 사용한다.

> 毎度まいどどうも。 매번 감사합니다.
> いつもお世話せわになっています。 항상 신세를 지고 있습니다.
> いつもすみません。 매번 죄송합니다.

いただきます 인사 습관

- 식사 전에 합장을 하고 「いただきます(잘 먹겠습니다)」라고 인사하는 습관이 있다.
- 일본인이 하는 「いただきます」는 한국처럼 특정인에게 고마움을 표시할 때도 있지만, 고마움을 표시할 대상이 없는 경우에도 습관적으로 「いただきます」라고 하는 경우가 많다.

인사말의 정형 표현

- 일본어에는 나이나 지위의 상하 구분 없이 남녀노소 누구나 동등하게 사용할 수 있는 정형화된 인사말이 많다.

> 예 こんにちは 안녕하세요(낮 인사)　　　　いってきます 다녀오겠습니다
> こんばんは 안녕하세요(밤 인사)　　　　いってらっしゃい 잘 다녀오세요
> さようなら 안녕히 가세요(계세요)　　　ただいま 다녀왔습니다
> いただきます 잘 먹겠습니다　　　　　おかえりなさい 잘 다녀오셨습니까?

✽ 세계와 다른 일본 인사의 특징이 있나요?

- 말로 행동을 일일이 구분하는 습관이 있기 때문에 가족끼리도 인사를 빈번히 한다.
- 인사말의 순서를 보면 한국과 일본에서는 선생님에게 인사를 할 때 「先生せんせい、おはようございます (선생님, 안녕하세요?)」와 같이 먼저 직함을 말하고 나중에 인사를 하는 반면, 영어에서는 「Good morning, Mr. Smith」와 같이 인사를 먼저 하고 나중에 이름을 말한다.

인사(挨拶あいさつ)

- 한국과 일본의 가정과 학교에서의 인사 실태　　　　　　　　　　(대상: 한일 초등학생과 고등학생)

  ① 가정에서의 인사 빈도(취침 전후, 식사 전후 등)　➡　● 〉 🇰🇷

  　 시간 · 장소에 따른 인사 빈도(외출, 귀가 등)　➡　🇰🇷 〉 ●

  ② 학교에서 선생님이나 친구에 대한 인사 빈도　➡　초등학생 🇰🇷 〉 ●

  　　　　　　　　　　　　　　　　　　　　　　　　고등학생 ● 〉 🇰🇷

  ③ 한국인은 일본인에 비해 친소의 정도에 따라 인사 행동이 많이 달라지는 특징이 있다.

호칭(呼称こしょう)

- 한국과 일본의 가족 호칭의 차이점

  한국에서는 '할아버지'와 '외할아버지'를 구분해서 부르지만, 일본어 호칭에서는 인척의 원리가 없기 때문에 똑같이 「おじいさん」이라고 부른다. 또한 한국에서는 배우자의 형제, 자매를 '아주버니', '처남', '처형', '처제' 등으로 구분해서 부르지만, 이에 해당하는 일본어 호칭은 없다. 따라서 상대가 자기보다 나이가 많으면 「おにいさん」이나 「おねえさん」으로 부르고, 나이가 적으면 「ともこさん・ともこちゃん」처럼 이름에 「さん」이나 「ちゃん」을 붙여 부른다.

- 실제 가족의 호칭

  한국에서는 고등학교나 대학에서 후배가 선배를 부를 때, 특히 운동선수끼리 후배가 선배를 부를 때도 '형'이나 '언니'라는 친족 호칭으로 많이 부르는데 비해서, 일본에서는 실제 형제자매가 아닌 사람을 「おにいさん」이나 「おねえさん」으로 부르는 경우는 거의 없다.

- 제3자에게 자신의 상사를 언급할 때

  제3자에게 자신의 상사를 언급할 때 일본인은 상대방이 외부인일 경우에는 「木村きむら」, 내부인일 경우에는 「木村部長きむらぶちょう」를 구분해서 사용하고, 한국인은 상대방에 관계없이 경어적 호칭인 '부장님'으로 부르는 경우가 많다.　　　　　　　참고 91p うちと そと

- 부부 및 자녀의 호칭

  자녀수의 감소로 인해 부모와 자녀간의 심리적 거리가 가까워진 결과 한일 양국 모두 '아버지', '어머니' 그리고 「おとうさん」, 「おかあさん」의 사용은 많이 줄었다. 한국에서는 어린이 말인 '아빠', '엄마'가 일반적으로 사용되고 있으며, 일본에서도 존경의 접두어 「お」를 생략한 「とうさん」, 「かあさん」이 많이 사용되고 있다. 특히 도쿄의 여학생들은 마찬가지로 어린이 말인 「ママ」나 「パパ」도 많이 사용한다. 또한, 자녀의 시점에서 듣는 이의 어머니를 「おかあさん」이라고 부르는 경우도 있다.

  　　　　　　　　　　　　　　　　　　　　　　　　출처　참고문헌 ⑫

- 한국어와 영어, 일본어에서 서로 다른 인사 및 호칭의 특징을 생각해 보세요.

> 예 한국에서 근래 젊은 엄마들 사이에 '아들'이라고 부르는 경우를 많이 접하게 된다. 영어에서는 아들을 'son'이라고 부를 수 있지만, 일본어에서는 「息子むすこ」라고 부르지 않고 대부분 본인의 이름이나 애칭으로 부른다. 한편, 영어에서도 딸에게는 'daughter'라고는 부르지 않는다.

학습 평가

01 다음 일본어 인사말을 우리말과 맞도록 바르게 연결해 보세요.

(1) この前まえはどうも	·	· 다녀왔습니다
(2) 先日せんじつはお世話せわになりました	·	· 밤 인사
(3) 毎度まいどどうも	·	· 잘 다녀오셨습니까?
(4) いつもお世話せわになっています	·	· 언제나 신세를 지고 있습니다
(5) いつもすみません	·	· 안녕히 계세요
(6) ただいま	·	· 잘 먹겠습니다
(7) こんにちは	·	· 잘 다녀오세요
(8) こんばんは	·	· 지난번에는 신세를 졌습니다
(9) いただきます	·	· 지난번에는 감사합니다
(10) おかえりなさい	·	· 매번 감사합니다
(11) いってきます	·	· 다녀오겠습니다
(12) いってらっしゃい	·	· 매번 죄송합니다
(13) さようなら	·	· 낮 인사

02 일본의 인사와 호칭에 대한 설명 중 틀린 것을 고르세요.

① 제3자에게 자신의 상사를 언급할 때 일본인은 상대방이 외부인일 경우에는 「木村きむら」, 내부인일 경우에는 「木村部長きむらぶちょう」로 구분해서 사용한다.

② 한국에서는 '할아버지'와 '외할아버지'를 구분해서 부르지만, 일본어 호칭에서는 인척의 원리가 없기 때문에 똑같이 「おじいさん」이라고 부른다.

③ 일본인은 외식할 때나 학생들이 학교 급식을 먹을 때에도 각자 「いただきます」를 하는 경우가 많고, 심지어는 혼자 식사할 때에도 습관적으로 「いただきます」를 하는 경우가 많다.

④ 일본어의 「ありがとうございます」와 「すみません」은 그 장소에 한정된 일회적 표현이지만 한국어의 감사와 사과의 표현에는 과거의 일을 전제로 반복해서 사용한다는 특징이 있다.

Unit
04

1부

好きな料理は何ですか
す　　りょうり　　なん

좋아하는 음식은 무엇입니까?

2부

うめぼし

매실 장아찌

주요 학습 내용

1부
1. 好きな料理は何ですか。
す りょうり なん
2. 好きな料理は何？
す りょうり なに
3. 심화 학습
4. 학습 평가

2부
1. 일본 음식의 특징
2. 일본 음식의 종류
3. 생각해 보기
4. 학습 평가

학습 목표

- 점심 메뉴를 결정하는 대화를 통해, 좋아하는 것을 묻고 답하는 표현을 파악할 수 있다.
- 일본어의 형용사 중 な형용사를 활용한 주요 어휘를 이해할 수 있다.
- 일본 요리의 이름에 쓰인 일본어와 일본 요리의 종류 및 특징을 설명할 수 있다.

1부 好きな料理は何ですか

좋아하는 음식은 무엇입니까?

포인트 점심 메뉴를 결정하면서 좋아하는 일본 음식에 대해 이야기하는 표현을 학습합니다.

정중체	鈴木さんの好きな料理は何ですか。 私はラーメンですね。	보통체	好きな料理は何？ 私はラーメン。

회화 1

好きな料理は何ですか 57

鈴木 今日のランチ、どうですか。

金漢 いいですね。鈴木さんの好きな料理は何ですか。

鈴木 私はラーメンですね。

キムさんは日本の料理、大丈夫ですか。

金漢 ええ、僕は和食、大好きです。

すしが苦手でしたが、今は大好きです。

鈴木 すしですか。和食の中で一番有名ですよね。

金漢 そうですね。

| 단어 및 표현 | 58

今日きょう 오늘
· ランチ 런치
· どうですか 어떻습니까?
· 好すきだ 좋아하다
· 料理りょうり 요리
· 何なんですか 무엇입니까?
· ラーメン 라멘

· 大丈夫だいじょうぶだ 괜찮다
· ええ 네 (「はい」보다 격식 차리지 않은 표현)
· 僕ぼく 나 (남성이 사용하는 1인칭 대명사)
· 和食わしょく 일본 요리, 일식
· 大好だいすきだ 매우 좋아하다
· すし 초밥
· 苦手にがてだ 거북하다, 서투르다

· 今いま 지금
· ～の中なかで ~중에서
· 一番いちばん 가장, 제일
· 有名ゆうめいだ 유명하다
· そうですね 그렇네요

주요 표현

1 好すきな料理りょうりは何なんですか　좋아하는 음식은 무엇입니까?

- 好きな ～は何ですか : 좋아하는 ~은/는 무엇입니까?

- Aは Bが 好きです : A는 B를 좋아합니다

  예 A 好きな映画えいがは何なんですか。　좋아하는 영화는 무엇입니까?

  　　B 私わたしはアニメが好すきです。　저는 애니메이션을 좋아합니다.

  　　A 好すきな俳優はいゆうは誰だれですか。　좋아하는 배우는 누구입니까?

  　　B 僕ぼくはリさんが好すきです。　나는 이 씨를 좋아합니다.

2 すしが苦手にがてでしたが　초밥을 싫어했지만

- 명사의 과거 정중형 : 명사 + でした

- な형용사의 과거 정중형 : な형용사의 어간 + でした

  예 ここはきれいでしたが、今いまはきたないです。　여기는 깨끗했었지만, 지금은 더럽습니다.

  　　陽子ようこは上手じょうずでしたが、キムは下手へたでした。　요코는 잘했지만, 김은 서툴렀습니다.

3 和食わしょくの中なかで一番いちばん有名ゆうめいですよね　일식 중에서 가장 유명하죠?

- ～の中なかで一番いちばん～です : ~중에서 가장 ~합니다
  예 歌手かしゅの中なかで一番いちばん上手じょうずです。　가수 중에서 가장 잘합니다.
  　　果物くだものの中なかでリンゴが一番いちばん好すきです。　과일 중에서 사과를 가장 좋아합니다.

회화 2

好_すきな料理_{りょうり}は何_{なに}？ 59

陽子_{ようこ}　今日_{きょう}のランチ、一緒_{いっしょ}にどう？

智美_{ともみ}　いいね。

陽子_{ようこ}　ともちゃん、好_すきな料理_{りょうり}は何_{なに}？

智美_{ともみ}　私_{わたし}はラーメンが好_すき。陽子_{ようこ}は？

陽子_{ようこ}　ラーメンはあまり好_すきではないの。和食_{わしょく}が好_すき。
　　　　なっとうとかうめぼしとか。

智美_{ともみ}　え？ うめぼし嫌_{きら}いだったよね。

陽子_{ようこ}　苦手_{にがて}だったけど、今_{いま}は好_すき！

|단어 및 표현|  60

· 一緒_{いっしょ}に 함께, 같이

· どう? 어때?

· ともちゃん 「智美_{ともみ}」의 애칭

· 何_{なに} 무엇

· なっとう 낫토

· 〜とか 〜(이)라든지

· うめぼし 우메보시(일본식 매실 장아찌)

· 嫌_{きら}いだ 싫어하다

주요 표현

1 好すきな料理りょうりは何なに？　좋아하는 요리는 뭐야?

- 好きだ의 명사 수식형 : 好きな
- 好きな 〜は誰だれ？ : 좋아하는 ~은/는 누구야?
  - 예 ともちゃん、好すきな映画えいがは何なに？　토모야, 좋아하는 영화는 뭐야?
  - 陽子ようこ、好すきな俳優はいゆうは誰だれ？　요코, 좋아하는 배우는 누구야?

2 私わたしはラーメンが好すき　나는 라멘이 좋아

- AはBが好すきだ : A는 B를 좋아한다
  - 예 私わたしは日本にほんのアニメーションが好すき。　나는 일본 애니메이션을 좋아해.
  - 私わたしはキムさんが好すき。　나는 김 씨를 좋아해.

3 ラーメンはあまり好すきではない　라멘은 별로 좋아하지 않아

- 명사의 부정형 : 명사 + では(= じゃ)ない
- な형용사의 부정형 : な형용사의 어간 + では(= じゃ)ない
  - 예 彼かれはあまり有名ゆうめいでは(じゃ)ない。　그는 별로 유명하지 않다.
  - すしは嫌きらいでは(じゃ)ない。　초밥은 싫어하지 않는다.

4 嫌きらいだったよね　싫어했었지?

- 명사의 과거형 : 명사 + だった
- な형용사의 과거형 : な형용사의 어간 + だった
  - 예 好すきだったよね。　좋아했었지?
  - 苦手にがてだったよね。　서툴렀었지?

5 嫌きらいだったけど　싫어했지만

역접을 나타내는 「けれども」의 줄임말이며, 「けれど」 또는 「けど」로 줄일 수 있다.
  - 예 苦手にがてだったけど、今いまは好すき！　싫어했지만, 지금은 좋아해!
  - 学生がくせいだったけど、今いまは会社員かいしゃいん！　학생이었지만, 지금은 회사원!

심화 학습

(1) な형용사

사물의 성질이나 상태를 나타내는 말로, 일본어의 형용사에는 다음 두 종류가 있다.

- い형용사 : 기본형의 어미가 「い」로 끝나는 형용사
- な형용사 : 기본형의 어미가 「だ」로 끝나는 형용사

(2) な형용사문과 명사문의 활용 비교

종류		な형용사	명사
기본형		有名だ 유명하다	学生だ 학생이다
정중형		有名です 유명합니다	学生です 학생입니다
부정형	보통체	有名ではない 유명하지 않다	学生ではない 학생이 아니다
	정중체	有名じゃありません 유명하지 않습니다	学生じゃありません 학생이 아닙니다
과거형	보통체	有名だった 유명했다	学生だった 학생이었다
	정중체	有名でした 유명했습니다	学生でした 학생이었습니다
정중한 과거 부정형		有名ではありませんでした 유명하지 않았습니다	学生ではありませんでした 학생이 아니었습니다
명사 수식		有名な学校 유명한 학교	学生の生活 학생의 생활
연결형		有名で 유명하고	学生で 학생이고

※ では＝じゃ / ありません＝ないです

ありませんでした＝なかったです   참고 112p い형용사의 과거형

(3) 주요 な형용사 61

静かだ・静かな	조용하다	簡単だ・簡単な	간단하다
まじめだ・まじめな	성실하다, 진지하다	新鮮だ・新鮮な	신선하다
親切だ・親切な	친절하다	有名だ・有名な	유명하다
にぎやかだ・にぎやかな	번화하다	重要だ・重要な	중요하다

便利だ・便利な	편리하다	だめだ・だめな	안 된다
不便だ・不便な	불편하다	元気だ・元気な	건강하다
楽だ・楽な	편안하다, 쉽다	大丈夫だ・大丈夫な	괜찮다
きれいだ・きれいな	예쁘다, 깨끗하다	丈夫だ・丈夫な	튼튼하다
暇だ・暇な	한가하다	ハンサムだ・ハンサムな	잘생기다, 핸섬하다
素敵だ・素敵な	멋지다, 근사하다	心配だ・心配な	걱정이다
好きだ・好きな	좋아하다	嫌いだ・嫌いな	싫어하다
上手だ・上手な	잘하다, 능숙하다	下手だ・下手な	잘 못하다, 서투르다
得意だ・得意な	잘하다, 특기이다	苦手だ・苦手な	거북하다, 서투르다

(4) な형용사문의 주의점

- ～が好きです ~을/를 좋아합니다
  → 日本語が好きです。(○) 나는 일본어를 좋아합니다.
  　日本語を好きです。(×)

- ～が嫌いです ~을/를 싫어합니다
  → 私はサッカーが嫌いです。나는 축구를 싫어합니다.

- ～が上手です ~을/를 잘합니다, 능숙합니다
  → 私は料理が上手です。나는 요리를 잘합니다.

- ～が下手です ~을/를 잘 못합니다, 서툽니다
  → 私は英語が下手です。나는 영어를 잘 못합니다.

- ～が得意です ~을/를 잘합니다, 제일 자신 있습니다, 특기입니다
  → 私は歌が得意です。나는 노래를 잘합니다.

- ～が苦手です ~을/를 잘 못합니다, 질색입니다
  → 私は運動が苦手です。나는 운동을 잘 못합니다.

01 다음을 잘 듣고 알맞은 것을 골라 번호를 써 보세요. 62

(1) [　　　]　① おにぎり　② うめぼし　③ わしょく　④ りょうり

(2) [　　　]　① 好きだ　② 嫌いだ　③ ゆうめいだ　④ 上手だ

(3) [　　　]　① 好きですか　② なんですか　③ 嫌いですか　④ どうですか

(4) [　　　]　① げんきな　② きれいな　③ まじめな　④ 上手な

02 다음 보기 중 (　) 안에 들어갈 알맞은 것을 골라 써 보세요.

> のなかで　　いっしょに　　いちばん　　だった

(1) 일본 음식 중에서 무엇을 좋아합니까?

➡ 日本の料理（　　　　　）何が好きですか。

(2) 제일 유명한 것은 스시입니다.

➡ （　　　　　）有名なのはすしです。

(3) 오늘 점심 같이 어때?

➡ 今日のランチ、（　　　　　）どう？

(4) 싫어했잖아.

➡ 嫌い（　　　　　）よね。

03 다음 대화의 빈칸에 들어갈 알맞은 표현을 써 보세요.

鈴木　今日のランチ、(어때요? →　　　　　　　)。

キム　いいですね。鈴木さんの (좋아하는 →　　　　　) 料理は何ですか。

鈴木　私はラーメンですね。

　　　キムさんは日本の料理、(괜찮아요? →　　　　　　) ですか。

キム　ええ、僕は和食、(매우 좋아해요 →　　　　　) です。

　　　すしが (별로 안 좋아했지만 →　　　　　) でしたが、

　　　今は (매우 좋아해요 →　　　　　) です。

2부 うめぼし

매실 장아찌

포인트 일본 음식의 종류와 특징에 대해 이해할 수 있습니다.

- 일본 문화 속의 일본어 – 일본 음식의 특징
- 이미지로 보는 일본 문화 – 일본 음식의 종류

일본 문화 속의 일본어

일본 음식(和食わしょく)

✸ 일본 음식의 특징은 무엇인가요?

- 일본 요리는 日本食にほんしょく, 和食わしょく라고 하며, 주로 농작물과 해산물을 재료로 한다. 양념으로는 다시마, 생선, 표고버섯으로 우려낸 국물에 일본 된장(味噌みそ)・간장(醤油しょうゆ)을 넣는 저지방, 고염분 요리이다.

  > (예) 초밥(寿司すし), 회(刺身さしみ), 튀김(天ぷらてんぷら), 메밀국수(蕎麦そば) 등

- 서양식 요리로 오므라이스(オムライス), 카레라이스(カレーライス), 일본식 중화요리(中華料理ちゅうかりょうり)와 라멘(ラーメン), 이탈리아 요리(イタリア料理りょうり)로 스파게티(スパゲッティ) 등도 있다.

일본 요리는 소재 그대로의 풍미, 장점이 돋보이는 소박한 조리법으로 「뺄셈의 요리」	농후한 조미료를 사용하는 프랑스 요리, 중국 요리는 「덧셈의 요리」
冷奴ひややっこ 찬 생식 두부에 간장과 양념을 곁들인 음식 **湯豆腐**ゆどうふ 두부를 살짝 데쳐서 양념장을 찍어 먹는 요리	**麻婆豆腐**まーぼーどうふ 마파두부. 중국 사천 요리의 하나로 기름에 볶은 다진 돼지고기에 잘게 썬 두부를 섞고 고추 등으로 맛을 낸 일종의 두부 볶음 요리

히야얏코

마파두부

❋ 일본의 대표적인 음식에는 어떤 것이 있나요?

① 寿司すし

> 종류

① 握り寿司にぎりずし : 손으로 쥐어 뭉친 일반적인 초밥

② 巻き寿司まきずし : 김 초밥

③ いなり寿司いなりずし : 유부 초밥

④ 散らし寿司ちらしずし : 초밥 위에 생선과 야채, 달걀부침 등을 섞은 것

⑤ 押し寿司おしずし : 고등어 초밥(さばずし)

⑥ 回転寿司かいてんずし : 회전 초밥. 최초의 회전 초밥집은 大阪おおさか의 元禄寿司けんろくずし

> 전문 용어 ・しゃり 밥 ・さび 고추냉이 ・がり 생강 절임 ・あがり 뜨거운 차 ・おあいそ 계산

② ラーメン

- 北海道ほっかいどう의 된장맛(みそあじ), 소금맛(しおあじ), 간장맛(しょうゆあじ) ラーメン과 九州きゅうしゅう의 돼지 육수(とんこつ) ラーメン

> 전문 용어 ・替え玉かえだま – 사리 추가 ・大盛りおおもり – 곱빼기
> ・硬めかため – 꼬들꼬들한 면 ・柔らかめやわらかめ – 부드러운 면

③ お好み焼きおこのみやき

- お好みおこのみ는 각자가 선호하는 재료(소고기, 돼지고기, 오징어, 조개, 새우, 納豆なっとう, キムチ 등)를 취향에 맞게 선택한다는 의미이다.
- もんじゃ焼きもんじゃやき : 東京とうきょう 지역의 간장(しょうゆ)이나 굴소스(ウスターソース)가 들어간 것이다.
- モダン焼きモダンやき : 서일본 지역의 お好み焼きおこのみやき 의 일종으로 やきそば(중화면)를 넣은 것이다.

몬자야키

④ うどん・そば

- うどん은 京都きょうと・大阪おおさか를 포함하는 서일본 지역에서 발전해 왔다.
- そば는 기온이 낮고 토지가 비옥하지 않아도 재배하기 쉬운 작물로 東京とうきょう를 포함한 동일본 지역에서 선호해 왔다.
  ① きつねそば・きつねうどん : おいなりさん이라는 여우(きつね)신이 좋아하는 유부를 건더기로 넣은 것에서 유래했다.

② たぬきそば・たぬきうどん : 동일본 지역에서 튀김옷을 뜻하는 てんぷらの種抜たねぬき에서 たぬき가 되었다. 여름에는 素麺そうめん, 冷やし中華ひやしちゅうか가 인기 있다.

③ 月見つきみそば・月見つきみうどん : 날달걀을 얹은 것으로 달걀 노른자가 보름달처럼 보여 붙여진 이름이다.

④ 流し素麺ながしそうめん : 대나무 등으로 만든 통에 찬물과 소면을 흘려 보내 건져 먹는 면 요리이다.

⑤ 鍋料理なべりょうり

- 일본 문화는 和の文化わのぶんか로 서로간의 화합을 중요시한다.

- 대표적인 음식으로 鍋料理なべりょうり가 있다.

> 예 すきやき 스키야키(소고기 전골)　　しゃぶしゃぶ 샤부샤부

스키야키

샤부샤부

⑥ 梅干うめぼし

- 매실(梅うめ)은 살균 작용이 있어 병을 치료한다고 알려져 있는데, 음식이 상하는 것을 늦추는 효과가 있어 도시락이나 주먹밥의 재료로 많이 사용된다.

⑦ 納豆なっとう

- なっとう균으로 발효시킨 음식이다.

- 날달걀과 잘게 썬 파, 겨자, 간장을 약간 넣어 섞은 후 밥에 비벼 먹는다.

- 독특한 냄새와 끈적거리는 식감이 있다.

- 소화 흡수율을 높여 위장을 보호하고 피로 회복에 효과가 있다.

- 서일본 지역에는 納豆なっとう를 싫어하는 사람이 많다.

⑧ おにぎり

- 握り飯にぎりめし, お結びおむすび라고도 한다.

- 戦国時代せんごくじだい의 농민이나 무사들이 도시락 대신에 가지고 다닌 것에서 유래했다.

- 뜨거울 때 뭉치며 차가워져도 밥의 찰기가 줄지 않는 것이 장점이다.

- 간편하게 먹을 수 있는 식사로 편의점(コンビニ)의 주요 상품이다.

⑨ 丼どんぶり

- 밥을 담는 큼직한 그릇을 どんぶり라고 한다.
- どんぶり에 따뜻한 밥을 담아 그 위에 조리한 건더기나 국물을 끼얹는 요리이다.
- 江戸時代えどじだい에 鰻屋うなぎや 주인이 どんぶり 위에 장어를 얹어 うなどん으로 팔았던 것에서 시작되었다.
- 종류로는 소고기 덮밥(牛丼ぎゅうどん), 돼지고기 덮밥(豚丼ぶたどん), 튀김 덮밥(天丼てんどん), 돈가스 덮밥(カツ丼カツどん), 닭고기 달걀 덮밥(親子丼おやこどん) 등이 있다.

돈가스 덮밥

닭고기 달걀 덮밥

⑩ 日本酒にほんしゅ

- 청주(日本酒にほんしゅ)는 쌀과 물로 만든 양조주로, 과거 新潟県にいがたけん에서 일본 청주의 80%를 생산했다.
- 地酒じざけ는 지역의 전통술로 쌀이나 물의 질, 또는 양조 방법의 차이에 따라 제각각 독특한 맛을 낸다.

    ① ひや : 술을 마실 때 그냥 마시는 것

    ② あつかん : 따뜻하게 마시는 것

    ③ 冷酒れいしゅ : 차게 마시는 것

    ④ 水割りみずわり : 물을 타서 마시는 것

출처 참고문헌 ⑦

니혼슈

이미지로 보는 일본 문화

일본의 음식

① 寿司すし

② ラーメン

③ お好み焼きおこのみやき

④ うどん・そば

⑤ 鍋料理なべりょうり

⑥ 梅干うめぼし

⑦ 納豆なっとう

⑧ おにぎり

⑨ 丼どんぶり

⑩ 日本酒にほんしゅ

- 다음 메뉴판을 보고 어떤 요리의 메뉴인지 일본어로 써 보세요.

快活<ruby>かいかつ</ruby>の どんぶり

牛丼 ぎゅうどん ○○○円	豚丼 ぶたどん ○○○円	鶏丼 とりどん ○○○円

학습 평가

01 다음 일본 요리의 읽는 법을 써 보세요.

(1) 巻き寿司 → [   ]

(2) いなり寿司 → [   ]

(3) 牛丼 → [   ]

(4) 親子丼 → [   ]

(5) 天ぷら → [   ]

(6) 蕎麦 → [   ]

02 다음 일본 요리에 대한 설명 중 틀린 것을 고르세요.

① 일본 요리는 뺄셈의 요리로 표현할 수 있다.

② 초밥 요리점에서 생강 절임을 しゃり라고 한다.

③ 면 요리를 먹을 때 '후루룩' 소리를 내는 것은 맛있다는 표시이다.

④ 서일본 지역에는 なっとう를 싫어하는 사람이 많다.

01 다음 보기 와 같이 빈칸에 알맞은 표현을 써 보세요.

> 보기 リさんは中国人ですか。
>
> はい、私は中国人です。 / はい、そうです。
>
> (韓国人) いいえ、私は中国人ではありません。韓国人です。

(1) エリーさんはアメリカ人ですか。

_____。 / _____。

(イギリス人) _____。

(2) 鈴木さんは学生ですか。

_____。 / _____。

(会社員) _____。

(3) リンさんのお兄さんは医者ですか。

_____。 / _____。

(モデル) _____。

02 다음 보기 와 같이 빈칸에 알맞은 표현을 써 보세요.

> 보기 さとうさんのお父さんは先生ですか。
>
> はい、私の父は先生です。 / はい、そうです。
>
> (公務員) いいえ、私の父は先生ではありません。公務員です。

(1) キムさんのお母さんは日本人ですか。

_____。 / _____。

(ベトナム人) _____。

(2) たかはしさんの 妹さんは大学生ですか。

_____。/ _____。

(高校生) _____。

(3) リンさんのお兄さんは医者ですか。

_____。/ _____。

(システムエンジニア) _____。

03 다음 보기 와 같이 질문에 답해 보세요.

보기　A お昼はうどんだった？

　　　B ううん、うどんじゃなかった。ラーメンだった。

　　　A お昼はうどんでした？

　　　B いいえ、うどんではなかったです。ラーメンでした。

(1) お昼はすしだった？（おにぎり）

_____。

_____。

(2) 昨日の夕食はお好み焼きでした？（ピザ）

_____。

_____。

(3) お昼は親子丼だった？（とんかつ）

_____。

_____。

(4) 今日の朝食は和食でした？（パン）

_____。

_____。

04 다음 **な형용사** 표에 알맞은 활용형을 써 보세요. (한자는 히라가나로 바꾸어 쓰세요.)

기본형	정중형	과거정중형	부정형	정중부정형	명사수식형
静かだ 조용하다	しずかです	しずかでした	しずかではない	しずかではありません	しずかな 部屋
便利だ					 交通
不便だ					 交通
有名だ					 俳優
好きだ					 人
嫌いだ					 食べ物
上手だ					 料理
下手だ					 料理
元気だ					 人
きれいだ					 人
大変だ					 こと
大切だ					 こと
ハンサムだ					 人
クールだ					 人

05 다음 보기 와 같이 주어진 단어를 사용하여 묻고 대답해 보세요.

> 보기　キムさんの友達(ともだち)・ハンサムだ / はい、とても
>
> 　　A キムさんの友達(ともだち)はハンサムですか。
>
> 　　B はい、とてもハンサムです。

(1) 図書館(としょかん)・静(しず)かだ / いいえ、あまり

　A ＿＿＿＿＿＿＿＿＿＿＿＿＿＿＿＿＿＿＿＿＿＿＿＿＿＿＿＿＿＿＿＿＿＿＿。

　B ＿＿＿＿＿＿＿＿＿＿＿＿＿＿＿＿＿＿＿＿＿＿＿＿＿＿＿＿＿＿＿＿＿＿＿。

(2) 先生(せんせい)・親切(しんせつ)だ / はい、とても

　A ＿＿＿＿＿＿＿＿＿＿＿＿＿＿＿＿＿＿＿＿＿＿＿＿＿＿＿＿＿＿＿＿＿＿＿。

　B ＿＿＿＿＿＿＿＿＿＿＿＿＿＿＿＿＿＿＿＿＿＿＿＿＿＿＿＿＿＿＿＿＿＿＿。

(3) キムさんの部屋(へや)・きれいだ / いいえ、あまり

　A ＿＿＿＿＿＿＿＿＿＿＿＿＿＿＿＿＿＿＿＿＿＿＿＿＿＿＿＿＿＿＿＿＿＿＿。

　B ＿＿＿＿＿＿＿＿＿＿＿＿＿＿＿＿＿＿＿＿＿＿＿＿＿＿＿＿＿＿＿＿＿＿＿。

06 다음 보기 와 같이 주어진 단어를 사용하여 묻고 대답해 보세요.

> 보기　スポーツ・好(す)きだ / サッカー
>
> 　　A スポーツの中(なか)で何(なに)が一番(いちばん)好(す)きですか。
>
> 　　B サッカーが一番(いちばん)好(す)きです。

(1) 果物(くだもの)・好(す)きだ / りんご

　A ＿＿＿＿＿＿＿＿＿＿＿＿＿＿＿＿＿＿＿＿＿＿＿＿＿＿＿＿＿＿＿＿＿＿＿。

　B ＿＿＿＿＿＿＿＿＿＿＿＿＿＿＿＿＿＿＿＿＿＿＿＿＿＿＿＿＿＿＿＿＿＿＿。

(2) 日本(にほん)の料理(りょうり)・有名(ゆうめい)だ / すし

　A ＿＿＿＿＿＿＿＿＿＿＿＿＿＿＿＿＿＿＿＿＿＿＿＿＿＿＿＿＿＿＿＿＿＿＿。

　B ＿＿＿＿＿＿＿＿＿＿＿＿＿＿＿＿＿＿＿＿＿＿＿＿＿＿＿＿＿＿＿＿＿＿＿。

(3) 友達_{ともだち}・きれいだ / パクさん

A _____ 。

B _____ 。

07 다음 보기 와 같이 주어진 단어를 사용하여 묻고 대답해 보세요.

> 보기　パクさん / まじめだ + 親切_{しんせつ}だ
>
> A　パクさんはどんな人_{ひと}ですか。
>
> B　パクさんはまじめで親切_{しんせつ}な人_{ひと}です。

(1) 彼_{かれ} / 元気_{げんき}だ + ハンサムだ

A _____ 。

B _____ 。

(2) 彼女_{かのじょ} / スポーツが上手_{じょうず}だ + すてきだ

A _____ 。

B _____ 。

(3) 韓国_{かんこく}の地下鉄_{ちかてつ} / きれいだ + 便利_{べんり}だ

A _____ 。

B _____ 。

(4) 慶州_{キョンジュ} / とても静_{しず}かだ + きれいだ

A _____ 。

B _____ 。

08 다음 우리말 문장을 일본어로 만들어 보세요.

(1) 처음 뵙겠습니다. 저는 ○○○(자신의 이름)입니다.

_____。

(2) 잘 부탁합니다.

_____。

(3) 그렇습니다. 저는 한국인입니다.

_____。

(4) 아니요, 저는 학생이 아닙니다. 선생님입니다.

_____。

Unit 05

1부

どこですか

어디입니까?

2부

2じょう・1メートル

(다다미) 2장・1미터

주요 학습 내용

1부

1. どこですか
2. おうちはどこ？
3. 심화 학습
4. 학습 평가

2부

1. 일본의 공간
2. 일본의 정원
3. 생각해 보기
4. 학습 평가

학습 목표

- 장소를 나타내는 표현을 학습하고, 묻고 답하는 표현을 이해할 수 있다.
- 일본의 주택, 대인 거리, 정원, 목욕탕 등 공간과 관련된 문화와 표현을 이해하고, 설명할 수 있다.

1부 どこですか

어디입니까?

포인트 집이 어디인지 묻고 대답하는 표현을 학습합니다.

정중체	お住まいはどちらですか。 ここから二駅のところです。	보통체	ともちゃんのおうちはどこ？ このカフェの近くなの。

회화 1

お住まいはどちらですか 63

金漢 キムハン	鈴木さんのお住まいはどちらですか。
鈴木 すずき	ここから二駅のところです。
金漢 キムハン	もしかして駅前のいいマンションですか。
鈴木 すずき	そうです。でも2DKだからね。
金漢 キムハン	鈴木さんは立派なマンション、僕は6畳のアパート。 まだまだですね。
鈴木 すずき	部長は一戸建てですよ。郊外だけど。
部長 ぶちょう	キムさん、鈴木さん、今日帰りに一杯、どう？

| 단어 및 표현 | 64

- お住すまい 「家(집)」의 존경어
- 二駅ふたえき 두 역
- ところ 장소
- もしかして 혹시
- 駅前えきまえ 역 앞
- いい 좋다

- マンション 맨션 (철근 구조로 한국의 아파트와 유사)
- でも 그래도
- 2DK 방 2개 + 다이닝키친의 집 구조
- ～だから ~니까
- 立派りっぱだ 훌륭하다
- 6畳じょう 6조 (다다미 6장 크기)

- アパート 아파트 (목조로 된 낮은 층의 공동 주택)
- まだまだ 아직 멀었음
- 一戸建いっこだて 단독 주택
- 郊外こうがい 교외
- 帰かえり 귀갓길, 돌아가(오)는 길
- 一杯いっぱい 한잔

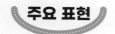

1 **お住すまいはどちらですか** 댁은 어디세요?

방향을 가리키는 「こちら・そちら・あちら・どちら」는 존경어의 뉘앙스로 사용하기도 한다.

예 こちらのかた 이쪽 분   どちらさま 어느 분   참고 일본어의 지시대명사 체계는 85p를 참고

2 **ここから二駅ふたえきのところです** 여기서부터 두 역 떨어진 곳이에요

- ここから : 여기부터

  ～から～まで : ~에서(부터) ~까지 (시간과 장소 모두에 사용)

  예 家から会社まで 집에서 회사까지   1時から4時まで 1시부터 4시까지

- 二駅のところ : 두 역인 곳 (두 역 떨어진 곳)

  一駅 한 역 : ひとえき(○) いちえき(×) / 二駅 두 역 : ふたえき(○) にえき(×)

  ～のところ : ~인 장소/곳

3 **でも、2DKだからね** 그래도 2DK니까

- でも : 그래도, 그렇더라도(역접의 접속사)

  유사 표현으로 「けれども 하지만」, 「しかし 그러나」 등이 있다.

- 2DK : 2개의 방과 거실(Dining), 부엌(Kitchen)으로 이루어진 주거 형태

- だから : ~이기 때문에

  | 명사의 뒤에 붙어 단정의 뜻을 나타내는 だ | + | 이유, 원인을 나타내는 접속 조사 から |

4 **～だからね・～ですよ** ~(이)니까・~(이)에요

문장 끝에서 뉘앙스를 더해 주는 「ね」, 「よ」 등을 종조사라고 한다.

- ね : 상대방도 알고 있는 사실을 말할 때, 혹은 동의를 구할 때 사용한다.

  예 でも2DKだからね。 그래도 2DK니까.

- よ : 상대방이 모르고 있는 사실을 알려줄 때, 혹은 강하게 자기 주장을 내세울 때 사용한다.

  예 部長は一戸建てですよ。 부장님은 단독 주택이에요.

おうちはどこ？ 65

智美	あ、もうこんな時間！　じゃ、またあした。
金漢	僕たちもここで。ともちゃんのうちはどこ？
智美	このカフェの近くなの。あそこのアパート。漢ちゃんのおうちは？
陽子	ここからバスで1時間半の距離なの。
智美	へえ、大変！ 陽子のおうちもここのすぐそばだから、二人はデートも大変だね。
金漢	そうでもないよ。

|단어 및 표현| 66

- もう 벌써
- 時間じかん 시간
- 僕ぼくたち 우리들
- うち 집
- カフェ 카페

- 近ちかく 근처
- バス 버스
- 1時間じかん半はん 1시간 반
- 距離きょり 거리
- 大変たいへん 큰일, 힘든 일

- すぐ 곧, 바로
- そば 옆
- 二人ふたり 두 사람
- デート 데이트
- そうでもない 그렇지도 않다

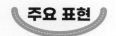 **주요 표현**

1 **ともちゃんのうちはどこ？** 토모네 집은 어디야?

- 지시대명사

	근칭	중칭	원칭	부정칭
사물	これ 이것	それ 그것	あれ 저것	どれ 어느 것
장소	ここ 여기	そこ 거기	あそこ 저기	どこ 어디
방향	こちら 이쪽	そちら 그쪽	あちら 저쪽	どちら 어느 쪽
명사 수식1	この 이	その 그	あの 저	どの 어느
명사 수식2	こんな 이런	そんな 그런	あんな 저런	どんな 어떤

2 **僕ぼくたちもここで・ここからバスで** 우리들도 여기에서 · 여기에서부터 버스로

- で

  ここで 여기에서 : 장소 + で ~에서

  バスで 버스로 : 이동 수단 · 도구 + で ~(으)로

- から

  ここから 여기에서부터 : 장소, 시간 + から ~(에서)부터   참고 ～まで ~까지

  そばだから 옆이니까 : だ・です + から ~(이)니까, ~때문에(원인을 나타냄)

3 **1時間いちじかん半はんの距離きょりなの** 1시간 반의 거리야

- なの

  단정을 나타내는 だ의 명사 수식형 な + 명사 역할 の

  ↘ 하강 인토네이션일 경우 : '~이다, ~이지' 등 단정을 나타냄

  ↗ 상승 인토네이션일 경우 : '~이야?'의 질문을 나타냄

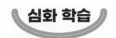심화 학습

(1) こ・そ・あ・ど의 공식

こ 계열	화자 쪽에 가까울 때
そ 계열	상대편에 가까울 때
あ 계열	화자와 상대편에서 모두 멀 때
ど 계열	불명확한 것을 지칭할 때

「これ」로 질문하면 「それ」로 대답하고, 「それ」로 질문하면 「これ」로 대답하는 것이 일반적이다. 「あれ」
는 질문과 대답 모두 사용된다.

예 A これは何ですか。   이것은 무엇입니까?

　B それは新聞です。   그것은 신문입니다.

　A あれは何ですか。   저것은 무엇입니까?

　B あれは辞書です。   저것은 사전입니다.

같은 장소에서 대화를 나눌 경우, 「ここ」로 물으면 「ここ」로 답해야 한다(건물이 상대방에게 가까워도
「そこ」를 사용하지는 않는다).

예 A ここはどこですか。   여기는 어디입니까?

　B ここはスーパーです。   여기는 슈퍼입니다.

(2) 수사

한국어와 마찬가지로 크게 '한자어 계열의 수'와 '고유어 계열의 수'로 나뉜다.

① 한자어 계열 수

우리말과 마찬가지로 '일, 이, 삼……'에 해당한다.

	0	1	2	3	4	5
한자	零	一	二	三	四	五
읽기	れい/ゼロ/まる	いち	に	さん	し/よん	ご

	6	7	8	9	10	
한자	六	七	八	九	十	
읽기	ろく	しち/なな	はち	きゅう/く	じゅう	

	11	12	13	14	15
한자	十一	十二	十三	十四	十五
읽기	じゅういち	じゅうに	じゅうさん	じゅうし/ じゅうよん	じゅうご
	16	17	18	19	20
한자	十六	十七	十八	十九	二十
읽기	じゅうろく	じゅうしち/ じゅうなな	じゅうはち	じゅうく/ じゅうきゅう	にじゅう

	10	20	30	40	50
한자	十	二十	三十	四十	五十
읽기	じゅう	にじゅう	さんじゅう	よんじゅう	ごじゅう
	60	70	80	90	100
한자	六十	七十	八十	九十	百
읽기	ろくじゅう	ななじゅう	はちじゅう	きゅうじゅう	ひゃく

② 고유어 계열 수

우리말의 '하나, 둘, 셋……'에 해당하는 고유어 숫자로, 하나에서 열까지만 사용하고 그 이상은 한자어 숫자로 사용한다.

	하나	둘	셋	넷	다섯
한자	一つ	二つ	三つ	四つ	五つ
읽기	ひとつ	ふたつ	みっつ	よっつ	いつつ
	여섯	일곱	여덟	아홉	열
한자	六つ	七つ	八つ	九つ	十
읽기	むっつ	ななつ	やっつ	ここのつ	とお

01 다음을 잘 듣고 알맞은 것을 골라 번호를 써 보세요. 🎧67

(1) ⬜⬜⬜   ① 二駅   ② 一人   ③ 二人   ④ 一駅

(2) ⬜⬜⬜   ① アーバト   ② アパト   ③ アバート   ④ アパート

(3) ⬜⬜⬜   ① 一時間   ② 一時間半   ③ 二時間半   ④ 八時間半

(4) ⬜⬜⬜   ① マンション   ② マンツョン   ③ マンシャン   ④ マソツャン

02 다음 보기 중 (   ) 안에 들어갈 알맞은 것을 골라 써 보세요.

どれ	これ	それ	あれ

(1) A 이것은 무엇입니까?   ➡ これは何ですか。

    B 그것은 전화입니다.   ➡ (   )は電話です。

(2) A 저것은 무엇입니까?   ➡ あれは何ですか。

    B 저것은 아파트입니다.   ➡ (   )はアパートです。

(3) A 그것은 무엇입니까?   ➡ それは何ですか。

    B 이것은 신문입니다.   ➡ (   )は新聞です。

03 다음 대화의 빈칸에 들어갈 알맞은 표현을 써 보세요.

(1) 金漢   鈴木さんのお住まいは (어느 쪽 →   ) ですか。

    鈴木   (여기부터 →   ) 二駅のところです。

    金漢   もしかして駅前のいいマンションですか。

    鈴木   (그렇습니다 →   )。

    部長   金さん、鈴木さん、今日帰りに一杯、(어때 →   )？

(2) 智美   あ、もう (이런 →   ) 時間！

    金漢   僕たちも (여기에서 →   )。ともちゃんのうちは (어디야? →   )？

    智美   このカフェの (근처 →   ) なの。(저기 →   ) のアパート。
         漢ちゃんのおうちは？

② 2じょう・1メートル

(다다미) 2장 · 1미터

> **포인트** 일본의 공간(대인 거리, 주택, 목욕탕)의 특징과 공간 의식에 대해 이해할 수 있습니다.
>
> - 일본 문화 속의 일본어 – 일본의 공간
> - 이미지로 보는 일본 문화 – 일본의 정원

일본 문화 속의 일본어

일본의 공간(日本にほんの空間くうかん)

✳ 일본 주택에는 어떤 특징이 있나요?

일본 주택의 면적 표시

- 帖(畳)じょう · 坪つぼ로 나타내며 一帖いちじょう는 畳たたみ 한 장, 二帖にじょう는 1평이 된다. 京都きょうと의 二条城にじょうじょう는 畳 두 장 크기밖에 안 되는 일본에서 가장 작은 성이라는 우스갯소리가 있다.

부동산 거래에서 일본 주택의 규모

- DK, LDK 등으로 표시한다. (L : Living room, D : Dining room, K : Kitchen)
- 2DK는 식당과 부엌을 겸비한 것으로 방이 2개이다. UB(Unit Bath)는 욕조와 화장실이 같이 되어 있는 것으로 단독 주택(一戸建ていっこだて)에서는 따로 설치되어 있는 것이 일반적이다.

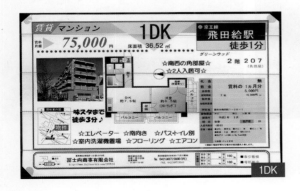

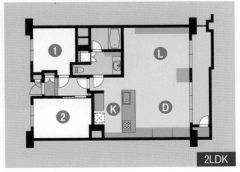

전통 일본의 가옥

- 襖ふすま

  나무틀에 심을 넣고 그 위에 두꺼운 종이를 붙인 것으로 주로 방과 방을 구분하거나 방과 벽장을 구분한다.

- 障子しょうじ

  나무틀을 격자로 만들고 일본 종이를 전용 풀로 바른 것으로 우리나라 미닫이와 유사하며, 방과 복도 등을 구분한다.

후스마

쇼지

난방 기구

- 전통적인 囲炉裏いろり는 화로에 손을 쬐며 몸을 따뜻하게 한다.
- こたつ는 일본의 고유 난방 기구로 나무틀에 화로를 넣고 그 위에 이불 등을 씌운 것인데, 지금은 화로 대신 전기를 사용한다.

이로리

고타쓰

❋ 일본에서 「うち(内)」와 「そと(外)」는 무엇을 가리키나요?

うち와 そと

- うち(in group) : 자신이 소속된 집단의 구성원
- そと(out group) : 자신이 소속된 집단에 속하지 않는 사람

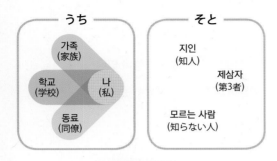

うち와 そと

일본어의 언어 규칙

- うち인 회사 사람을 そと인 거래처 사람에게 말할 경우 윗사람이어도 경칭을 사용하지 않는다.
- 타인에게 자신의 가족에 대한 이야기를 할 때는 경칭을 사용하지 않는 것이 원칙이다.
- 자신의 부모를 타인에게 이야기할 때

> ちち・はは (○)   おとうさん・おかあさん・おねえさん (×)

- 자신의 언니에게 아버지의 이야기를 할 때 : おとうさん
- 부모님에게 할머니의 이야기를 할 때 : おばあさん

❋ 세계와 다른 일본의 거주 공간의 특징이 있나요?

- 독일이나 미국의 집은 기본적으로 방의 칸살과 가구의 위치를 바꿀 수 없는 고정 공간이다.

- 전통적인 일본의 가옥은 가구도 문도 고정되어 있지 않은 반고정 공간이다. 따라서 필요에 따라 미닫이나 칸막이(仕切り しきり)를 열고 닫아 방의 크기를 바꿀 수 있다. 탁자나 이불 등도 필요에 따라 내놓기도 하고 들여놓기도 한다.

자유로운 가옥 구조

✳ **한국인과 일본인의 공간 의식(대인 거리)은 어떻게 다른가요?**

일상 대화의 표준 거리

> 일본 : 약 1미터
> 미국 : 45~50cm
> 라틴 아메리카와 중동 · 쿠바 : 45cm 이내 접근
> 아프리카계 미국인 : 1미터 이상

- 일본인은 악수나 손을 잡을 수 있는 거리까지 접근하지 않는 경향이 있다.
- 일본인은 친한 관계에서는 자타의 영역 구분이 엄격하다. (평행선 관계)

한국인의 표준적인 대인 거리

- 일본인보다 가까운 것으로 추정된다.
- 일본인에 비해 악수나 포옹과 같은 신체 접촉을 자주하는 습관이 있다.

✳ **일본의 대중목욕탕은 한국과 어떻게 다른가요?**

- 대중목욕탕(銭湯せんとう)은 돈을 내고 들어가는 유료 목욕탕이다.
- 돈의 단위인 銭せん과 탕을 의미하는 湯とう로 이루어진 말이다. 입장료는 한국과 비슷하다.
- 남녀 목욕탕과 탈의실의 윗부분이 뚫려 있어 소리가 들린다. 그 가운데 番台ばんだい가 있다. 주인이 청소 등을 위해 탕을 구분하지 않고 들어오는 경우가 있다.
- 목욕으로 하루를 마무리 한다는 의미가 있어 오후 3~4시경에 시작하여 밤 12시경에 문을 닫는다.
- 최근 일반 銭湯せんとう는 폐업이 늘고, 다양한 탕을 마련한 スーパー銭湯せんとう가 인기가 많다.

이미지로 보는 일본 문화

일본 정원(日本庭園にほんていえん)

- 자연에 가까운 경관을 만드는 것을 목표로 산과 강 등의 자연을 축소하여 재현하는 것이 포인트이다. 반드시 돌과 바위가 있고 거기에 인공적으로 꽃과 나무를 심고 모래나 언덕, 냇물, 연못 등을 인공적으로 설치한다.

- 구성물은 글자 소리 그대로 뜻을 생각하는 동음이의어로 상징적인 의미가 있다. 예를 들어 돌(石いし)은 의지(意志いし), 나무(木き)는 기운(気き), 물결은 시대나 역사의 흐름, 소나무(松まつ)는 기다림(待つまつ), 매화(梅うめ)는 탄생이나 창조(生むうむ)를 나타낸다.

- 정형화된 아름다움을 눈으로 감상하고 직접 거닐면서 즐긴다.

일본 3대 정원	① 石川県いしかわけん 金沢市かなざわし 兼六園けんろくえん ② 岡山県おかやまけん 岡山市おかやまし 後楽園こうらくえん ③ 茨城県いばらきけん 水戸市みとし 偕楽園かいらくえん

겐로쿠엔(兼六園)

고라쿠엔(後楽園)

가이라쿠엔(偕楽園)

• 한국과 일본의 거주 공간별 특징을 비교해 보세요.

예

구분	한국	일본
집합 주거 공간	아파트	マンション
난방	온돌, 전기 제품	畳たたみ, こたつ, エアコン, ファンヒーター
주차 시설	지하 주차장	지상 주차장
화장실 욕실	욕실 · 화장실 · 세면실 동일	욕실 · 화장실 · 세면실 분리
대인 의식	우리와 남	うちと そと
대인 거리	약 70cm	약 1m
대중목욕탕	목욕탕, 찜질방	スーパー銭湯せんとう, 健康けんこうランド
정원	자연미	인공미

학습 평가

01 다음 일본의 공간과 관련된 우리말을 찾아 바르게 연결해 보세요.

(1) 坪つぼ   • 단독 주택

(2) 障子しょうじ   • 대중목욕탕

(3) 一戸建ていっこだて   • 평

(4) 銭湯せんとう   • 미닫이

02 일본의 공간에 대한 설명 중 틀린 것을 고르세요.

① 일본 정원에서 돌은 의지, 나무는 기운, 물결은 시대나 역사의 흐름, 소나무는 기다림, 매화는 탄생이나 창조를 상징한다.

② 銭湯せんとう는 오후 3 ~ 4시경에 시작하여 밤 12시경에 문을 닫는데, 그 이유는 대부분의 일본인은 하루를 마무리 지으며 목욕을 하기 때문이다.

③ 한국인은 일본인에 비해 악수나 포옹과 같은 신체 접촉을 자주하는 습관이 있다.

④ 일본에서는 타인에게 자신의 가족에 대한 이야기를 할 때도 おとうさん과 같은 경칭 사용하는 것이 원칙이다.

음성 듣기

1부

かお ひろ
顔が広いですね

발이 넓네요

2부

あくしゅ

악수

주요 학습 내용

1부
1. 顔が広いですね。
2. 背が高いね！
3. 심화 학습
4. 학습 평가

2부
1. 신체 접촉
2. 신체 언어
3. 생각해 보기
4. 학습 평가

학습 목표

- い형용사의 활용형을 이해하고, 주요 어휘를 설명할 수 있다.
- 일본어의 신체와 관련된 표현을 이해하고, 일본인의 신체 접촉 문화의 특징을 파악할 수 있다.

1부 顔が広いですね

발이 넓네요

포인트 사람의 특징을 나타내는 표현을 비교하면서 학습합니다.

정중체
鈴木さんは顔が広いですから。
韓国語では「足が広い」ですね。

보통체
これは新しいクラスメートのサラさん。
赤いセーターの人？ 背が高いね！

회화 1

顔が広いですね 68

鈴木　これは去年の忘年会の写真です。

金漢　この人は誰ですか。青いシャツの……。

鈴木　あ、SN社の黒沢部長です。

金漢　SN社の人ですか。すごいですね。

部長　鈴木さんは顔が広いですからね。

金漢　ええ？ 鈴木さんの顔は広くありません！

鈴木　韓国語では「足が広い」ですね。

| 단어 및 표현 | 69

- 去年きょねん 작년
- 忘年会ぼうねんかい 망년회, 송년회
- 写真しゃしん 사진
- この人ひと 이 사람
- 誰だれ 누구
- 青あおい 파랗다
- シャツ 셔츠

- 黒沢部長くろさわぶちょう 쿠로사와 부장(님)
- すごい 대단하다
- 顔かお 얼굴
- 広ひろい 넓다
- 〜から ~(이)니까, ~때문에
- 韓国語かんこくご 한국어
- 足あし 발, 다리

96　Unit 06

주요 표현

1 青ぁぉいシャツの 파란 셔츠의 (사람)

• 조사 の의 용법 : 명사 + の + 명사

예 先生_{せんせい}のかばん 선생님(의) 가방

大学生_{だいがくせい}の朴_{パク}さん 대학생인 박 씨

大阪_{おおさか}の公園_{こうえん} 오사카의(오사카에 있는) 공원

サイバー大学_{だいがく}の学生_{がくせい} 사이버 대학의 학생

• 명사의 대용

조사 「の」는 이미 앞에서 언급된 명사의 중복을 피하기 위해 사용되기도 하는데, 이때는 '~의 것'으로 해석되며 바로 뒤에 「〜です」나 조사가 오는 경우가 많다.

예 A このカメラはだれのですか。 이 카메라는 누구 것입니까?

B それは田中_{たなか}さんのです。 그것은 다나카 씨 것입니다.

2 顔_{かお}が広_{ひろ}いですからね 발이 넓으니까요

• 顔_{かお}が広_{ひろ}い : 얼굴이 넓다 → 지인이 많다, 발이 넓다

3 広_{ひろ}いですから 넓으니까요

• 広_{ひろ}い + です + から

「い형용사 + です」는 い형용사의 정중한 표현이며, 뒤에 붙은 「〜から」는 원인·이유를 나타내는 조사로 쓰였다.

4 広_{ひろ}くありません 넓지 않습니다

• い형용사의 정중한 부정형 : ~지 않습니다

広_{ひろ}い + く + ありません
広_{ひろ}い + く + ないです

회화 2

背<small>せ</small>が高<small>たか</small>いね!

陽子<small>ようこ</small>　これは新<small>あたら</small>しいクラスメートのサラさん。

金漢<small>キムハン</small>　赤<small>あか</small>いセーターの人<small>ひと</small>? 背<small>せ</small>が高<small>たか</small>いね!

陽子<small>ようこ</small>　顔<small>かお</small>も小<small>ちい</small>さいし、目<small>め</small>もきれいだよ。
　　　芸能人<small>げいのうじん</small>みたいでしょう。

金漢<small>キムハン</small>　でも、顔<small>かお</small>はそんなにかわいくないな。

陽子<small>ようこ</small>　日本語<small>にほんご</small>も上手<small>じょうず</small>だし、面白<small>おもしろ</small>くていい人<small>ひと</small>なの。

|단어 및 표현|

- 新<small>あたら</small>しい 새롭다
- クラスメート 클래스메이트
- 赤<small>あか</small>い 빨갛다
- セーター 스웨터
- 背<small>せ</small> 키
- 高<small>たか</small>い 높다

- 小<small>ちい</small>さい 작다
- 目<small>め</small> 눈
- きれいだ 예쁘다, 깨끗하다
- 芸能人<small>げいのうじん</small> 연예인
- ～みたい ~같다

- ～でしょう ~이지?
　　　　　　(동의를 구하는 표현)
- そんなに 그렇게
- かわいい 귀엽다
- 上手<small>じょうず</small>だ 잘하다, 능숙하다
- 面白<small>おもしろ</small>い 재미있다

주요 표현

1 　**新あたらしいクラスメート**　새 클래스메이트

- い형용사 + 명사

  일본어의 형용사 중 하나인 い형용사는 명사를 수식할 때에도 い로 끝난다.

  (예)　**赤あかいセーター**　빨간 스웨터

2 　**背せが高たかいね**　키가 크네

高たかい 높다	大おおきい 크다

키가 크다 : 背せが大おおきい(×)　背せが高たかい(○)

低ひくい 낮다	小ちいさい 작다

키가 작다 : 背せが小ちいさい(×)　背せが低ひくい(○)

3 　**目めもきれいだ**　눈도 예뻐

- きれいだ : 예쁘다, 깨끗하다
- 目めもきれいだ : 눈도 예쁘다
- きれいな目め : 예쁜 눈

  ＊명사 수식형 な에 주의한다. (「きれいだ 예쁘다」는 な형용사이다)

4 　**かわいくないな**　귀엽지 않네

- い형용사의 부정형

かわい~~い~~ + く + ない

  (예)　**新あたらしい**：あたらし + く + ない　새롭지 않다

  　　高たかい：たか + く + ない　높지(크지) 않다

심화 학습

(1) い형용사의 활용

종류	만드는 방법
기본형	～い 예 あたらしい 새롭다
부정형	～い + くない 예 あたらしくない 새롭지 않다
정중형	～いです 예 あたらしいです 새롭습니다
정중형의 부정형	～い + くありません ～い + くないです 예 あたらしくありません 새롭지 않습니다 あたらしくないです 새롭지 않습니다
명사 수식	～い + 명사 예 あたらしいカバン 새 가방
부사형	～い + く 예 あたらしく 새롭게
연결형	～い + くて 예 あたらしくて 새롭고

✹ いい(よい)의 활용

종류	만드는 방법	
부정형	よくない(○) 좋지 않다	いくない(×)
정중형	いいです・よいです 좋습니다	
정중형의 부정형	よくありません(○) 좋지 않습니다 よくないです(○) 좋지 않습니다	いくありません(×) いくないです(×)
명사 수식	いい本・よい本 좋은 책	
부사형	よく(○) 좋게	いく(×)
연결형	よくて(○) 좋고	いくて(×)

(2) 주요 い형용사 72

반대말을 함께 기억해 둡시다.

高たかい	높다	低ひくい	낮다	高たかい	비싸다	安やすい	싸다
大おおきい	크다	小ちいさい	작다	多おおい	많다	少すくない	적다
新あたらしい	새롭다	古ふるい	오래되다	難むずかしい	어렵다	易やさしい	쉽다
長ながい	길다	短みじかい	짧다	おいしい	맛있다	まずい	맛없다
広ひろい	넓다	狭せまい	좁다	面白おもしろい	재미있다	つまらない	재미없다
いい・よい	좋다	悪わるい	나쁘다	早はやい・速はやい	이르다/빠르다	遅おそい	느리다
近ちかい	가깝다	遠とおい	멀다	うれしい	기쁘다	かなしい	슬프다
厚あつい	두껍다	薄うすい	얇다	強つよい	강하다	弱よわい	약하다

✸ 계절에 관한 い형용사

春 봄	あたたかい 따뜻하다	秋 가을	すずしい 서늘하다
夏 여름	あつい 덥다	冬 겨울	さむい 춥다

✸ 맛에 관련된 い형용사

あまい 달다	からい 맵다	しょっぱい 짜다
にがい 쓰다	すっぱい 시다	しぶい 떫다

✸ 색깔에 관련된 い형용사

白い 하얗다	黒い 검다	黄色い 노랗다
赤い 빨갛다	青い 파랗다	

✸ 그 외 주요 い형용사

かわいい 귀엽다	忙しい 바쁘다	楽しい 즐겁다
優しい 자상하다, 상냥하다	痛い 아프다	すごい 대단하다
ない 없다		

01 다음을 잘 듣고 반대의 의미를 가진 단어를 골라 번호를 써 보세요. 73

    (1) [　　　　]   ① すくない   ② おおい   ③ ちいさい   ④ すごい

    (2) [　　　　]   ① たかい   ② やすい   ③ あたらしい   ④ ながい

    (3) [　　　　]   ① あまい   ② ひろい   ③ あつい   ④ ちかい

    (4) [　　　　]   ① あおい   ② おもしろい   ③ かわいい   ④ いい

02 다음 우리말에 맞는 문장이 되도록 い형용사를 알맞은 형태로 바꾸어 써 넣으세요.

    (1) 다나카 씨는 머리가 길어요. (長い)

      ➡ 田中さんは髪が (　　　　　　　　)。

    (2) 이 차는 새 것입니다. (新しい)

      ➡ この車は (　　　　　　　　)。

    (3) 더운 여름입니다. (あつい) ➡ (　　　　　　　　) 夏です。

    (4) 시원한 가을입니다. (すずしい) ➡ (　　　　　　　　) 秋です。

    (5) A 초밥은 맛있습니까?

      ➡ すしはおいしいですか。

      B 아니요, 별로 맛있지 않습니다. 맛없습니다. (おいしい)

      ➡ いいえ、あまり (　　　　　　　　) ありません。まずいです。

    (6) A 그 시계는 비쌉니까?

      ➡ その時計は高いですか。

      B 아니오, 별로 비싸지 않습니다. 저렴합니다. (高い)

      ➡ いいえ、あまり (　　　　　　　　) ありません。やすいです。

    (7) 이 가방은 빨갛고 귀엽다. (赤い)

      ➡ このかばんは (　　　　　　　　) かわいい。

    (8) 스즈키 씨는 상냥하고 재미있다. (やさしい)

      ➡ 鈴木さんは (　　　　　　　　) おもしろい。

2부 あくしゅ

악수

> **포인트** 일본인의 인사, 시선, 신체 동작, 신체 언어 등과 같은 비언어적 행동을 이해할 수 있습니다.
>
> ----
>
> • 일본 문화 속의 일본어 – 신체 접촉, 비언어 행동
> • 이미지로 보는 일본 문화 – 신체 언어

일본 문화 속의 일본어

비언어 행동(非言語行動 ひげんごこうどう)

✴ **한국인과 일본인의 시선 접촉은 어떻게 다른가요?**

- 시선은 화자의 심리 상태와 발화 태도가 잘 나타나는 기본적인 대인 행동 중 하나이다.
- 일본 속담에 「目めは口くちほどに物ものを言いう(눈은 입만큼 알려 준다)」가 있고 한국에도 '눈빛만 봐도 안다'는 속담이 있다.
- 일본인은 시선 접촉도 신체 접촉의 일부로 보기 때문에 대화를 할 때 상대방의 시선이 부담이 된다. 그래서 서로 인사를 할 때 2~3회 반복해서 머리를 숙여 인사를 하는 경우가 많다. 또한 지하철에서 신문이나 책을 읽는 사람, 스마트폰을 보는 사람이 많다.
- 낯선 사람의 시선, 자신이 다른 사람을 응시하는 것은 실례라고 생각한다. 시선의 접촉과 집중을 필요 이상으로 하면 상대방은 두려움을 느끼며, 상대방의 시선을 의도적으로 피하면 수동적 복종의 의미로 받아들인다. 스모(相撲すもう)나 검도(剣道けんどう)의 시선 접촉은 투쟁심의 표현이다.

✴ **한국인과 일본인의 신체 접촉에는 어떤 차이와 특징이 있나요?**

한국

- 접촉 행동에서 스킨십이 자연스러운 문화이다. 1945년 이후에 악수(握手あくしゅ)가 활발해졌다. 옛날부터 신체 접촉으로 감정을 표현하는 습관이 있었기 때문에 한국에서 악수는 자연스럽게 정착되었다. 노인이나 여성이 오랜만에 반가운 사람이나 친척을 만나면 손을 잡고 포옹(ハグ)을 하며 인사하는 습관이 있다. 부자나 모녀가 목욕을 같이 할 정도로 한국에서 스킨십은 일상적이다.

일본

- 가족끼리도 신체 접촉을 꺼리는 문화이다. 부자나 모녀간에 목욕을 같이 하는 경우는 드물며 부부 사이에도 별도의 침대나 이불(布団ふとん)을 사용할 정도로 한국과는 다른 비언어적 전달 체계를 가진다. 따라서 악수가 일본에서는 잘 정착되지 않았다.

✻ **한국인과 일본인이 누군가를 만났을 때 인사 동작과 걷는 동작은 어떻게 다른가요?**

한국

· 남성의 경우 선생님이 제자를 오랜만에 만나도 제자와 악수를 하는 것이 일반화되어 있다.

· 여성의 경우 손을 맞잡고 반갑게 인사하는 사람이 많다. 여대생이나 젊은 여성 회사원들이 팔짱을 끼거나 손을 잡고 캠퍼스나 거리를 걸어가는 모습을 흔히 볼 수 있다. 자녀가 아빠에게 뽀뽀(ちゅう)하는 모습은 가정이나 텔레비전에서도 볼 수 있다.

일본

· 다음과 같은 이유로 '말로만 인사를 한다'는 사람이 남녀를 불문하고 가장 많다.
  ①신체 접촉을 기피하기 때문에
  ②악수를 하고 나서 시선 접촉이 부담되기 때문에
  ③개인의 신체를 개인의 사적 영역(縄張りなわばり), 즉 프라이버시로 생각하기 때문에

· 타인의 영역과 자신의 영역을 엄격히 구분하는 일본인에게 악수와 같이 손을 잡을 수 있는 거리까지 접근하는 것은 부담이 될 수도 있다. 대학 캠퍼스나 거리에서는 물론 드라마나 영화에서도 여성끼리 팔짱을 끼거나 손을 잡고 걷는 모습은 거의 찾아보기가 어렵다. 자녀가 아빠에게 뽀뽀하는 모습은 가정이나 텔레비전에서도 보기가 쉽지 않다.

✻ **한국인과 일본인의 정좌는 어떻게 다른가요?**

한국과 일본의 정좌(正座せいざ)가 다른데, 그 이유는 난방 방법의 차이라는 의견이 있다.

한국

· 바닥을 따뜻하게 하여 직접 몸을 따뜻하게 하는 온돌 방식의 난방이 발달하여 온돌에 몸을 최대한 밀착시키는 책상다리(あぐらをかく)를 하고 앉는다. 책상다리를 하기 위해서는 통이 넓고 편안한 한복이 필요하다.

한국 정좌

일본

· 거리를 두고 간접적으로 몸을 따뜻하게 하는 난로(囲炉裏いろり) 방식의 난방이 발달하였다. 따뜻한 실내 공기로 몸을 따뜻하게 하기 위해서는 천을 몸에 여러 번 감아 끈(帯おび)으로 단단히 묶고 무릎을 꿇고 몸을 서로 밀착시켜 앉을 필요가 있다. 난로나 화로로 몸을 따뜻하게 했던 일본의 주택에서는 열이 달아나지 않도록 양 무릎을 붙여 무릎을 꿇고 최대한 몸을 밀착시켜서 앉는 정좌가 자연스러워졌다. 일본의 정좌에 맞는 기모노(着物きもの)가 만들어졌다.

일본 정좌

이미지로 보는 일본 문화

신체 언어

- 손짓과 몸짓을 이용하여 상대와 의사소통을 하려고 할 때 그 손짓과 몸짓은 언어와 같은 역할을 한다고 하여 보통 신체 언어(body language) 또는 동작 언어(gesture language)라고 한다.
- 비언어 동작은 언어와 마찬가지로 각 언어 사회마다 독특하게 발전된 것을 각 개인이 사회화 과정을 통해 습득한 결과물이기 때문에 같은 행동이라도 문화나 지역에 따라 달리 해석되어 오해나 트러블을 초래하는 경우가 있다.
- 예 YES/NO, 작별 인사, 숫자 세기, 지폐 세기, 손 들기, 수화(한국과 일본은 60% 정도 일치) 등

국가별 비언어 행동의 차이

행동	나라	의미
엄지를 세우는 동작	한국	최고
	일본	OK
	이라크	경멸
	중국 · 미국	잘하다
새끼손가락을 세우는 동작	한국 · 일본	약속 · 연인
	중국	마지막 · 작다 · 꼴찌 · 약속
	미국	약속
	홍콩 · 말레이시아	마지막
	스리랑카 · 인도	화장실에 가고 싶다
	태국 · 사우디아라비아	우정
브이(V) 표시	한국 · 중국	승리
	일본	기쁨
	미국	평화
	공통	숫자 2
검지의 끝을 구부리는 동작	한국 · 미국	구부러져 있다
	일본	도둑
	중국	숫자 9
	필리핀 · 태국	열쇠
검지로 코를 가리키는 동작	한국	코
	중국 · 일본	자기 자신
	미국	냄새가 난다

출처 참고문헌 ⑫

- 우리나라와 일본의 신체의 일부를 사용한 표현입니다. 어떠한 특징이 있는지 생각해 보세요.

    (1) 腕が上がる 솜씨가 늘다

    (2) 鼻が高い 콧대가 높다

    (3) 腰が低い 겸손하다

    (4) 顔が広い 발이 넓다

    (5) 足が出る 적자가 나다

    (6) 手が足りない 손이 모자라다

학습 평가

01 다음 신체와 관련된 우리말을 일본어와 알맞게 연결해 보세요.

    (1) 눈   ·   · 口

    (2) 입   ·   · 目

    (3) 악수   ·   · あぐら

    (4) 책상다리   ·   · 握手

02 일본의 신체 언어의 특징에 대한 설명 중 <u>틀린</u> 것을 고르세요.

    ① 일본인은 시선 접촉도 신체 접촉의 일부로 보기 때문에 대화를 할 때 상대방의 시선에 상당히
      부담을 느낀다.

    ② 일본에서는 대체로 부부 사이에도 별도의 침대를 사용한다.

    ③ 일본인은 오랜만에 만났을 때 행동보다는 말로만 인사를 하는 경우가 많다.

    ④ 일본에서 엄지를 세우는 동작은 손님이 자기 혼자 왔다는 것을 나타낸다.

Unit
07

1부

寒(さむ)かったですよね

추웠지요

2부

ゆかた

유카타(여름 전통 의상)

주요 학습 내용

1부
1. 寒(さむ)かったですよね。
2. 暑(あつ)かったり寒(さむ)かったり
3. 심화 학습
4. 학습 평가

2부
1. 일본의 복장
2. 일본의 패션 문화
3. 생각해 보기
4. 학습 평가

학습 목표

- い형용사의 활용형 중 과거형을 이해할 수 있다.
- 날짜를 표현하는 어휘를 설명할 수 있다.
- 일본의 복장에 사용되는 일본어 표현을 말할 수 있다.
- 일본 패션 문화의 특징을 이해할 수 있다.

1부 寒かったですよね
さむ
추웠지요

포인트 날씨와 복장에 관련된 표현을 학습합니다.

정중체	今朝、寒かったですよね。 服は黒いスーツのほうがいいですよ。	보통체	暑かったり寒かったり、大変。 もう10月半ばだからな。

회화 1

寒かったですよね 74
さむ

鈴木 すず き	今朝、寒かったですよね。
金漢 キムハン	そうですね。もう10月半ばですからね。
鈴木 すず き	あ、そうだ。来週の月曜日、大事な会議ですね。 準備はどうですか。
金漢 キムハン	プレゼンテーションの準備はいいですけど、服が……。
鈴木 すず き	服は黒いスーツのほうがいいですよ。
金漢 キムハン	やはりそうですか。 黒いスーツは薄いのしかないから心配です。

| 단어 및 표현 |

- 今朝けさ 오늘 아침
- 寒さむい 춥다
- 10月がつ 10월
- 半なかば 중반, 중간, 중순
- 来週らいしゅう 다음 주
- 月曜日げつようび 월요일
- 大事だいじだ 소중하다, 중요하다

- 会議かいぎ 회의
- 準備じゅんび 준비
- どうですか 어떻습니까?
- 服ふく 옷
- プレゼンテーション 프레젠테이션
- 黒くろい 검다
- スーツ 수트, 양복

- 〜のほう ~의(하는) 편(쪽)
- やはり 역시
- 薄うすい 얇다
- 〜しかない ~밖에 없다
- 心配しんぱいだ 걱정이다

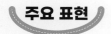

주요 표현

1 寒さむかったですよね 추웠지요

- い형용사의 정중한 과거형 : ～い ＋かった＋です
  예 テストは難むずかしかったです。 테스트는 어려웠습니다.
  彼かれはやさしかったです。 그는 다정했습니다.

참고

> さむいでした(×) い형용사
> きれいでした(○) な형용사

2 黒くろいスーツのほうがいいですよ 검은 양복을 입는 편이 좋아요

- ～のほうがいい : ~의(하는) 편(쪽)이 좋다
  문장 끝에 조사 「よ」가 붙으면 충고의 의미로 많이 사용된다.
  예 軽かるいランチのほうがいいです。 가벼운 점심 쪽이 좋아요.
  和食わしょくのほうがいいですよ。 일식 쪽이 좋겠어요.

3 黒くろいスーツは薄うすいのしかないから 검은 양복은 얇은 것밖에 없어서

- ～しか ＋ ない : ~밖에 없다
  「しか」 뒤에는 항상 부정 표현이 온다.
  예 200円えんしかないから心配しんぱいだ。 200엔밖에 없어서 걱정이다.

暑かったり寒かったり

陽子　今朝、寒かったよね。

金漢　もう10月の半ばだからな。
　　　まだ昼間は暑いけど、朝晩は寒いよ。

陽子　暑かったり寒かったり、大変。
　　　かわいい長袖の服がほしいな。

金漢　え、「着物」のこと？

陽子　ううん、「振袖」じゃなくて「長袖」だよ!

|단어 및 표현|

- もう 벌써, 이미
- まだ 아직
- 昼間ひるま 낮
- 暑ぁつい 덥다
- 朝晩ぁさばん 아침 저녁
- 大変たいへんだ 큰일이다, 힘들다
- かわいい 귀엽다
- 長袖ながそで 긴 소매, 긴팔
- ほしい 갖고 싶다, 탐나다
- 着物きもの 기모노 (일본의 전통 의상)
- 振袖ふりそで 미혼 여성이 입는 소맷자락
  이 길고 화려한 기모노

주요 표현

1 寒_{さむ}**かったよね** 추웠지?

- い형용사의 과거형 : 〜い + かった

  예 寒^{さむ}い → 寒^{さむ}かった 추웠다

  暑^{あつ}い → 暑^{あつ}かった 더웠다

2 暑_{あつ}**かったり寒**_{さむ}**かったり** 더웠다 추웠다

- 〜たり〜たり : ~하거나 ~하거나, ~하다가 ~하다가

  나열하여 서술할 때 쓰는 표현으로, 「〜たり」 앞에는 과거형이 온다.

  예 試験^{しけん}は難^{むずか}しかったりやさしかったり、準備^{じゅんび}が大変^{たいへん}。

  시험은 어렵다가 쉬웠다가 해서, 준비가 힘들어.

3 長袖_{ながそで}**の服**_{ふく}**がほしいな** 긴 소매의 옷을 가지고 싶어

- 〜がほしい : ~이/가 탐나다, ~을/를 가지고 싶다

  예 時間^{じかん}がほしい。 시간이 필요하다.

  お金^{かね}がほしい。 돈을 가지고 싶다.

4 「着物_{きもの}」のこと? '기모노' 말이야?

- 〜のこと : ~에 관련된 일이나 사항 등을 말하는 형식 명사

  예 あなたのことが好^すき。 너를 좋아해.

(1) い형용사의 과거형

종류	만드는 방법	
과거 기본형	〜い + かった	예 さむかった 추웠다
과거 부정형	〜くない + かった	예 さむくなかった 춥지 않았다
과거 정중형	〜い + かった + です	예 さむかったです 추웠습니다 さむいでした(×)
과거 정중형의 부정형	〜い + くありません + でした 〜い + くなかった + です	예 さむくありませんでした 춥지 않았습니다 さむくなかったです 춥지 않았습니다
과거 명사 수식	〜い + かった + 명사	예 さむかった日 추웠던 날

✹ いい(よい)의 활용

종류	만드는 방법	
과거 기본형	よかった(○) 좋았다	いかった(×)
과거 부정형	よくなかった(○) 좋지 않았다	いくなかった(×)
과거 정중형의 기본형	よかったです(○) 좋았습니다	いかったです(×)
과거 정중형의 부정형	よくありませんでした(○) よくなかったです(○) 좋지 않았습니다	いくありませんでした(×) いくなかったです(×)

(2) 날짜 표현

① 年(ねん) 년

1년	2년	3년	4년	5년	6년
いちねん	にねん	さんねん	よねん	ごねん	ろくねん

7년	8년	9년	10년	11년	몇 년
ななねん	はちねん	きゅうねん	じゅうねん	じゅういちねん	なんねん

예 2016年 → にせんじゅうろくねん
2004年 → にせんよねん
1945年 → せんきゅうひゃくよんじゅうごねん

② 月(がつ) 월

1月	2月	3月	4月	5月	6月
いちがつ	にがつ	さんがつ	しがつ	ごがつ	ろくがつ
7月	8月	9月	10月	11月	12月
しちがつ	はちがつ	くがつ	じゅうがつ	じゅういちがつ	じゅうにがつ

※ 몇 월(何月) : なんがつ

③ 日(か・にち) 일

1日	2日	3日	4日	5日	6日	7日	8日
ついたち	ふつか	みっか	よっか	いつか	むいか	なのか	ようか
9日	10日	11日	12日	13日	14日	15日	16日
ここのか	とおか	じゅういちにち	じゅうににち	じゅうさんにち	じゅうよっか	じゅうごにち	じゅうろくにち
17日	18日	19日	20日	21日	22日	23日	24日
じゅうしちにち	じゅうはちにち	じゅうくにち	はつか	にじゅういちにち	にじゅうににち	にじゅうさんにち	にじゅうよっか
25日	26日	27日	28日	29日	30日	31日	몇 일
にじゅうごにち	にじゅうろくにち	にじゅうしちにち	にじゅうはちにち	にじゅうくにち	さんじゅうにち	さんじゅういちにち	なんにち

例 A お誕生日はいつですか。　　　A こどもの日は何月何日ですか。
B 12月25日です。　　　　　　　B 5月5日です。

④ 曜日(ようび) 요일

月曜日	火曜日	水曜日	木曜日	金曜日	土曜日	日曜日

⑤ 그 밖의 시간 표현

昨日 어제	今日 오늘	明日 내일	先週 지난주	今週 이번 주	来週 다음 주
先月 지난달	今月 이번 달	来月 다음 달	去年 작년	今年 올해	来年 내년

01 다음을 잘 듣고 알맞은 표현을 골라 번호를 써 보세요. 🎧78

(1) [　　　] ① 2014年　② 1004年　③ 2018年　④ 2004年

(2) [　　　] ① 1968年　② 1868年　③ 1986年　④ 1866年

(3) [　　　] ① 水曜日　② 火曜日　③ 日曜日　④ 月曜日

(4) [　　　] ① 今朝　② 昨日　③ 今週　④ 先週

(5) [　　　] ① 7月 8日　② 4月 8日　③ 7月 4日　④ 4月 4日

(6) [　　　] ① 10月 10日　② 3月 2日　③ 6月 7日　④ 9月 1日

02 다음 우리말에 맞는 문장이 되도록 い형용사를 알맞은 형태로 바꾸어 써 보세요.

(1) 시험은 어려웠습니다. (難しい)

➡ 試験は＿＿＿＿＿＿＿＿＿＿＿＿＿＿＿。

(2) 이 음식은 맛있었습니다. (おいしい)

➡ この料理は＿＿＿＿＿＿＿＿＿＿＿＿＿。

(3) 그 시계는 비싸지 않았습니다. (高い)

➡ その時計は＿＿＿＿＿＿＿ありませんでした。

➡ その時計は＿＿＿＿＿＿＿なかったです。

(4) 어제는 별로 춥지 않았습니다. (寒い)

➡ 昨日はあまり＿＿＿＿＿＿＿＿＿＿＿＿＿。

➡ 昨日はあまり＿＿＿＿＿＿＿＿＿＿＿＿＿。

(5) 이 책은 재미있었다. (おもしろい)

➡ この本は＿＿＿＿＿＿＿＿＿＿＿＿＿。

(6) 기분은 좋았다. (よい)

➡ 気持ちは＿＿＿＿＿＿＿＿＿＿＿＿＿。

2부 ゆかた

유카타(여름 전통 의상)

> **포인트** 일본 복장의 종류 및 패션과 관련된 문화의 특징을 이해할 수 있습니다.
>
> • 일본 문화 속의 일본어 – 일본의 복장
> • 이미지로 보는 일본 문화 – 일본의 패션 문화

일본 문화 속의 일본어

복장(服装ふくそう)

✳ 기모노는 어떤 옷인가요?

기모노(着物きもの)

- 넓게는 일본 옷을, 좁은 의미로는 일본의 전통적인 민족 의상을 가리킨다.
- 기모노의 기원은 아스카 시대로 당나라 문화 영향과 헤이안 시대의 화려한 12겹옷이다.
- 천을 몸에 감싸는 형태이므로, 체형이 바뀌어도 계속 입을 수 있다는 장점이 있다.
- 입는 방법이 힘들고 값도 비싸다는 단점이 있다.
- 시치고산(七五三しちごさん), 성인식(成人式せいじんしき), 다도(茶道さどう), 꽃꽂이(生け花いけばな) 등의 행사에 입는다.
- 젊은 세대도 일부가 받아들이기 시작하였고 저렴한 가격의 기모노를 전문적으로 취급하는 가게도 생겨났다.
- 帯おび를 둘러 등에서 매듭을 만든다.
- 버선인 足袋たび를 신고 신발은 草履ぞうり를 신는다.

 오비
 다비
 조리

| 종류 |

- **振袖**ふりそで : 미혼 여성이 입는 소맷자락이 길고 화려한 옷

- **留袖**とめそで : 결혼한 여성이 입는 소맷자락이 짧은 옷

- **訪問着**ほうもんぎ : 기모노보다 가벼운 스타일의 옷

- **十二単**じゅうにひとえ : 12장의 기모노를 겹쳐서 입는 옷

후리소데   도메소데

쥬니히토에

✳ 유카타는 기모노와 어떻게 다른가요?

유카타(浴衣ゆかた)

유카타

- 여름 평상복으로 목면(면직물)으로 만든 기모노의 일종이다.

- 아즈치모모야마시대(安土桃山時代あづちももやまじだい) 무렵부터 목욕 후에 몸의 수분을 흡수하기 위한 의복이 널리 사용되었다. 에도시대(江戸時代えどじだい)에 들어 서민들에게 사랑 받는 의복 중 하나로 정착했다.

- 현대 일본 생활에서 유카타를 입는 것은 불꽃놀이(花火はなび)나 축제(祭りまつり), 봉오도리(盆踊りぼんおどり) 등의 여름 행사에서이다. 젊은 여성이 주로 입는다.

- 온천 거리는 유카타를 입고 게타(下駄げた)를 신는 것이 분위기를 내는데 중요한 역할을 한다. 고급 여관(旅館りょかん)이나 호텔에 잠옷 대신 입는 손님용 유카타가 있다.

- 최근에는 색감이 다양해지고 도안과 무늬에 개성이 잘 드러나 있다.

✳ 갸루의 특징은 무엇인가요?

갸루(ギャル)

- 밝고 사교적이며 첨단 유행 패션을 받아들이는 등의 행동을 통해 감각을 공유하고자 하는 젊은 여성을 말한다. Girl(ガール)의 미국 영어 속어인 Gal(ギャル)에서 유래한 외래어이다.

- 1970년대에는 새로운 패션을 한 여성의 총칭이었으나 거품 경제 시기(バブル期き)에는 젊은 일반 여성을 가리키는 말이 되었고, 2000년대 이후에는 주로 '갸루 패션(ギャルファッション)'을 한 10대에서 20대 전반에 걸친 여성을 일컫는 말이 되었다.

갸루 스타일

- コギャル는 1990년대 갸루 패션을 하던 여고생을 가리키는 말로, 고갸루였던 세대의 여성이 기호를 유지한 채 어른이 되어 연대를 불문하고 단순히 갸루라고 부르게 되었다.

> 예 ・安室奈美恵あむろ なみえ   ・浜崎はまさきあゆみ

- 갸루오(ギャル男ぎゃるお)는 고유명사로 태닝을 하고 불량스럽게 외모를 꾸민 10대, 20대 초반의 남성을 가리킨다. 오니케이(お兄系おにいけい)는 갸루오와 비슷하나 20대부터 30대 남성이 대상이다.

- 시부야(渋谷しぶや)의 센터 거리나 109(いちまるきゅう) 등에서 이러한 패션을 한 사람을 주로 볼 수 있다.

ギャル文字もじ

- 휴대 전화의 문자 메시지 등에서 문자를 분해하여 글자를 표현하는 놀이로 서툴게 손으로 쓴 문자처럼 보이는 점이 시각적인 재미를 느끼게 한다.

- 「カタカナ＋기호＋특수 문자」 등으로 조합된 것으로 영어는 소문자로 표기하고, 한자는 부수와 변을 분리한다. 인터넷에서는 변환 사이트(ギャル 문자 사전)가 있어 입력하면 ギャル文字もじ로 변환시켜 준다.

✳ 한국인과 일본인의 패션은 어떻게 다른가요?

> **한복(韓服かんぷく)**

- 저고리와 치마/바지의 두 종류 의복 형태가 기본이다. 느슨하게 옷 매무새를 가다듬으며 동작이 자유롭고 곡선적이다.

> **일본식 복장(和服わふく)**

- 복사뼈까지 늘어뜨린 着物きもの를 입기도 하고 때에 따라서는 바지와 같은 袴はかま를 입는 것이 기본이다. 帯おび라는 띠로 강하게 몸을 조여 입는다. 着物きもの를 입었을 때는 다소 부자유스럽고 직선적이다.

남자 하카마

여자 하카마

✳ 正座せいざ 자세나 의식(儀式ぎしき)에서의 동작, 전통 무용의 춤사위 등에도 반영된다.

正座椅子せいざいす라고 하여 정좌로 장시간 앉아 있을 수 있도록 고안된 작은 의자도 있다.

✳ 일본 유치원생이 한 겨울에도 반바지(半はんズボン)를 입고 다니는 것은 인상적이다.

정좌(正座)

출처 참고문헌 ⑧

코스프레(コスプレ)

- 동경하는 유명인, 애니메이션이나 게임 캐릭터 등의 의상을 입고 그 사람이 된듯한 기분을 맛보는 것을 말한다.
- 일본식 영어로 「コスチューム・プレイ(Costume play)」의 약자이다.
- 코스프레이야(コスプレイヤー) 혹은 레이야(レイヤー)는 코스프레를 하는 사람을 가리킨다.

레이야

- 코스프레를 볼 수 있는 장소로는 原宿하라주쿠 등이 유명하다. (남자가 화장하고 록 등을 부르는) 비주얼계 밴드가 나오는 라이브 하우스도 있다.

なんちゃって制服세이후쿠

- 사복을 입는 고등학교에 다니는 학생이 시판되는 교복이나 타교의 교복을 사복처럼 통학할 때나 수업이 없는 날에 입고 타교의 지정 가방을 들고 다니는 현상을 말한다.
- 최근 일본 젊은이들 사이에서 유행하고 있는데 제복이 갖는 집단성의 상징을 전면에 크게 내세운 형태라고 할 수 있다. '개성의 억압'이라는 측면의 제복이 개성의 표현이 허용되는 사복의 패션에 진출한 것이다.

(+ プラス) 타인과 같은 옷을 입은 데서 오는 안정감, 즉 동조성의 욕구가 충족된다.

(- マイナス) 타인과 다른 옷을 입어서 자기만의 개성이 드러나는 것을 두려워하는 심리와도 관계가 있다.

- 다음 내용에 해당하는 일본 복장의 하나를 히라가나로 써 보세요.

> 着物きもの를 여미고 나서 허리에 두르는 공단이나 뻣뻣한 비단으로 만든 넓은 허리띠를 말한다. 고대 복식에서 이것은 의복의 구조상 필수적인 것이었으며, 장식의 성격을 가질 때는 단순히 장식에 그치는 것이 아니라 신분을 상징하였다. 이것은 여성용, 남성용, 어린이용이 있으며, 여성의 이것은 특히 다양하다. 또 시대에 따라 너비와 길이도 변천했고, 지역이나 용도에 따라 묶는 법도 다르다. 일반적으로 여성용은 길이가 약 370cm이고, 너비는 25cm이다. 남성용은 길이가 여자용의 약 3/4이고, 너비는 1/6 정도이다. 이것은 18세기 초 着物きもの 이상으로 중요한 위치를 차지하게 되면서 사치스럽고 호화롭게 변했다. 비단 자체에 무늬를 넣어 짜거나 수를 놓아 장식하는 경우가 많다.

(   )

학습 평가

01 다음 복장과 관련된 일본어의 읽는 법을 알맞게 연결해 보세요.

(1) 着物 ·   · たび

(2) 帯 ·   · げた

(3) 振袖 ·   · きもの

(4) 足袋 ·   · ふりそで

(5) 草履 ·   · ぞうり

(6) 浴衣 ·   · おび

(7) 下駄 ·   · ゆかた

02 일본인의 패션 문화에 대한 설명 중 틀린 것을 고르세요.

① 기모노의 振袖ふりそで는 결혼식 전의 여성이 입는 소맷자락이 길고 화려한 옷이고 留袖とめそで는 결혼한 여성이 입는 소맷자락이 짧은 옷이다.

② 사복을 입는 고등학교에 다니는 학생이 시판되는 교복이나 타교의 교복을 통학 시나 수업이 없는 날에 사복으로 입고 타교의 지정 가방을 들고 다니는 것을 ルーズソックス 현상이라고 한다.

③ 현대 일본 생활에서 ゆかた가 사용되는 경우는 주로 불꽃놀이 행사나 축제, 盆踊りぼんおどり 등의 여름 행사이고, 젊은 여성이 주로 입는다.

④ 갸루(ギャル)는 1970년대 당시 새로운 패션으로 몸을 감싼 여성의 총칭으로 거품 경제 시기에는 젊은 여성 일반을 가리키는 말로 사용되었다.

종합 연습 문제

01 다음은 일본어의 지시어입니다. 빈칸에 들어갈 알맞은 표현을 써 보세요.

	근칭	중칭	원칭	부정칭
사물	これ 이것			
장소		そこ 거기		
방향			あちら 저쪽	
명사 수식1				どの 어느
명사 수식2	こんな 이런			

02 다음 보기 와 같이 주어진 단어를 이용하여 빈칸에 들어갈 알맞은 대답을 써 보세요.

> 보기   A これは何ですか。 （お酒）
>
>   B それはお酒です。

(1) A それは何ですか。（本）

   B _____。

(2) A これは何ですか。（うめぼし）

   B _____。

(3) A あれは何ですか。（学校）

   B _____。

03 다음 `보기` 와 같이 바꾸어 써 보세요.

`보기` これ・私(わたし)・本(ほん) ➡ これは私(わたし)の本(ほん)です。
この本(ほん)は私(わたし)のです。

(1) それ・先生(せんせい)・時計(とけい) ➡ それは_____です。

その_____です。

(2) あれ・田中(たなか)さん・雑誌(ざっし) ➡ あれは_____です。

_____です。

(3) これ・私(わたし)・カバン ➡ これは_____です。

_____です。

04 다음 い형용사 표에 알맞은 활용형을 써 보세요. (히라가나로 바꾸어 쓰세요.)

기본형	한국어	정중형	과거 정중형	명사 수식	
大きい		おおきいです	おおきかったです	おおきい	部屋
高い					時計
長い					道
優しい					人
新しい					もの
近い					ところ
強い					人
おいしい					料理
面白い					話
うれしい					話
いい					人

기본형	한국어	부정형	정중 부정형	과거 정중 부정형
小さい		ちいさくない	ちいさくないです	ちいさくなかったです
少ない				
かなしい				
低い				
難しい				
遠い				
かわいい				
忙しい				
悪い				
痛い				
広い				
多い				

05 다음 빈칸을 채워 보세요.

(1) 숫자(한자)

	1 ~ 9	10 ~ 90	100 ~ 900	1,000 ~ 9,000	10,000 ~ 90,000
1	いち				いちまん
2				にせん	
3			さんびゃく		
4		よんじゅう			
5	ご				
6		ろくじゅう			
7			ななひゃく		
8				はっせん	
9					きゅうまん

(2) 숫자(고유어)

1	2	3	4	5	6	7	8	9	10
ひとつ									

(3) 월(月)

1월	2월	3월	4월	5월	6월	

7월	8월	9월	10월	11월	12월	몇 월

(4) 날짜(日)

1일	2일	3일	4일	5일	6일	7일	8일

9 일	10 일	11 일	12 일	13 일	14 일	15 일	16 일

17 일	18 일	19 일	20 일	21 일	22 일	23 일	24 일

25 일	26 일	27 일	28 일	29 일	30 일	31 일	몇 일

06 다음 보기 와 같이 문장을 만들어 보세요.

보기 キムさんの部屋・広い

A キムさんの部屋は広いですか。　　A キムさんの部屋は広いですか。

B はい、とても広いです。　　B いいえ、あまり広くありません。

(1) パクさんの車・新しい

A _____ 。

B はい、_____ 。

(2) 日本語〔にほんご〕・面白い〔おもしろ〕

A ＿＿＿＿＿＿＿＿＿＿＿＿＿＿＿＿＿＿＿＿＿＿＿＿＿＿＿＿＿＿＿＿＿＿＿＿。

B はい、とても＿＿＿＿＿＿＿＿＿＿＿＿＿＿＿＿＿＿＿＿＿＿＿＿＿＿＿＿。

(3) テスト・難しい〔むずか〕

A ＿＿＿＿＿＿＿＿＿＿＿＿＿＿＿＿＿＿＿＿＿＿＿＿＿＿＿＿＿＿＿＿＿＿＿＿。

B いいえ、あまり＿＿＿＿＿＿＿＿＿＿＿＿＿＿＿＿＿＿＿＿＿＿＿＿＿＿＿。

(4) この料理〔りょうり〕・おいしい

A ＿＿＿＿＿＿＿＿＿＿＿＿＿＿＿＿＿＿＿＿＿＿＿＿＿＿＿＿＿＿＿＿＿＿＿＿。

B いいえ、あまり＿＿＿＿＿＿＿＿＿＿＿＿＿＿＿＿＿＿＿＿＿＿＿＿＿＿＿。

07 다음 보기 와 같이 문장을 만들어 보세요.

> 보기　旅行〔りょこう〕・楽しい〔たの〕
>
> A 旅行〔りょこう〕は楽〔たの〕しかったですか。
>
> B はい、楽〔たの〕しかったです。
>
> -
>
> A 旅行〔りょこう〕は楽〔たの〕しかったですか。
>
> B いいえ、楽〔たの〕しくありませんでした。

(1) 昨日〔きのう〕・寒い〔さむ〕

A ＿＿＿＿＿＿＿＿＿＿＿＿＿＿＿＿＿＿＿＿＿＿＿＿＿＿＿＿＿＿＿＿＿＿＿＿。

B はい、＿＿＿＿＿＿＿＿＿＿＿＿＿＿＿＿＿＿＿＿＿＿＿＿＿＿＿＿＿＿＿＿。

(2) 彼女〔かのじょ〕・かわいい

A ＿＿＿＿＿＿＿＿＿＿＿＿＿＿＿＿＿＿＿＿＿＿＿＿＿＿＿＿＿＿＿＿＿＿＿＿。

B はい、＿＿＿＿＿＿＿＿＿＿＿＿＿＿＿＿＿＿＿＿＿＿＿＿＿＿＿＿＿＿＿＿。

(3) そのカバン・高[たか]い

A _____。

B いいえ、_____。

(4) プレゼンテーション・長[なが]い

A _____。

B いいえ、_____。

08 다음 보기 와 같이 문장을 만들어 보세요.

> 보기 友達[ともだち]は 背[せ]が高[たか]い + かっこいい 人[ひと]です。
> ➡ 友達[ともだち]は背[せ]が高[たか]くてかっこいい人[ひと]です。

(1) あの店[みせ]は すしが安[やす]い + おいしい ところです。

➡ _____。

(2) 鈴木[すずき]さんは やさしい + きれいだ 人[ひと]です。

➡ _____。

(3) 私[わたし]は 面白[おもしろ]い + スポーツが上手[じょうず]だ 人[ひと]が好[す]きです。

➡ _____。

Unit 08

1부

どちらが便利ですか

어느 쪽이 편리해요?

2부

のぞみ

노조미(신칸센의 한 종류)

주요 학습 내용

1부
1. どちらが便利ですか。
2. どっちが便利？
3. 심화 학습
4. 학습 평가

2부
1. 일본의 교통수단
2. 일본의 교통문화
3. 생각해 보기
4. 학습 평가

학습 목표

- 이동하기 위한 교통수단을 상의하는 표현을 말할 수 있다.
- 일본어의 의문 표현을 정리하여 설명할 수 있다.
- 일본 교통문화의 종류와 특징에 대해 설명할 수 있다.

어느 쪽이 편리해요?

포인트 역 앞에서 만나서 목적지를 향해 가는 과정까지의 표현을 학습합니다.

정중체	飛行機と新幹線、どちらが便利でしょうか。 新幹線の方が便利だと思います。
보통체	JRと地下鉄、どっちが便利かな？ JRは駅から遠いよ。

회화 1

どちらが便利ですか 79

金漢 (キムハン)	部長、出張の件で、アドバイスお願いします。
部長 (ぶちょう)	いいですよ。計画書はこれかな？ 大阪出張ですね。
金漢 (キムハン)	初めての出張なので……。 お忙しいところ、すみません。 交通手段の件ですが、飛行機と新幹線、どちらが便利でしょうか。
部長 (ぶちょう)	出張先のＡ社は大阪駅から近いです。 新幹線の方が便利だと思います。
金漢 (キムハン)	そうですか。ありがとうございます！ では、新幹線で！

| 단어 및 표현 | 80

- 出張しゅっちょう 출장
- 〜の件けんで 〜의 건으로
- アドバイス 어드바이스, 충고
- 計画書けいかくしょ 계획서
- 大阪おおさか 오사카(지명)

- 初はじめて 첫, 처음
- 〜なので 〜이기 때문에
- お忙いそがしいところ 바쁘신데
- 交通手段こうつうしゅだん 교통수단
- 飛行機ひこうき 비행기

- 新幹線しんかんせん 신칸센
- 便利べんりだ 편리하다
- 出張先しゅっちょうさき 출장지
- 〜と思おもいます
  〜(이)라고 생각합니다

주요 표현

1 出張しゅっちょうの件けんで、アドバイスお願ねがいします
出장 건으로 조언(충고) 부탁합니다

「〜の件で、〜お願いします」는 구체적인 건으로 의뢰를 할 때 많이 사용하는 표현이다.

예 明日あしたの会議かいぎの件けんで、相談そうだんお願ねがいします。 내일 회의 건으로 상담 부탁합니다.

2 お忙いそがしいところ、すみません 바쁘신데 죄송합니다

「〜ところ」는 공간적인 장소의 기본적인 의미 외에 추상적인 장소, 장면, 국면 등으로도 폭넓게 사용한다. 특히 상대방에게 부탁을 할 경우, 상대방의 상황을 배려한 관용적인 표현으로 많이 사용한다.

예 お休やすみのところ、すみません。 쉬고 계시는데 죄송합니다.

3 どちらが便利べんりでしょうか 어느 쪽이 편리할까요?

「どちら」는 「どっち」보다 정중한 표현이며, 「でしょうか」는 「ですか」보다 정중한 표현이다.

예 夏休なつやすみの旅行りょこう、北海道ほっかいどうと沖縄おきなわとどちらがいいでしょうか。
여름 휴가 여행, 홋카이도와 오키나와 중 어느 쪽이 좋을까요?

4 新幹線しんかんせんの方ほうが便利べんりだと思おもいます
신칸센 쪽이 편리하다고 생각합니다

- AよりBの方ほうが〜だ : A보다 B 쪽이 ~하다 (비교 표현)
  문맥에 따라 앞의 「Aより(A보다)」는 생략 가능하다.

- 〜だと思おもいます : ~(이)라고 생각합니다
  예 バスより地下鉄ちかてつの方ほうが便利べんりだと思おもいます。 버스보다 지하철 쪽이 편리하다고 생각합니다.

JRと地下鉄、どっち<ruby>便利<rt>べんり</rt></ruby>？

<ruby>陽子<rt>ようこ</rt></ruby>　　もしもし。<ruby>漢<rt>ハン</rt></ruby>ちゃん、<ruby>今<rt>いま</rt></ruby>どこ？

<ruby>金漢<rt>キムハン</rt></ruby>　　KIOSKの<ruby>前<rt>まえ</rt></ruby>。<ruby>陽子<rt>ようこ</rt></ruby>は？

<ruby>陽子<rt>ようこ</rt></ruby>　　SAPPOROビール<ruby>記念館<rt>きねんかん</rt></ruby>って<ruby>恵比寿駅<rt>えびすえき</rt></ruby>だよね。
　　　　JRと<ruby>地下鉄<rt>ちかてつ</rt></ruby>、どっちが<ruby>便利<rt>べんり</rt></ruby>かな？

<ruby>金漢<rt>キムハン</rt></ruby>　　JRは<ruby>駅<rt>えき</rt></ruby>から<ruby>遠<rt>とお</rt></ruby>いよ。
　　　　うん？　<ruby>地下鉄<rt>ちかてつ</rt></ruby>は<ruby>一回<rt>いっかい</rt></ruby><ruby>乗<rt>の</rt></ruby>り<ruby>換<rt>か</rt></ruby>えか……。

<ruby>陽子<rt>ようこ</rt></ruby>　　JRの<ruby>方<rt>ほう</rt></ruby>が<ruby>安<rt>やす</rt></ruby>くない？　この<ruby>駅<rt>えき</rt></ruby>から<ruby>恵比寿駅<rt>えびすえき</rt></ruby>までいくら？

<ruby>金漢<rt>キムハン</rt></ruby>　　170<ruby>円<rt>えん</rt></ruby>。じゃ、JRで！

| 단어 및 표현 | 82

- もしもし 여보세요
- <ruby>今<rt>いま</rt></ruby> 지금
- どこ 어디
- KIOSK 전철 역사 매점
- ～の<ruby>前<rt>まえ</rt></ruby> ~의 앞
- <ruby>切符<rt>きっぷ</rt></ruby> 차표
- <ruby>売<rt>う</rt></ruby>り<ruby>場<rt>ば</rt></ruby> 파는 곳, 매장

- ～って ~((이)라는 것)은
- SAPPOROビール<ruby>記念館<rt>きねんかん</rt></ruby> 삿포로 맥주 기념관
- <ruby>恵比寿駅<rt>えびすえき</rt></ruby> 에비스역
- <ruby>地下鉄<rt>ちかてつ</rt></ruby> 지하철
- JR Japan Railway의 머리 글자를 조합한 명칭. 국유 철도가 민영화된 철도 회사
- どっち 어느 쪽

- <ruby>遠<rt>とお</rt></ruby>い 멀다
- <ruby>一回<rt>いっかい</rt></ruby> 1회, 한 번
- <ruby>乗<rt>の</rt></ruby>り<ruby>換<rt>か</rt></ruby>え 갈아탐, 환승
- <ruby>安<rt>やす</rt></ruby>い 싸다, 저렴하다
- ～から～まで ~에서 ~까지
- いくら 얼마
- じゃ 그럼 (「では」의 줄임말)

주요 표현

1 **JRと地下鉄ちかてつ、どっちが便利べんりかな？** JR과 지하철, 어느 쪽이 편리할까?

두 가지를 비교할 때 사용하는 표현으로, 대답할 때는 「〜の方ほうが〜 ~쪽이」를 사용한다.

예 A 犬いぬと猫ねこ、どっちが好すき？ 개와 고양이, 어느 쪽을 좋아해?

B 私わたしは猫ねこの方ほうが好すき。 난 고양이 쪽을 좋아해.

A JRとバス、どっちが速はやい？ JR과 버스, 어느 쪽이 빨라?

B JRの方ほうが速はやい。 JR 쪽이 빨라.

2 **JRは駅えきから遠とおいよ** JR은 역에서부터 멀어

- AはBから遠とおい : A는 B에서부터 멀다
- AはBから近ちかい : A는 B에서부터 가깝다

예 グランドヒルズは駅えきから一番近いちばんちかいマンションだ。
그랜드힐즈는 역에서 가장 가까운 맨션이다.

3 **この駅えきから恵比寿駅えびすえきまでいくら？** 이 역에서 에비스역까지 얼마야?

「〜から〜まで」는 '~에서 ~까지'라는 의미로, 장소와 시간 모두에 사용할 수 있다.

예 ソウルから東京とうきょうまで。 서울에서 도쿄까지.

9時じから6時じまで学校がっこうです。 9시부터 6시까지 학교에 있습니다.

(1) 의문 표현 정리

무엇	何 (なん)	예 A これは何(なん)ですか。 이것은 무엇입니까? B それはデジカメです。 그것은 디지털카메라입니다.
누구	誰 (だれ)	예 A あの人(ひと)は誰(だれ)ですか。 저 사람은 누구입니까? B あの人(ひと)はパク先生(せんせい)です。 저 사람은 박 선생님입니다.
어디	どこ	예 A 学校(がっこう)はどこですか。 학교는 어디입니까? B あそこです。 저기입니다.
어느 쪽	どちら	예 A 学校(がっこう)はどちらですか。 학교는 어느 쪽입니까? B あそこです。 저기입니다. A ラーメンとすし、どちらが好(す)きですか。 라멘과 초밥, 어느 쪽을 좋아합니까? B ラーメンです。 라멘입니다.
왜	なぜ	예 そらはなぜ青(あお)いの？ 하늘은 왜 파랄까?

※ どうして 어째서　　どうやって 어떻게

(2) 숫자에 관련된 의문 표현

얼마, 얼마나	いくら	예 A このリンゴはいくらですか。 이 사과는 얼마입니까? B 150円(えん)です。 150엔입니다.
언제	いつ	예 A 誕生日(たんじょうび)はいつですか。 생일은 언제입니까? B 5月(がつ)5日(いつか)です。 5월 5일입니다.

※ 何月(なんがつ) 몇 월　　何日(なんにち) 며칠　　何曜日(なんようび) 무슨 요일

예 A 今日(きょう)は何月何日何曜日(なんがつなんにちなんようび)ですか。　오늘은 몇 월 며칠 무슨 요일입니까?
B 10月10日木曜日(がつとおかもくようび)です。　10월 10일 목요일입니다.

※ 何時(なんじ) 몇 시　　何分(なんぷん) 몇 분

예 A 今(いま)は何時何分(なんじなんぷん)ですか。　지금은 몇 시 몇 분입니까?
B 4時20分(じぷん)です。　4시 20분입니다.

01 다음을 잘 듣고 알맞은 것을 골라 번호를 써 보세요. (83)

(1)	① 二回	② 一回	③ 一番	④ 二番
(2)	① 便利	② 出張	③ 共通	④ 交通
(3)	① 180円	② 270円	③ 170円	④ 280円
(4)	① 4時20分	② 4時30分	③ 8時20分	④ 8時40分

02 다음 보기 중 빈칸에 들어갈 알맞은 단어를 골라 써 보세요.

> もしもし　　　ところ　　　乗り換え　　　はじめて

(1) お忙しい (바쁘신데 → 　　　　　　)、すみません。

(2) (첫, 처음 → 　　　　　　) の出張なので、アドバイスお願いします。

(3) (여보세요 → 　　　　　　)。漢ちゃん、今どこ？

(4) 地下鉄は一回 (환승 → 　　　　　　) か……。

03 다음 대화의 우리말에 맞도록 빈칸에 들어갈 알맞은 표현을 써 보세요.

(1) 金漢　部長、出張 (의 건으로 → 　　　　　　)、アドバイスお願いします。
　　部長　大阪出張ですね。
　　金漢　飛行機と新幹線、(어느 쪽 → 　　　　　　) が便利でしょうか。
　　部長　出張先のＡ社は大阪駅 (에서 → 　　　　) 近いです。
　　　　新幹線 (의 편이 → 　　　　) 便利だと思います。

(2) 陽子　JRと地下鉄、(어느 쪽이 → 　　　　　　) 便利かな？
　　金漢　JRは駅から遠いよ。
　　陽子　JR (의 편이 → 　　　　) 安くない？
　　　　この駅から恵比寿駅まで (얼마야? → 　　　　)？

2부 のぞみ

노조미(신칸센의 한 종류)

포인트 일본의 교통문화의 종류와 특징에 대해 이해할 수 있습니다.

- 일본 문화 속의 일본어 – 일본의 교통수단
- 이미지로 보는 일본 문화 – 일본의 교통문화

일본 문화 속의 일본어

일본의 교통수단(日本にほんの交通手段こうつうしゅだん)

✳ 일본에는 어떤 교통수단이 있나요?

① JR 철도망

- JR : Japan Railway의 약자로 원래 국유 철도였지만 1987년 민영화되었다.

> **7개 회사**
> - JR北海道ほっかいどう
> - JR東日本ひがしにほん
> - JR西日本にしにほん
> - JR東海とうかい
> - JR四国しこく
> - JR九州きゅうしゅう
> - JR貨物かもつ

- 사철 노선(私鉄してつ) : 민간 회사의 전차와 철도로, 도시권을 중심으로 발달되었다.

② 버스와 지하철

- 버스는 앞으로 타는 경우와 뒤로 타는 경우가 있으며, 정리권 (整理券せいりけん)이 필요한 경우도 있다.

- 中吊なかづり広告こうこく : 차량 내부 광고로 버스나 지하철의 손잡이 위쪽에 설치된 잡지나 상품 등의 광고나 행사 선전을 말한다.

버스 정리권

- 지하철은 大阪おおさか, 神戸こうべ, 名古屋なごや, 横浜よこはま, 京都きょうと, 札幌さっぽろ, 仙台せんだい, 福岡ふくおか에 있다.

- 노선마다 색깔로 표시되어 있고 역 번호도 기재되어 있다.

  예 地下鉄ちかてつ　恵比寿駅えびすえき(Ebisu Sta.)
  에비스역 (역 번호 H02)

히비야선 에비스역

③ 신칸센(新幹線しんかんせん)

신칸센

- 1964년 등장한 고속 간선 철도로 교통 요금이 비싸다.
- のぞみ, ひかり, こだま, つばさ, やまびこ 등의 종류가 있다.

④ 항공 회사

- JAL(日本航空にほんこうくう), ANA(全日本空輸ぜんにほんくうゆ),
  スカイマークエアラインズ, AIR DO 등이 있다.

✳ 일본 철도의 특징은 무엇인가요?

JR

- 일본 국내에 거미줄처럼 퍼져 있는 철도망이다.
- JR패스는 일본을 여행하는 외국인을 대상으로 JR에서 판매하는 철도 승차권으로, 정해진 기간 내에 JR에서 운영하는 열차 · 버스 · 페리를 무제한 이용할 수 있다.

민영 회사 철도(私鉄してつ)와 전철(電車でんしゃ)

- 도심부와 교외 주택지를 연결하며, 터미널 역에서 JR선과 이어져 있어 출퇴근이나 통학 수단으로 이용된다.
- 私鉄してつ는 国鉄こくてつ와 대립하는 말로 민영 철도 회사를 말한다. 수도권의 세이부 철도(西武鉄道せいぶてつどう), 케이힌 급행 전철(京浜急行電鉄けいひんきゅうこうでんてつ) 등이 있다.
- 전차의 속도나 정차역 수에 따른 구분
  ① 각역 정차 열차(各駅停車かくえきていしゃ)
     예 各停(LOCAL) 町田(MACHIDA)
  ② 준 급행 열차(準急じゅんきゅう)
  ③ 급행 열차(急行きゅうこう)
  ④ 통근 쾌속 열차(通勤快速つうきんかいそく)
     예 京葉線けいようせん 通勤快速 東京(Tokyo)
  ⑤ 특급 열차(特急とっきゅう)
     예 新幹線特定特急券しんかんせんとくていとっきゅうけん

- 철도와 전차는 일본에서 굉장히 편리한 교통수단으로 운행 시간이 정확해서 목적지에 따라 적절히 갈아타면 빠른 시간에 도착할 수 있다.

✳ 지하철(地下鉄)의 특징은 무엇인가요?

· 지하철은 東京とうきょう(도쿄), 大阪おおさか(오사카), 名古屋なごや(나고야), 福岡ふくおか(후쿠오카) 등에 있다.

· 東京とうきょう의 경우

① 에이단센(営団線えいだんせん)

도쿄 지하철(東京メトロ)이 운행하는 총 8개 노선
- 마루노우치센(丸の内線まるのうちせん)
- 난보쿠센(南北線なんぼくせん)
- 지요다센(千代田線ちよだせん)
- 히비야센(日比谷線ひびやせん)
- 도자이센(東西線とうざいせん)
- 유락초센(有楽町線ゆうらくちょうせん)
- 한조몬센(半蔵門線はんぞうもんせん)
- 긴자센(銀座線ぎんざせん)

② 도에이센(都営線とえいせん)

도쿄도(東京都)가 운행하는 총 4개 노선
- 미타센(三田線みたせん)
- 아사쿠사센(浅草線あさくさせん)
- 오에도센(大江戸線おおえどせん) : 지진을 대비해 가장 깊게 설계된 지하철
- 신주쿠센(新宿線しんじゅくせん)

참고 警視庁けいしちょう : 경시청(도쿄 관할 경찰청)
　　 警察庁けいさつちょう : 경찰청(일본 경찰 본청)

✳ 정기권(定期券)이 무엇인가요?

정기권(定期券ていきけん)

· 통학이나 출퇴근처럼 동일한 경로를 빈번하게 이용하는 경우 1개월, 3개월, 6개월 등의 기간별로 특별할인(割引わりびき)하는 것이다. 정기권이 있는 교통수단으로는 전철, 지하철, 버스 등이 있다.

· 가격이 싸고 매번 표를 사는 수고를 줄일 수 있다. 구간 내라면 타고 내리는 것이 자유롭다. 값이 싸다고는 해도 1~3만 엔의 고액이어서 편리한 반면 분실의 우려가 있다.

· 대표적인 정기권 : 通勤定期券つうきんていきけん, 通学定期券つうがくていきけん

✳ 일본의 택시(タクシー)는 어떻게 다른가요?

- 기본 요금은 2km까지인데 지역이나 택시 회사에 따라 다르다. 도쿄도(東京都とうきょうと)는 660엔이다(2024년 기준). 주행 거리에 따라 요금이 가산되며, 심야(오후 11시~오전 5시)에는 30% 할증(割増わりまし)된다. 택시 회사 간의 경쟁이 심하여 기본 요금이 560엔인 택시도 나왔다.

- 뒷문이 자동으로 열리고 닫힌다. 차선이 좌측 통행이므로 왼쪽 문만 열 수 있다.

- 비싼 요금 때문에 자주 이용할 수 있는 교통수단은 아니다. 이로 인해 11시경 마지막 전철(終電しゅうでん)를 타기 위해 지하철 역으로 서두르는 행렬을 볼 수 있다.

- 승차한 후 회사 이름과 자신의 이름 등을 말하며 손님에게 인사하는 택시 운전사도 있다.

- 종류

  ① 일반 택시(一般いっぱんタクシー)

  ② 콜택시(ハイヤー)

  ③ 대형 택시(ジャンボタクシー)

  ④ 간호 택시(介護かいごタクシー)

  ⑤ 관광 택시(観光かんこうタクシー)

  ⑥ 반려동물 전용 택시(ペットタクシー) 등

일반 택시

간호 택시

출처 참고문헌 ⑧

이미지로 보는 일본 문화

교통 법규

- 자동차 운전석은 한국과는 반대로 우측에 있다.
- 자동차는 좌측 운행을 한다. 따라서 도로를 횡단할 때에는 오른쪽을 잘 살펴야 한다.

자동차 번호판(ナンバープレート)

자가용 번호판

- 하얀색 : 자가용과 자가용 트럭
- 노란색 : 경차
- 초록색 : 영업용 차량
- 검정색 : 영업용 차량

초보 운전자와 고령 운전자의 마크

초보 운전자 마크   고령 운전자 마크

- 초보 운전자 : 새싹 표시(若葉わかばマーク)
- 고령 운전자 : 단풍 표시(紅葉もみじマーク),
  네잎클로버 표시(四つ葉よつば
  のクローバーマーク)

버스 이용 방법

① 버스를 탈 때 승차구 옆에서 정리권을 뽑는다.

② 목적지에 내릴 때에는 버저를 누른다.

③ 윗부분의 전광판을 보고 운임을 계산한다.

④ 버스가 완전히 정차한 후에 일어나서 승차 요금을 요금함에 넣고 내린다.

저가 항공 LCC(Low-Cost Carrier)

- 저렴한 가격을 무기로 일본 국내선 시장에서 빠르게 성장하고 있는 **格安航空会社**かくやすこうくう
  がいしゃ를 가리키는 말이다.
- 2011년 처음 등장한 피치항공과 에어아시아 재팬(2013년 バニラ・エアで 변경), 제트스타 재팬(ジェ
  ットスター・ジャパン)은 전통적으로 ANA(전일본공수)와 JAL(일본항공)이 차지하고 있던 국내선
  시장에 변화를 가져왔다. 2011년 9%에 불과하던 점유율은 2012년에 20%로 수직 상승했다.

  * 피치항공은 브랜드명을 Peach(ピーチ)라고 하여 복숭아색과 보라색의 중간색을 바탕으로 한 디자
    인과 기내 방송으로 간사이 방언(関西弁かんさいべん) 등의 사투리가 사용되는 것이 특징이다.

- 다음 예의 민영 철도 회사(私鉄してつ)와 같이 일본의 자전거 문화에 대해 조사해 보세요.

> 예 私鉄してつ는 国鉄こくてつ와 대립하는 말로 민영 철도 회사를 의미한다. 주로 도심과 교외의 주택지를 연결하고 있다. 예를 들어 수도권에는 세이부 철도(西武鉄道せいぶてつどう), 도부 전철(東武電鉄とうぶでんてつ), 오다큐 전철(小田急電鉄おだきゅうでんてつ), 케이힌 급행 전철(京浜急行電鉄けいひんきゅうこうでんてつ) 등 민영 회사의 철도망이 뻗어 있다. 민영 철도는 터미널역에서 JR 노선과 환승 연결되어 있어 출퇴근이나 통학 수단으로서 많은 시민들의 다리가 되고 있다.

학습 평가

01 다음 交通こうつう과 관련된 일본어의 읽기를 연결해 보세요.

(1) 私鉄	•	• しゅうでん
(2) 新幹線	•	• してつ
(3) 中吊り広告	•	• なかづりこうこく
(4) 電車	•	• でんしゃ
(5) 各駅停車	•	• かくえきていしゃ
(6) 都営線	•	• ていきけん
(7) 新宿線	•	• しんかんせん
(8) 整理券	•	• とえいせん
(9) 定期券	•	• しんじゅくせん
(10) 終電	•	• せいりけん

02 일본 교통의 특징에 대한 설명 중 틀린 것을 고르세요.

① JR에는 JR北海道ほっかいどう, JR東日本ひがしにほん, JR西日本にしにほん, JR東海とうかい, JR四国しこく, JR九州きゅうしゅう, JR貨物かもつ라는 7개 회사가 있다.

② 정기권은 출발역과 도착역이 정해져 있어 구간 내에서의 하차는 자유롭지 못하다.

③ 전차의 속도나 정차역 수에 따라 각역 정차 열차(各駅停車かくえきていしゃ), 준 급행 열차(準急じゅんきゅう), 급행 열차(急行きゅうこう), 통근 쾌속 열차(通勤快速つうきんかいそく), 특급 열차(特急とっきゅう) 등의 종류가 있고 정차역도 달라진다.

④ 일본에 지하철이 있는 지역은 東京とうきょう를 포함해 大阪おおさか, 神戸こうべ, 名古屋なごや, 横浜よこはま, 京都きょうと, 札幌さっぽろ, 仙台せんだい, 福岡ふくおか이다.

음성 듣기

Unit

09

1부

コーヒーにします

커피로 할게요

2부

セブン-イレブン

세븐일레븐

주요 학습 내용

1부
1. コーヒーにします。
2. コンビニ、ある？
3. 심화 학습
4. 학습 평가

2부
1. 일본의 브랜드
2. 일본의 텔레비전 방송
3. 생각해 보기
4. 학습 평가

학습 목표

- 동사의 종류를 이해하고 정중한 표현인 ます형에 대해 설명할 수 있다.
- 일본어에서 '되다/하다/있다'의 의미를 문화와 관련하여 설명할 수 있다.
- 일본의 브랜드(선물, 편의점, 쇼핑센터, 택배, 텔레비전, 신문, 스마트폰, 자동차)의 특징을 설명할 수 있다.

コーヒーにします

커피로 할게요

포인트 '있다', '가다' 등 기본적인 일본어 동사의 형태와 분류 활용에 대해 학습합니다.

정중체	今日の午後、HYデパートで会議があります。アイテムの参考になりますから、金さんも一緒に行きます？
보통체	この近くにコンビニ、あるかな？うん、あるよ。何か買う？

회화 1

コーヒーにします 🎧84

金漢(キムハン) 鈴木さん、コーヒーとお茶、どちらにしますか。

鈴木(すずき) 私はコーヒーにします。ありがとうございます！

金漢(キムハン) 部長はお茶ですよね。

部長(ぶちょう) お、ありがとう！ ところで、今日の予定は何ですか。

鈴木(すずき) 今日の午後、HYデパートで会議があります。

部長(ぶちょう) そうですか。アイテムの参考になりますから、キムさんも一緒に行きます？

金漢(キムハン) はい！ お願いします！

|단어 및 표현| 🎧85

- コーヒー 커피
- お茶ちゃ 차
- する 하다
- ところで 그런데
- 今日きょう 오늘

- 予定よてい 예정, 일정
- 午後ごご 오후
- デパート 백화점
- 会議かいぎ 회의
- アイテム 아이템

- 参考さんこう 참고
- なる 되다
- 一緒いっしょに 같이
- 行いく 가다
- はい 네

주요 표현

1 **私わたしはコーヒーにします** 저는 커피로 하겠습니다

- **~にする : ~(으)로 하다**
  선택, 결정을 할 때 사용한다. 「します」는 「する」의 ます형 활용형으로, '~합니다'에 해당하는 정중한 표현이다.

  예 A 鈴木すずきさんは何なにしますか。 스즈키 씨는 뭘로 하시겠습니까?

  　 B 私わたしはお茶ちゃにします。 저는 차(녹차)로 하겠습니다.

2 **ところで、今日きょうの予定よていは何なんですか** 그런데, 오늘의 일정은 무엇입니까?

「ところで」는 '그런데'라는 뜻으로, 진행되던 대화의 내용을 끊고 화제를 전환할 때 사용하는 접속 표현이다. 공간·장소를 나타내는 「～ところ+で ~곳에서」와는 다른 용법이다.

예 今日きょうは寒さむいですね。ところで、今日きょうのランチはどうします？
오늘은 춥네요. 그런데, 오늘 점심은 어떻게 할 거예요?

3 **アイテムの参考さんこうになりますから** 아이템의 참고가 되니까

- **~になる : ~이/가 되다**
  이때 한국어의 '~이/가'에 해당하는 조사는 「～が」가 아닌 「～に」를 쓴다는 것에 주의한다.

  예 私わたしは日本語にほんごの先生せんせいになります。 저는 일본어 선생님이 될 겁니다.

  　 いろいろと勉強べんきょうになります。 여러 가지로 공부가 됩니다.

회화 2

コンビニ、ある？ 🎧86

キムハン
金漢　　この近くにコンビニ、あるかな？

ようこ
陽子　　うん、あるよ。何か買う？

キムハン
金漢　　お弁当とお茶。

ようこ
陽子　　ごはん、まだなの？ どこで食べる？

キムハン
金漢　　天気もいいし、あそこのベンチでどう？
　　　　陽子も何か食べる？

ようこ
陽子　　ううん、私はいいよ。
　　　　あ、ベンチの上にねこがいる！ かわいい！

|단어 및 표현| 🎧87

- 近ちかく 가까이, 근처
- コンビニ 편의점
- ある 있다 (사물·식물)
- 何なにか 무언가
- 買かう 사다
- お弁当べんとう 도시락

- ごはん 밥
- まだ 아직
- どこで 어디서
- 食たべる 먹다
- 天気てんき 날씨
- ～も ~도

- あそこ 저기
- ベンチ 벤치
- 上うえ 위
- ねこ 고양이
- いる 있다 (사람·동물)

주요 표현

1 この近くにコンビニ、あるかな? 이 근처에 편의점 있을까?

- ~に~(が)ある : ~에 ~(이/가) 있다
  * ある : 식물, 사물 등 스스로 움직이지 않는 것의 존재를 나타낸다.
  예 公園にベンチがある。 공원에 벤치가 있다.

2 何か買かう? 뭔가 살래?

- 何か와 何が의 차이
  「何か」는 '무언가, 무엇인가'의 의미로 긍정일 때는「うん / はい」, 부정일 때는「ううん / いいえ」가 포함된 내용으로 대답한다.
  예 A 何か買う? 뭔가 살래?
     B うん、お弁当。 응, 도시락.

  「何が」는 '무엇이, 뭐가'의 의미로 긍정이나 부정이 아닌 질문에 맞는 구체적인 내용으로 대답한다.
  예 A あそこに何がある? 저기에 뭐가 있어?
     B コンビニがある。 편의점이 있어.

3 どこで食たべる? 어디서 먹을 거야?

- 장소 명사 + で : ~에서
  이때 뒤에 구체적인 동작이 제시된다.
  예 学校で勉強する。 학교에서 공부한다.
     レストランでランチを食べる。 레스토랑에서 점심을 먹는다.

4 ベンチの上うえにねこがいる 벤치 위에 고양이가 있다

- ~に~(が)いる ~에 ~(이/가) 있다
  * いる : 사람, 동물 등 스스로 움직이는 것의 존재를 나타낸다.
  예 部屋の中に陽子がいる。 방 안에 요코가 있다.
     ベンチの上に犬がいる。 벤치 위에 개가 있다.

(1) 동사의 종류

3그룹 동사	する 하다　来る 오다
2그룹 동사	「る」로 끝나는 동사 중, 「る」 앞에 오는 음이 い단, 혹은 え단인 동사 예 食べる 먹다　見る 보다
1그룹 동사	2, 3그룹 동사를 제외한 나머지 동사 예 ある 있다　買う 사다　行く 가다 ※ 예외 1그룹 동사 : 2그룹의 형태를 하고 있지만 1그룹 활용을 하는 동사 帰る 되돌아가(오)다　知る 알다　入る 들어가(오)다　走る 달리다　등

(2) 1그룹과 2그룹 동사의 구별

① 1그룹 동사

• 기본형 어미가 「る」로 끝나지 않은 모든 동사

예 書く 쓰다　　　　　　　習う 배우다
　　読む 읽다　　　　　　　飛ぶ 날다

• 기본형 어미가 「る」로 끝나지만, 「る」 앞이 い단 (-i음)이나 え단(-e음)이 아닌 동사

예 売る 팔다 [u-ru]　　　　終わる 끝나다 [owa-ru]
　　乗る 타다 [no-ru]　　　　分かる 알다 [waka-ru]

※ 예외 1그룹 동사
　帰る 되돌아가(오)다 [kae-ru]　　　知る 알다 [shi-ru]
　入る 들어가(오)다 [hai-ru]　　　走る 달리다 [hashi-ru]

② 2그룹 동사

• 기본형 어미가 「る」로 끝나고, 「る」 앞이 い단(-i음)이나 え단(-e음)인 동사

예 見る 보다 [mi-ru]　　　　起きる 일어나다 [oki-ru]
　　食べる 먹다 [tabe-ru]　　　寝る 자다 [ne-ru]

(3) 동사 ます형 활용

「ます」가 동사에 접속될 때는 바로 접속되는 것이 아니라, 동사에 어미 변화(활용)가 일어난다.
「ます」가 접속되는 동사의 어미 변화 형태를 「ます형」이라고 한다.

3그룹 동사	する 하다 → します 합니다 来る 오다 → 来ます 옵니다
2그룹 동사	동사의 어미 「る」를 떼고, 「ます」를 붙인다. 예 食べる 먹다　→ 食べます 먹습니다 　 見る 보다　　→ 見ます 봅니다
1그룹 동사	동사의 어미 う단을 い단으로 고친 후, 「ます」를 붙인다. 예 会う 만나다　→ 会います 만납니다 　 ある 있다　　→ あります 있습니다 　 行く 가다　　→ 行きます 갑니다 　 泳ぐ 헤엄치다 → 泳ぎます 헤엄칩니다

※ 예외 1그룹 동사

帰る → 帰ます(×) 帰ります(○)　　　　知る → 知ます(×) 知ります(○)
入る → 入ます(×) 入ります(○)　　　　走る → 走ます(×) 走ります(○)

(4) 기본 조사 정리

~は ~은/는	예 私は学生です。 나는 학생입니다.
~が ~이/가	예 何がありますか。 무엇이 있습니까?
~を ~을/를	예 ごはんを食べます。 밥을 먹습니다.
~の ~의	예 これは私の本です。 이것은 나의 책입니다.
~で ~에서 (동작이 일어나는 장소)	예 学校で勉強をします。 학교에서 공부를 합니다.
~に ~에 (사물이 존재하는 장소) ~(으)로 (결정이나 상태 변화)	예 テーブルの上にいます。 테이블 위에 있습니다. 　 私はすしにします。 나는 스시로 하겠습니다.
~へ ~(으)로 (동작의 방향)	예 会社へ行きます。 회사에 갑니다.
~も ~도	예 私も学生です。 나도 학생입니다.
~から~まで ~에서(부터) ~까지	예 会議は何時から何時までですか。 　 회의는 몇 시부터 몇 시까지입니까?
~か ~인가/~ㄴ가	예 あそこに何かがあります。 저기에 뭔가가 있습니다.

01 다음을 잘 듣고 같은 그룹(1, 2, 3그룹)에 속하는 동사를 골라 번호를 써 보세요. 🎧88

(1) [　　　] ① いる ② する ③ いく ④ みる

(2) [　　　] ① はいる ② ねる ③ のる ④ よむ

(3) [　　　] ① あう ② おきる ③ しる ④ くる

02 다음 보기 중 (　)안에 들어갈 알맞은 조사를 골라 써 보세요. (중복 사용 가능)

> か　　が　　に　　で　　の

(1) 이 근처에 편의점 있을까?

➡ この近く(　)コンビニ、あるかな？

(2) 응. 있어. 뭔가 살 거야?

➡ うん、あるよ。何(　)買う？

(3) 어디에서 먹어?

➡ どこ(　)食べる？

(4) 벤치의 위에 고양이가 있다.

➡ ベンチ(　)上(　)ねこ(　)いる。

03 다음 대화의 빈칸에 들어갈 알맞은 표현을 써 보세요.

鈴木　私はコーヒーに (하겠습니다 → 　　　　　)。

ありがとうございます！

部長　(그런데 → 　　　　　)、今日の予定は何ですか。

鈴木　今日の午後、SN社で会議が (있습니다 → 　　　　　)。　＊사물, 식물의 '있다'

部長　アイテムの参考に (되니까 → 　　　　　)から、

金さんも一緒に (가겠습니까? → 　　　　　)？

② 세븐-일레븐

セブン-イレブン

포인트 일본의 브랜드(편의점, 택배, 텔레비전, 신문)의 특징을 이해할 수 있습니다.

- 일본 문화 속의 일본어 – 일본의 브랜드(편의점, 쇼핑센터, 택배, 신문, 스마트폰, 자동차)
- 이미지로 보는 일본 문화 – 텔레비전 방송

일본 문화 속의 일본어

일본의 브랜드(日本にほんのブランド)

❋ 일본어의 "하다/되다/있다"에는 어떤 특징이 있나요?

- 일본의 결혼 피로연 초대장

  - "우리는 결혼식을 올리게 되었습니다."
  - 주어 "우리는" 술어 "결혼식을 올리기로 했습니다(しました)"
  - "결혼식을 올리게 되었습니다(なりました)"

- 기본적 가치 지향 가설

  ① 인간이 '함으로써(する)' 모든 일이 일어난다고 생각하는 문화

  ② 모든 일은 자연히 그렇게 '되는(なる)' 것이라고 생각하는 문화

  ③ 모든 일은 원래 '존재하는(ある・いる)' 것이라고 생각하는 문화

- 그 문화가 어느 것을 채택하는가에 대한 문제로, 일본은 ② '일이 자연히 그렇게 되어 결혼이 이루어진 것'으로 생각하는 문화이다.

- 결혼식 축하 선물이나 답례품은 단순한 습관이라기 보다는 선물을 빌려 메시지를 전달하는 기능을 한다.

  예 백중 선물(お中元ちゅうげん)과 연말 선물(お歳暮せいぼ)

  - お世話せわになっております。
    신세 많이 지고 있습니다.

  - これからもよろしくお願ねがいします。
    앞으로도 잘 부탁 드립니다.

백중 · 연말 선물

- 결혼식 하객은 축의금을 전달하고 답례품을 받아 돌아가는 경우가 대부분이다. 최근에는 카탈로그(カタログ)에서 고르는 형식도 많다.
- 일본 축의금은 주는 사람이 정하는 반면 미국의 축의금은 신랑 신부 쪽에서 원하는 가전제품 등을 가게에 미리 등록해 둔다. 같은 선물이 중복되는 일을 피해 낭비를 없애고 실용성을 중시하는 메시지를 읽을 수 있다.

출처 참고문헌 ③

✻ 일본 신문의 특징은 무엇인가요?

- 1880년 전후 大阪おおさか의 양대 신문이던 朝日新聞あさひしんぶん, 毎日新聞まいにちしんぶん이 대중 신문의 시대를 열었다.
- 전국지와 각 현 별로 지방지가 있으며 종합 일간지 세 곳과 경제지 두 곳이 있다.
- 발행 부수 1위는 読売新聞よみうりしんぶん이다. (2024년 기준)
- 일본 신문의 역사
  ① 신문이 시작된 것은 에도 막부 말기인 1862년으로, 막부가 외국의 정보를 제공하기 위해 번역한 신문이 시초이다.
  ② 1869년 메이지 정부(明治政府めいじせいふ)는 신문이 문명개화에 도움이 된다고 보호하여 정치나 통속적인 것을 취급하게 되는데, 이때 크고 작은 신문사가 생겼다.
  ③ 최초의 일간 신문은 1871년에 발행된 横浜毎日新聞よこはままいにちしんぶん이다.
  ④ 전쟁 중에는 군대의 힘에 의해 신문이 군사적으로 이용되었던 적도 있다.

> 일본 신문의 종류와 특징
> ① 毎日新聞まいにちしんぶん : 중도 성향이며 무색무취의 신문
> ② 読売新聞よみうりしんぶん : 우익 성향이고 일본인의 일반적인 정서를 대변
> ③ 朝日新聞あさひしんぶん : 진보 성향이고 중도 개혁 노선의 성격
> ④ 産経新聞さんけいしんぶん : 극우 보수 성향이고 자신들의 의견을 확실히 주장
> ⑤ 日本経済新聞にほんけいざいしんぶん : 경제 중심으로 젊은이들이 많이 보는 신문

✳ 일본에는 어떤 쇼핑센터(ショッピングセンター)가 있나요?

1980년대 이후

· 자동차의 대중화와 함께 교외나 농촌 지역의 간선 도로가의 광대한 부지를 확보하면서 대형 쇼핑센터 (ショッピングセンター)의 개점이 활발해졌다.

2000년 이후

· 쇼핑몰(ショッピングモール)의 숫자는 늘었지만, 이러한 대형 상업 시설이 상점가(商店街しょう てんがい)에 미치는 영향이 커서 폐점하는 소매 상점도 많다.

· 도심지에는 유동 인구가 많은 역을 중심으로 호텔이나 백화점과 같이 설계한 곳도 있다.

· 관광지의 주요 백화점(デパート)으로는 「大丸だいまる, 丸井まるい, 三越みつこし, 西武せいぶ, 伊勢 丹いせたん, 松坂屋まつざかや, 高島屋たかしまや, 東急とうきゅうハンズ」 등을 들 수 있다.

이세탄 백화점

다카시마야 백화점

✳ 일본의 택배 문화는 어떤가요?

택배(宅配便たくはいびん)

① 宅急便たっきゅうびん

검은 고양이가 트레이드마크로 야모토 운수가 제공하는 택배 서비스의 이름이다. 압도적인 지명도로 택배 서비스 전반을 의미하는 일반 명사인 宅配便たくはいびん과 혼동하기 쉬운데, 야마토 운수의 등 록 상표이기 때문에 다른 사람이 무단으로 사용할 수 없다. 宮崎駿みやざきはやお 감독의 작품 「魔女 まじょの宅急便たっきゅうびん」의 원작자가 宅急便たっきゅうびん이 상표인 줄 모르고 타이틀로 사용해 야마토 운수가 스폰서가 되는 것으로 해결되었다는 일화가 있다.

② クール(cool)便びん

냉장이나 냉동으로 배달하는 것으로 야마토 운수 クール宅急便たっきゅうびん 등이 있다.

출처 참고문헌 ⑧

✱ 일본의 편의점은 어떻게 다른가요?

편의점 (コンビニ)

- コンビニエンスストア의 약자로 연중무휴로 24시간 영업을 하는 소매점이며 공간은 작지만, 다수의 상품을 취급한다. 대기업 자본에 의한 체인점으로 최근에는 고령자들도 편의점을 선호하고 있다. 입지 장소는 주로 도시 주변의 주택지 또는 교외와 지방의 간선 도로 옆이다.

잡지 코너

- 편의점 입구의 유리벽에 있는 책 코너에서 선 채로 책을 훑어보는 立ち読み たちよみ 문화가 있다.

- 편의점에서 취급하는 것

  ① 식품 및 세제, 전구, 형광등 등의 소모품

  ② 택배

  ③ 공공 요금의 지불

  ④ 콘서트 티켓 등의 예약과 구입

  ⑤ 게임 소프트의 예약과 구입

  ⑥ 은행의 ATM

  ⑦ 우체통 설치 등

인쇄/복사/티켓 기기

- 대표적인 편의점

  ローソン, セブン-イレブン, ファミリマート, サークルK, ミニストップ 등

세븐일레븐

패밀리마트

텔레비전 방송

- **공공 방송**

  日本放送協会にほんほうそうきょうかい 즉, NHK가 제작하는 방송이다. NHK는 특수 법인으로 국가의 지원은 받지 않지만, 세금을 면제받고 있다. 광고료를 받는 것은 방송법에 금지되어 있어 시청자들의 수신료로 운영된다. 수신료 징수가 어려워져 경영에 영향을 미치기 시작했다.

- **민간 방송**

  일반 방송 사업자가 만드는 방송이다. CM(コマーシャル)의 광고 수입으로 제작되고 있다. 「富士ふじ テレビ 계열, TBS 계열, 日本にほんテレビ 계열, テレビ朝日あさひ 계열, テレビ東京とうきょう 계열 등이 있고 유료 케이블 방송이나 무료 방송이 있다.

- **방송사의 특징**

① 富士ふじテレビ

후지테레비

東京とうきょう의 お台場だいば에 사옥이 있고 관광지로도 유명하다. 버라이어티 프로그램, 드라마가 인기가 있고 월요일 9시에 방영되는 드라마는 시청률이 높다. 「月9げつく」라는 월요일 9시 フジテレビ에서 방영하는 드라마를 가리키는 명사도 있다.

② TBS

일본에서 처음으로 뉴스 계열을 각 지방 방송국과 묶어 전국적인 뉴스 취재 체제를 민영 방송으로서는 조기 확립했기에 예전에는 '보도의 TBS(報道ほうどうのTBS)'라고 불렸다.

③ テレビ朝日あさひ

「テレあさ」라고 불리며 영화・사극도 다수 제작한다.

④ 日本にほんテレビ

読売よみうり 계열로 프로야구 요미우리 자이언츠의 경기인 巨人戦きょじんせん 생중계가 많으며, 애칭은 「日にっテレ」이다.

⑤ テレビ東京とうきょう

아날로그 민간 방송국 중 마지막으로 개국한 방송국으로, 다양한 애니메이션을 편성하는 것으로 유명하다.

출처 참고문헌 ⑧

- 유튜브(youtube)에서 다음의 단어를 일본어로 검색하여, 동영상에서 들리는 단어를 확인해 보세요. 그리고 그 단어를 위키백과에서 검색해 보세요.

  ① スマートフォン CM   ② 自動車じどうしゃ CM

> **예**   ① ソフトバンク
>
> 소프트뱅크 주식회사(SoftBank Corporation, ソフトバンク株式会社かぶしきがいしゃ)는 1981년 9월 3일 일본 도쿄에서 설립되어 고속 인터넷, 전자 상거래, 파이낸스, 기술 관련 분야에서 활동하는 일본의 기업 겸 일본의 이동 통신사이다. 소프트뱅크 그룹의 CEO는 한국계 일본인인 손 마사요시이다.
>
> ② **トヨタ自動車**じどうしゃ
>
> 일본은 물론 아시아에서도 정상급에 있는 자동차 회사이다. 자회사 다이하쓰와 히노 자동차를 포함한 도요타 그룹 전체 판매 대수는 다년간 세계 1위를 기록하기도 했다.

01   다음에 제시된 신문, 백화점, 방송과 관련된 일본어의 읽는 법을 알맞게 연결해 보세요.

(1) 読売	•	• げつく
(2) 朝日	•	• たかしまや
(3) 松坂屋	•	• まつざかや
(4) 高島屋	•	• よみうり
(5) 宅急便	•	• ふじテレビ
(6) 富士テレビ	•	• あさひ
(7) 月9	•	• たっきゅうびん

02   일본의 신문, 방송, 백화점, 편의점의 특징에 대한 설명 중 틀린 것을 고르세요.

① 신문 발행 부수는 読売新聞よみうりしんぶん이 가장 많다.

② 産経新聞さんけいしんぶん은 진보 성향이고 중도 개혁 노선을 띠고 있다.

③ フジテレビ는 お台場おだいば에 사옥이 있어 관광지로도 유명하다. 버라이어티 프로그램, 드라마를 주로 방영한다.

④ 검은 고양이를 트레이드 마크로 삼고 있는 宅急便たっきゅうびん은 야마토 운수가 제공하는 택배 서비스의 이름이다.

음성 듣기

Unit 10

주요 학습 내용

1부

1. 旅行に行きたいです。
   りょこう い
2. おまつりに行きたい。
   い
3. 심화 학습
4. 학습 평가

2부

1. 일본의 볼거리
2. 라쿠고
3. 생각해 보기
4. 학습 평가

학습 목표

• 일본의 마쓰리와 각 지방의 관광에 대한 어휘와 표현을 말할 수 있다.

• 동사 ます형 활용을 이용한 여러 가지 문형에 대해 이해할 수 있다.

• 일본의 마쓰리, 라쿠고 등 전통 예능의 특징과 지역별 볼거리를 설명할 수 있다.

1부 旅行に行きたいです

여행을 가고 싶습니다

포인트 동사 ます형의 형태와 ます형을 이용한 '~하고 싶다' 등의 표현을 학습합니다.

| 정중체 | 今度の休みに何をしたいですか。
旅行に行きたいです。 | 보통체 | 明日、久しぶりの休みだね。何する？
私、おまつりに行きたい。 |

회화 1

旅行に行きたいです 🎧89

鈴木 　今度の休みは何をしたいですか。

金漢 　旅行に行きたいですね。

鈴木 　どこに行きたいですか。

金漢 　北海道から沖縄まで、日本全国を旅行したいですが、時間が……。

鈴木 　今度の休みは長くないですからね。

金漢 　鈴木さんのおすすめはありませんか。

鈴木 　そうですね。キムさん、歴史的なものは好きですか。

金漢 　はい、好きです。

鈴木 　では、私のおすすめは姫路城です。とても美しいですよ。

| 단어 및 표현 | 🎧90

- 今度こんど 이번 (다음 번)
- 休やすみ 휴일, 휴식
- 旅行りょこう 여행
- 北海道ほっかいどう 홋카이도(지명)
- 沖縄おきなわ 오키나와(지명)
- 全国ぜんこく 전국
- 時間じかん 시간
- 長ながい 길다
- おすすめ 추천
- 歴史的れきしてきな 역사적인
- もの 것
- 姫路城ひめじじょう 히메지성
- とても 매우
- 美うつくしい 아름답다

주요 표현

1 今度<small>こんど</small>の休<small>やす</small>みは何<small>なに</small>をしたいですか　이번 휴가는 무엇을 하고 싶어요?

- 동사 ます형 + たい + ですか : ~하고 싶습니까?
  - 예 今日の晩ごはんは何を食べたいですか。　오늘 저녁밥은 무엇을 먹고 싶습니까?

> 「~たい」 앞에는 조사 「が ~이/가」와 「を ~을/를」을 양쪽 모두 사용할 수 있다.
> - 예 今度の休みは何がしたいですか。　이번 휴일에는 무엇을 하고 싶습니까?

2 旅行<small>りょこう</small>に行<small>い</small>きたいですね　여행을 가고 싶어요

旅行を行く(×)　　　　旅行に行く(○)
旅行をする(○)　　　　旅行する(○)
旅行に出る(○)

- 예 今度の夏休みは、海外旅行をしたいです。　이번 여름휴가는 해외여행을 하고 싶습니다.
  彼女とアメリカ旅行に行きたいです。　그녀와 미국 여행을 가고 싶습니다.

3 歴史的<small>れきしてき</small>なものは好<small>す</small>きですか　역사적인 것은 좋아해요?

- もの : 형체가 있는 사물, 지각 가능한 대상이 되는 것
  - 예 果物の中で、好きなものは何ですか。　과일 중에서 좋아하는 것은 무엇입니까?
- こと : 시간적으로 생성되고 소멸되는 것, 일
  - 예 公園を歩くことが好きです。　공원을 걷는 것을 좋아합니다.

* 「もの」와 「こと」 모두 다양하게 파생된 뜻을 가지고 있으며, 형식 명사의 기준과는 다르다.

おまつりに行きたい 🎧91

| キムハン 金漢 | 明日、久しぶりの休みだね。何する？ |

| ようこ 陽子 | このおまつり、明日からだね。私、おまつりに行きたい。 |

| キムハン 金漢 | 花火もあるし、いいね。
じゃ、一緒に見に行く？ |

| ようこ 陽子 | オッケー。
ところで、ハンちゃん、浴衣ないよね。 |

| キムハン 金漢 | うん、浴衣はないけど、どうして？ |

| ようこ 陽子 | おまつりには浴衣なの。
じゃ、これから買いに行くよ。 |

| キムハン 金漢 | え？ あまり着たくないけど……。 |

|단어 및 표현| 🎧92

- 明日ぁした 내일
- 久ひさしぶり 오랜만에
- おまつり 마쓰리, 축제
- ～から ① ~부터 (시간·장소의 기점)
② ~(이)니까 (원인·이유)
- 花火はなび 불꽃놀이

- 見みに行いく 보러 가다
- オッケー OK, 오케이
- ない 없다
- 浴衣ゆかた 유카타 (목욕 후 혹은 여름에
입는 일본 전통 의상)
- どうして 왜, 어째서

- これから 지금부터
- 買かいに行いく 사러 가다
- あまり 별로, 그다지
- 着きる 입다

1 **おまつりに行きたい** 마쓰리(축제)에 가고 싶어

- 동사 ます형 + たい : ~하고 싶다

  예 行く → 行き + たい 가고 싶다 　　　　買う → 買い + たい 사고 싶다

  　　食べる → 食べ + たい 먹고 싶다 　　する → し + たい 하고 싶다

2 **花火もあるし、いいね。じゃ、一緒に見みに行いく？**
불꽃놀이도 있고, 좋네. 그럼, 같이 보러 갈래?

- ～し : ~하고 (~하고)

  활용하는 동사, 형용사 등의 종지형 뒤에 붙어 앞뒤를 연결하는 역할을 한다.

  예 むし暑いし、風はないし、もうだめ。 푹푹 찌고 바람은 없고, 이제 안 되겠어.

  　　お金はあるし、時間はあるし、映画でも見る？ 돈은 있고, 시간은 있고, 영화라도 볼래?

- 동사 ます형 + に + 行く : ~하러 가다

  예 映画を見に行く。 영화를 보러 가다. 　　日本に遊びに行く。 일본에 놀러 가다.

3 **浴衣ないよね** 유카타 없지?

- ～(が)ない : ~(이/가) 없다

  い형용사 활용을 하며, '사물·식물이 있다, 존재한다'는 의미의 동사 「ある」의 부정형이다.

  예 お金がない。 돈이 없다. 　　時間がない。 시간이 없다.

4 **あまり着きたくないけど……** 별로 입고 싶지 않은데……

- あまり～ない : 별로 ~하지 않다

  예 日本語はあまり難しくない。
  일본어는 별로 어렵지 않다.

- 동사 ます형 + たくない : ~하고 싶지 않다
  「동사 ます형 + たい」의 부정형이다.

참고

「～たい」와 「～ない」는 い형용사 활용을
한다.

예 着たい 입고 싶다
着たくない 입고 싶지 않다
着たかった 입고 싶었다
着たくなかった 입고 싶지 않았다

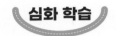

(1) 동사 ます형 활용

동사에 접속하는 「ます」는 문장 안에서 그 필요에 따라 과거형, 부정형, 의문형, 과거 부정형 등으로 활용된다.

	긍정 표현	부정 표현	의문 표현
현재 · 미래	ます	ません	ますか
과거	ました	ませんでした	ましたか

그룹	예		
3그룹	します 합니다	来ます 옵니다	
	しました 했습니다	来ました 왔습니다	
	しません 하지 않습니다	来ません 오지 않습니다	
	しませんでした 하지 않았습니다	来ませんでした 오지 않았습니다	
2그룹	食べます 먹습니다	見ます 봅니다	
	食べました 먹었습니다	見ました 봤습니다	
	食べません 먹지 않습니다	見ません 보지 않습니다	
	食べませんでした 먹지 않았습니다	見ませんでした 보지 않습니다	
1그룹	あります 있습니다	行きます 갑니다	読みます 읽습니다
	ありました 있었습니다	行きました 갔습니다	読みました 읽었습니다
	ありません 없습니다	行きません 가지 않습니다	読みません 읽지 않습니다
	ありませんでした 없었습니다	行きませんでした 가지 않았습니다	読みませんでした 읽지 않았습니다

(2) 동사 ます형에 접속되는 문형

① ～たいです : ~하고 싶습니다

말하는 사람의 희망이나 욕구를 나타내며, 그 대상은 원칙적으로 조사 「～が」를 사용하지만, 현대 일본어에서는 「～を」를 사용하는 경우도 많이 볼 수 있다. 「～たい」의 어미가 「い」로 끝나므로 い형용사 활용을 한다.

예 食べる → 食べます　→　食べ + たい

おすしが食べたい。　초밥을 먹고 싶다.

買う → 買います　→　買い + たい

新しいスマートフォンを買いたいです。　새 스마트폰을 사고 싶습니다.

② ～に行きます : ~하러 갑니다

목적, 대상을 나타내는 조사 「に」와 함께 사용한다.

예 遊ぶ → 遊びます

遊びに行きます。　놀러 갑니다

飲む → 飲みます

飲みに行きます。　마시러 갑니다

③ ～ましょう : ~합시다

상대방에게 무언가를 권유할 때 사용하지만, 때에 따라서는 말하는 사람의 의지를 나타내기도 한다.

예 今晩、一杯飲みましょう。　오늘 밤, 한잔 합시다.

もうそろそろ帰りましょう。　이제 슬슬 돌아갑시다.

④ ～ましょうか : ~할까요?

상대방의 의향을 물을 때 사용한다.

예 今晩、一杯飲みましょうか。　오늘 밤, 한잔 할까요?

もうそろそろ帰りましょうか。　이제 슬슬 돌아갈까요?

⑤ ～なさい : ~하세요, ~하렴(가벼운 명령)

「～なさい」는 가벼운 명령을 나타내는 표현으로, 주로 부모와 자식 또는 선생님과 학생 사이에 많이 쓰인다.

예 早く起きなさい。　빨리 일어나렴.

質問に答えなさい。　질문에 답하세요.

01 다음 ( ) 안의 동사를 알맞은 형태로 바꾸어 써 보세요.

(1) 日本語を上手に (　　　　　) たいです。(話す) 일본어를 능숙하게 말하고 싶습니다.

(2) すてきな文章を (　　　　　) たいです。(書く) 멋진 글을 쓰고 싶습니다.

(3) 面白い映画を (　　　　　) に行きます。(見る) 재미있는 영화를 보러 갑니다.

(4) 外は寒い。暖かいところへ (　　　　　) たい。(入る) 밖은 춥다. 따뜻한 곳으로 들어가고 싶다.

(5) 友達の家へ、(　　　　　) に行きます。(遊ぶ) 친구 집에 놀러 갑니다.

(6) 今度の夏休みは何を (　　　　　) ましょうか。(勉強する) 이번 여름 방학은 무엇을 공부할까요?

(7) もう遅いですから、そろそろ (　　　　　) ましょう。(帰る) 이제 늦었으니까, 슬슬 돌아갑시다.

(8) 早くこっちに (　　　　　) なさい。(来る) 빨리 이쪽으로 오세요.

02 다음 보기 중 ( ) 안에 들어갈 알맞은 단어를 골라 써 보세요.

久しぶり	ところで	おすすめ	どうして

(1) 다나카 씨의 추천은 무엇입니까? ➡ 田中さんの (　　　　　) は何ですか。

(2) 내일은 오랜만의 휴일이네요. ➡ 明日は (　　　　　) の休みですね。

(3) 내일 마쓰리 같이 갈까? 그런데, 토모미는 유카타 없지?

　➡ 明日、おまつり一緒に行く？(　　　　　) 智美は浴衣ないよね？

(4) 나는 없는데, 왜(어째서)? ➡ 私はないけど、(　　　　　)？

03 다음 대화의 우리말에 맞도록 빈칸에 들어갈 알맞은 표현을 써 보세요.

(1) 鈴木 今度 (　　) 休み (　　) 何 (　　) し (　　　　) ですか。이번 휴가는 무엇을 하고 싶어요?

　　金漢 旅行 (　　) 行きたいですね。여행을 가고 싶어요.

　　　　北海道 (　　　) 沖縄 (　　　　)、日本全国 (　　) 旅行したいです (　　)、

　　　　時間が……。홋카이도부터 오키나와까지 일본 전국을 여행하고 싶지만, 시간이…….

(2) 陽子 おまつりには浴衣 (　　　　)。마쓰리에는 유카타지.

　　　　じゃ、これから買い (　　) 行くよ。그럼, 지금 사러 가자.

　　金漢 え？あまり着 (　　　) ないけど……。응? 별로 입고 싶지 않은데…….

2부 祇園まつり
ぎ おん
기온마쓰리

포인트 일본의 볼거리로서 마쓰리와 사적, 전통 예능인 라쿠고에 대해 이해할 수 있습니다.

- 일본 문화 속의 일본어 – 일본의 볼거리
- 이미지로 보는 일본 문화 – 라쿠고

일본 문화 속의 일본어

일본의 볼거리(日本にほんの見所みどころ)

✱ 일본의 마쓰리에는 어떤 특징이 있나요?

마쓰리(まつり)

- 감사와 기원 및 죽은 영혼을 위로하기 위해 신과 부처, 조상을 받들어 모시는 의식에서 출발했다. 최근의 일본 마쓰리는 페스티벌의 성격을 띠고 지역의 경제 효과를 도모하기도 한다. 일본의 전통적인 마쓰리는 종교적 색채가 강하고 신(神かみ)이 지역 공동체를 지키는 의식이다.
- 축제의 나라 일본에서는 전국 각지에서 1년 내내 마쓰리 행사가 개최된다.

야타이

미코시

> **마쓰리 관련 용어**
> - 花火はなび
> - 浴衣ゆかた
> - 金魚きんぎょすくい
> - 千本せんぼんつり
> - 射的しゃてき
> - 屋台やたい   등

일본의 3대 마쓰리

① 東京とうきょう의 神田かんだまつり

5월 14일 ~ 5월 15일, 90여 개의 신위를 모신 가마(神輿みこし)로 거리 행렬을 한다.

② 大阪おおさか의 天神てんじんまつり

7월 24일 ~ 7월 25일, 100여 척의 배가 요도가와강(淀川よどがわ)을 거슬러 올라가는 선상 축제이다.

③ 京都きょうと의 祇園ぎおんまつり

야사카신사(八坂神社やさかじんじゃ)의 제례로 9세기 말의 전염병 퇴치 기원에서 유래하였다. 7월 1일부터 약 한 달 간, 2층 수레인 山鉾やまぼこ의 거리 행렬이 있다.

기온 마쓰리

기타 마쓰리

아와오도리

- 札幌さっぽろ의 雪ゆきまつり
- 青森あおもり의 ねぶたまつり
- 徳島とくしま의 阿波踊りあわおどり

✳ 홋카이도에서 오키나와까지 어떤 볼거리가 있나요?

홋카이도(北海道ほっかいどう)

오도리 공원

- 일본 열도의 최북단에 위치하고 있다. 원주민은 アイヌ 민족이며 明治時代めいじじだい의 마지막 개척지이다. 도청 소재지인 札幌さっぽろ는 정치, 경제, 문화의 중심지이다.
- 大通り公園おおどおりこうえん은 휴식과 쇼핑의 거리로, 눈 축제(雪ゆきまつり)가 유명하며 많은 눈으로 제설과 독특한 차선의 도로가 인상적이다.
- 먹거리로는 된장 라면(味噌みそラーメン), 털게(けがに), 연어(サーモン) 요리 등이 유명하다.

가마쿠라(鎌倉かまくら)

- 도쿄에서 남쪽으로 전차로 한 시간 거리에 있다. 1192년 가마쿠라막부(鎌倉幕府かまくらばくふ)가 창설되었으며 볼거리로는 절(寺てら), 신사(神社じんじゃ), 대불(大仏だいぶつ) 등이 있다.

닛코(日光にっこう)

- 도쿄에서 동북쪽으로 전철로 2시간 거리에 있다. 東照宮とうしょうぐう는 도쿠가와(徳川とくがわ) 막부의 창립자인 家康いえやす의 영묘인데, 1636년에 세워진 것으로 일본의 건축 역사에서도 뛰어난 작품 중 하나로 손꼽히는 볼거리이다.

고베(神戸こうべ)

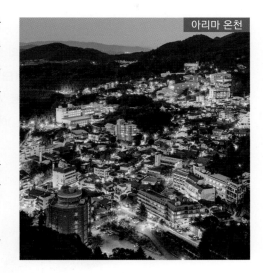
아리마 온천

- 효고현(兵庫県ひょうごけん)의 현청 소재지로 오사카 가까이에 위치해 있다. 산과 바다에 인접한 항구 도시로 언덕이 많다. 관광 도시, 국제 무역 도시, 공업 도시, 상업 도시이며 요코하마(横浜よこはま)와 함께 일본 2대 항구의 하나였으며 과거 외국인 지역이었던 異人館いじんかん이 지금도 남아 있다.

- 볼거리로는 북쪽 롯코산(六甲山ろっこうさん)의 아리마 온천(有馬温泉ありまおんせん), 모토마치(元町もとまち)가 유명하다.

- 1995년 한신아와지대지진(阪神淡路大震災はんしんあわじだいしんさい)이 발생했다.

参考 2011년 동일본대지진(東日本大震災ひがしにほんだいしんさい)

오키나와(沖縄おきなわ)

- 일본 남서쪽 끝에 위치하는 지역으로 아열대와 열대 기후이다. 현청 소재지는 那覇市なはし이다.

- 역사적으로는 1879년까지 류큐 왕국(琉球王国りゅうきゅうおうこく)이었으며 제2차세계대전 당시 일본 내 최대의 지상전이 전개된 지역이다. 종전 이후 미국이 점령하고 있다가 1972년 일본에 반환되었으나 미군 기지 문제가 여전히 남아 있다.

- 언어적으로는 류큐 방언 지역으로 「あいう」의 모음 체계이다.

- 볼거리로는 건축 양식을 대표하는 슈리성(首里城しゅりじょう)과 중국에서 전해진 악마를 물리치는 사자(シーサー)가 유명하다.

슈리성

- 먹거리로는 일본식 여주 볶음(ゴーヤチャンプルー), 아와모리(泡盛あわもり), 오리온 맥주(オリオンビール)와 같은 음식과 술이 있다.

✳ **일본에서 볼 만한 사적(史蹟)으로는 어떤 곳이 있나요?**

> **法隆寺** ほうりゅうじ

- 약 1,400여 년 전에 건축된 일본에서 가장 오래된 목조 건물로, 1993년 일본 최초로 유네스코 세계유산으로 등록되었다. 나라현(奈良県ならけん)에 위치하고 있으며 쇼토쿠타이시(聖德太子しょうとくたいし)에 대한 신앙심으로 세워졌다.

> **姫路城** ひめじじょう

- 1601년 축조 이래 400년 이상 창건 당시의 모습을 잘 보존하고 있는 성이다. 외관의 흰 아름다움 때문에 '하늘을 나는 백로'에 비유되어 백로성(白鷺城しらさぎじょう)이라고도 불린다. 효고현(兵庫県ひょうごけん)에 위치하고 있으며, 영화 라스트 사무라이(ラストサムライ)의 촬영 현장인 쇼샤산(書寫山しょしゃざん) 엔교지(圓教寺えんぎょうじ)에서는 목조 건축의 역사를 느낄 수 있다.

호류지

히메지성

이미지로 보는 일본 문화

라쿠고(落語らくご)

- 마을 주민의 생활이나 이야기를 해학적으로 설명하고, 이야기의 결말에 오치(落ちおち)가 들어가는 것이 특징이다. 오사카와 교토를 중심으로 하는 관서 지역의 **上方落語**かみがた(かみかた)らくご와 도쿄를 중심으로 하는 관동 지역에서 발달한 **江戸落語**えどらくご가 있다.
- オチ(落ち)는 익살스럽게 라쿠고를 끝맺는 부분을 가리키는 것으로, 반전 이야기나 특징적인 문장 및 표현 등 여러 가지 기법이 있다. 라쿠고 외에 일반적으로는 이야기의 효과적인 결말이라는 의미로 사용하기도 한다.

落語家らくごか

- 요세(寄席よせ)라고 불리는 전통 공연 홀에서 혼자서 여러 등장인물끼리 나누는 대화로 이야기를 진행하는데 목소리의 크기 및 높낮이, 시선의 좌우 이동, 부채(扇子せんす)의 추임새 등으로만 인물을 구별한다.
- 1945년 전까지는 대부분 공연 수입의 비율에 따라 생활이 보장되었으나 근래에는 예능 프로덕션과 계약하고 활동하는 라쿠고가가 많다.
- 도제(徒弟とてい) 제도가 지켜지고 있으며, 스승(師匠ししょう) 밑에서 일정 기간 수행하는 것이 일반적이고 동업자들로 구성된 조합(협회)에 가입해야 한다.
- タモリ, ビートたけし와 함께 일본의 お笑い芸人おわらいげいにん BIG 3 중 한 명으로 알려진 明石家あかしやさんま도 원래는 프로 라쿠고가였다.

요세 天満天神繁昌亭의 외관　　　　　　　　요세 天満天神繁昌亭의 무대

출처　참고문헌 ⑦

• 일본의 전통적인 예능이나 볼거리에 대해 조사해 보세요.

> 예　히나마쓰리(ひな祭まつり)
> 히나마쓰리는 3월 3일에 여자아이의 성장과 행복 등을 기원하는 행사로서 「桃ももの節句せっく」라
> 고도 한다. 여자아이가 있는 가정 대부분은 히나 인형을 장식하고 복숭아꽃이나 당밀을 묻힌 튀밥,
> 떡, 단술 등을 공양한다. 히나마쓰리는 몸의 더러움이나 재앙을 인형에 옮겨 강에 흘려 보내 액을 쫓
> 았다는 중국의 풍습에서 기원한 것으로, 이것이 일본에 전해지자 여자아이의 인형 놀이와 합쳐져 에
> 도시대(1603~1867)부터는 히나마쓰리로 행해지게 되었다.

학습 평가

01　일본의 볼거리와 관련된 일본어의 읽기를 연결해 보세요.

(1) 花火　　　　　•　　　　•　らくご

(2) 祇園まつり　•　　　　•　りゅうきゅう

(3) 札幌　　　　•　　　　•　さっぽろ

(4) 味噌ラーメン•　　　　•　はなび

(5) 大仏　　　　•　　　　•　よこはま

(6) 横浜　　　　•　　　　•　みそラーメン

(7) 琉球　　　　•　　　　•　だいぶつ

(8) 泡盛　　　　•　　　　•　ぎおんまつり

(9) 姫路城　　　•　　　　•　ひめじじょう

(10) 落語　　　　•　　　　•　あわもり

02　일본의 볼거리의 특징에 대한 설명 중 **틀린** 것을 고르세요.

① 落語家らくごかは 동업자들로 구성된 조합(협회)에 가입되어야 직업적으로 인정을 받게 된다.

② 法隆寺ほうりゅうじは 일본에서 가장 오래된 목조 건물이다.

③ 라스트 사무라이(ラストサムライ)의 촬영 현장은 롯코산(六甲山ろっこうさん)에 있는 엔교지(圓
教寺えんぎょうじ)이다.

④ 오키나와의 나하시(那覇市なはし)에는 류큐 왕국(琉球王国りゅうきゅうおうこく)의 건축 양식을 대
표하는 슈리성(首里城しゅりじょう)이 있다.

01 다음 동사 ます형 표에 알맞은 활용형을 써 보세요. (히라가나로 바꾸어 쓰세요.)

기본형	뜻	~ます	~ました	~ません	~ませんでした
会う	만나다	あいます	あいました	あいません	あいません でした
買う	사다				
行く	가다				
書く	쓰다				
話す	이야기하다				
待つ	기다리다				
死ぬ	죽다				
遊ぶ	놀다				
飲む	마시다				
読む	읽다				
分かる	알다				
ある	있다 (사물 · 식물)				
乗る	타다				
帰る	돌아가(오)다				
入る	들어가(오)다				
切る	자르다				
歩く	걷다				
呼ぶ	부르다				
持つ	가지다/들다				

作^{つく}る	만들다				
見^みる	보다				
食^たべる	먹다				
寝^ねる	자다				
いる	있다 (사람·동물)				
教^{おし}える	가르치다				
起^おきる	일어나다				
着^きる	입다				
来^くる	오다				
する	하다				

02 다음 보기 와 같이 문장을 만들어 보세요.

> 보기 テーブル・上^{うえ}・リンゴ
>
> ➡ テーブルの上^{うえ}にリンゴがあります。

(1) ベンチ・下^{した}・ねこ

➡ _____ 。

(2) カフェのとなり・コンビニ

➡ _____ 。

(3) 部屋^{へや}・中^{なか}・友^{とも}だち

➡ _____ 。

170

03 다음 보기 와 같이 자신의 하루에 대해 써 보세요.

보기   7:00 起きる   私は朝7時に起きます。

7:30 朝ごはんを食べる   _____。

8:00 学校へ行く   _____。

9:00～12:00 勉強をする   _____。

12:00 昼ごはんを食べる   _____。

1:00 本を読む   _____。

3:00 コーヒーを飲む   _____。

4:00 運動をする   _____。

6:00 夕食を食べる   _____。

7:00 映画を見る   _____。

10:00 家へ帰る   _____。

11:00 シャワーを浴びる   _____。

12:00 寝る   _____。

04 다음 보기 와 같이 빈칸에 들어갈 알맞은 표현을 써 보세요.

보기 パンを作^{つく}る

A 先週^{せんしゅう}、パンを作^{つく}りましたか。

B ええ、パンを作^{つく}りました。

いいえ、パンを作^{つく}りませんでした。

(1) お酒^{さけ}を飲^のむ

A 昨日^{きのう}の夜^{よる}、お酒^{さけ}を_____。

B ええ、_____。

いいえ、_____。

(2) スミスさんと英語^{えいご}で話^{はな}す

A スミスさんと英語^{えいご}で_____。

B ええ、_____。

いいえ、_____。

(3) 夏休^{なつやす}みに日本語^{にほんご}を勉強^{べんきょう}する

A 夏休^{なつやす}みに日本語^{にほんご}を_____。

B ええ、_____。

いいえ、_____。

05 다음 ( ) 안에 들어갈 알맞은 조사를 골라 써 보세요.

보기　　が　に　で　を　の　へ　から　まで　と

(1) パク先生^{せんせい}(　　)一緒^{いっしょ}に映画^{えいが}(　　)見^みました。

(2) 昨日^{きのう}は会社^{かいしゃ}(　　)会議^{かいぎ}をしました。

(3) 今日^{きょう}は6時^じ30分^{ぶん}(　　)起^おきました。

(4) 月曜日^{げつようび}(　　)木曜日^{もくようび}(　　)学校^{がっこう}で勉強^{べんきょう}をします。

(5) 私は和食(　　　)大好きです。昼ごはんも和食を食べました。

(6) 関口さんは日本語(　　　)先生です。大学(　　　)日本語を教えます。

(7) キムさんは明日アメリカ(　　　)行きます。

(8) カフェの前(　　　)友だち(　　　)会いました。

06 다음 보기 와 같이 빈칸에 들어갈 알맞은 표현을 써 보세요.

> 보기 映画を見る ➡ 映画を見に行きます。

(1) コーヒーを飲む ➡ ＿＿＿＿＿＿＿＿＿＿行きます。

(2) 友だちと遊ぶ ➡ ＿＿＿＿＿＿＿＿＿＿行きます。

(3) すしを食べる ➡ ＿＿＿＿＿＿＿＿＿＿行きます。

07 다음 보기 와 같이 빈칸에 들어갈 알맞은 표현을 써 보세요.

> 보기 新しい服を買う ➡ 新しい服を買いたいです。
> ➡ 新しい服を買いたくありません。

(1) この店に入る ➡ ＿＿＿＿＿＿＿＿＿＿＿＿たいです。
　　　　　　　 ➡ ＿＿＿＿＿＿＿＿＿＿＿＿たくありません。

(2) バスに乗る ➡ ＿＿＿＿＿＿＿＿＿＿＿＿たいです。
　　　　　　 ➡ ＿＿＿＿＿＿＿＿＿＿＿＿たくありません。

(3) 彼氏に教える ➡ ＿＿＿＿＿＿＿＿＿＿＿＿たいです。
　　　　　　　 ➡ ＿＿＿＿＿＿＿＿＿＿＿＿たくありません。

08 다음 보기 와 같이 빈칸에 들어갈 알맞은 표현을 써 보세요.

보기 昼ごはんは何にする

A 昼ごはんは何にしましょうか。

B うどんにしましょう。

---

(1) 明日はどこで勉強する

A 明日はどこで_____。

B 近くのカフェ_____。

(2) 今日は何を飲む

A 今日は何を_____。

B 日本酒_____。

(3) どんな映画を見る

A どんな映画を_____。

B アクション映画_____。

1부

相撲を見ませんか
すもう　み

스모를 보지 않을래요?

2부

よこづな

요코즈나(일본 씨름의 최고 지위)

주요 학습 내용

1부
1. 相撲を見ませんか。
   すもう　み
2. 野球、見ない？
   やきゅう　み
3. 심화 학습
4. 학습 평가

2부
1. 일본의 스포츠
2. 일본의 게임 문화
3. 생각해 보기
4. 학습 평가

학습 목표

- 동사의 부정형과 ます형의 부정형을 이용하여 청유하는 표현에 대해 설명할 수 있다.
- 일본의 스포츠와 오락에 등장하는 일본어 표현을 사용할 수 있다.
- 야구, 스모, 골프, 가라테 등을 통해 일본의 스포츠 문화의 특징을 설명할 수 있다.

1부 相撲を見ませんか

스모를 보지 않을래요?

포인트 동사의 부정형을 이용한 '~하지 않을래?', '~같이 보지 않을래요?'와 같은 청유 표현을 학습합니다.

정중체	今週の週末、みんなで相撲を見ませんか。 部長、すみませんが、今週はちょっと……。	보통체	今週の土曜日、野球見ない？ うん、いいよ。

회화 1

相撲を見ませんか 93

部長 今週の週末、みんなで相撲を見ませんか。

金漢 相撲ですか。僕は初めてです！

鈴木 部長、すみませんが、今週はちょっと……。
来週の月曜日に取引先との重要な会議があります。

部長 あ、そうでしたね。分かりました。では、来週見に行きましょう。

鈴木 部長は昔から相撲の大ファンで、よくみんなで相撲を見に行きます。

金漢 そうですか。ところで、相撲のチケットは高いと聞きましたが……。

鈴木 心配は要りませんよ。部長のおごりですから。

| 단어 및 표현 | 94

- 今週こんしゅう 이번 주
- 週末しゅうまつ 주말
- みんなで 모두 함께
- 相撲すもう 스모 (일본의 국기)
- 初はじめて 처음으로
- すみません 죄송합니다, 실례합니다
- 来週らいしゅう 다음 주

- 月曜日げつようび 월요일
- 取引先とりひきさき 거래처
- 重要じゅうようだ 중요하다
- 会議かいぎ 회의
- 分わかる 알다, 이해하다
- 昔むかし 옛날
- 大だいファン 열성 팬

- よく 잘, 자주
- チケット 티켓
- 高たかい (비용이) 비싸다
- 聞きく 듣다
- 心配しんぱい 걱정
- 要いる 필요하다
- おごり 한턱 냄

1 みんなで相撲すもうを見みませんか　모두 함께 스모를 보지 않을래요?

동사 ます형에 「ません＋か」를 붙이면 '~하지 않을래요?'의 의미가 된다. 이 표현은 상대방의 의향을 물을 때 사용한다. 대답으로는 ます형에 「ましょう」를 붙이는 청유형이 오기도 한다.

(예) A ちょっと休やすみませんか。　잠깐 쉬지 않겠습니까?

B ええ、そうしましょう。　네, 그렇게 해요.

A 今日きょうの帰かえりにいっぱい飲のみませんか。　오늘 돌아가는 길에 한잔 안 할래요?

B 今日きょうはちょっと……。　오늘은 좀…….

2 ところで、相撲すもうのチケットは高たかいと聞ききましたが……
그런데, 스모 티켓은 비싸다고 들었습니다만……

- ところで : 말하던 내용을 끊고 화제를 전환할 때 사용하는 접속사
- 高たかい : ① 높다 ↔ 低ひくい 낮다　② 비싸다 ↔ 安やすい 싸다, 저렴하다
- 聞きく : ① 듣다　② 묻다
  「～と聞ききました ~(이)라고 들었습니다」의 형태처럼 과거형으로 많이 쓰인다.

> 참고 🔖
> - と : '~(이)라고'라는 뜻으로, 인용의 용법으로 사용한다.
>   (예) ～と聞きく ~(이)라고 듣다　・～と言いう ~(이)라고 말하다　・～と思おもう ~(이)라고 생각하다

3 心配しんぱいは要いりませんよ。部長ぶちょうのおごりですから
걱정은 필요 없어요. 부장님이 내 주니까요

- 유사한 형태의 동사 구별

동사	의미	구분	부정형
いる	사람·동물이 있다	2그룹 동사	いない / いません
要る(いる)	필요하다	예외 1그룹 동사	いらない / いりません

회화 2

野球、見ない？ (95)

陽子 | もしもし、智美？ 陽子だけど。
今週の土曜日、野球見ない？

智美 | うん、いいよ。どこで見るの？

陽子 | 東京ドーム。
ハンちゃんがチケットを3枚持っているの。

智美 | すごいね。
東京ドームでの試合観戦か！ 楽しみ！

陽子 | じゃ、土曜日、東京ドームで！

智美 | 了解！ じゃあね～。

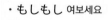

|단어 및 표현| (96)

- もしもし 여보세요
- ～だけど ~인데
- 土曜日どようび 토요일
- 野球やきゅう 야구
- 東京とうきょうドーム 도쿄돔
- 3枚まい 3장
- 持もっている 가지고 있다
- すごい 대단하다, 굉장하다
- 試合観戦しあいかんせん 시합 관전
- 楽たのしみ 즐거움, 기대됨
- 了解りょうかい 알았음
- じゃあね 그럼 (안녕)
(친구간의 가벼운 작별 인사)

1 もしもし、智美ともみ？ 陽子ようこだけど　여보세요, 토모미? 요코인데

- もしもし : 여보세요
  전화 통화를 시작할 때 사용하는 표현이다.

- だ+けど : ~인데　です+けど : ~인데요　참고 けれども의 줄임말
  뒤의 내용을 생략한 형태로, 단정을 피해 완곡한 느낌을 표현하는 종조사로 쓰인다.

2 今週こんしゅうの土曜日どようび、野球やきゅう見みない？　이번 주 토요일, 야구 안 볼래?

- 見み + ない : 보지 않다 (동사 「見みる」의 부정형)
  동사의 부정형으로 물어보면 상대방의 의향을 묻고, 청유나 권유하는 뉘앙스를 나타낸다.
  예 A 今週こんしゅうの週末しゅうまつ、温泉おんせんに行いかない？　이번 주 주말, 온천에 가지 않을래?

  B うん、いいよ。　응, 좋아.

  A 明日あした、図書館としょかんでいっしょに勉強べんきょうしない？　내일 도서관에서 함께 공부하지 않을래?
  B 明日あしたはちょっと。　내일은 좀.

3 ハンちゃんがチケットを3枚まい持もっているの　한이 티켓을 3장 가지고 있어

- 동사 + ている : ~하고 있다
  예 彼女かのじょはすばらしい才能さいのうを持もっている。　그녀는 굉장한 재능을 가지고 있다.

4 東京とうきょうドームでの試合観戦しあいかんせんか！楽たのしみ！
도쿄돔에서의 시합 관전! 기대된다(재밌겠다)!

- 문장의 끝에 오는 「~か」는 의문을 나타내기도 하지만, 놀람이나 감동, 또는 자기 자신에게 하는 말에
  도 사용한다.
  예 なかなかやるじゃないか。　꽤 잘 하잖아.

- 「楽たのしみ」는 '즐거움'이라는 뜻으로 '(앞으로의 즐거움에 대한) 기대'라는 의미로 사용되기도 한다. 그
  에 반해 「期待きたいする 기다하다」는 사람의 미래에 대한 기대를 나타내는 뜻으로 많이 사용된다.
  예 来月らいげつ日本にほんに行いくのが楽たのしみです。　다음 달 일본에 가는 것이 기대됩니다.

심화 학습

(1) 동사의 부정형

동사를 부정 표현으로 만들 때는 우리말 '~지 않다'에 해당하는 조동사 「ない」를 동사에 접속시킨다. 이 때 일어나는 동사의 어미 변화(활용) 형태를 「ない형(부정형)」이라고 한다.

3그룹 동사	する 하다 → しない 하지 않다
	来る 오다 → 来ない 오지 않다
2그룹 동사	동사의 어미 「る」를 떼고, 「ない」를 붙인다. 예 食べる 먹다 → 食べない 먹지 않다 見る 보다 → 見ない 보지 않다
1그룹 동사	동사의 어미 う단을 あ단으로 바꾼 후, 「ない」를 붙인다. 예 行く 가다 → 行かない 가지 않다 乗る 타다 → 乗らない 타지 않다 ＊会う 만나다 → 会わない 만나지 않다 (あ단은 「わ」로 바꾼다) ＊ある 있다 → ない 없다

(2) 품사별 부정형 정리

	보통체		정중체	
	긍정	부정	긍정	부정
명사	学生だ 학생이다	学生ではない 학생이 아니다	学生です 학생입니다	学生ではありません 학생이 아닙니다
な형용사	心配だ 걱정이다	心配ではない 걱정하지 않다	心配です 걱정입니다	心配ではありません 걱정하지 않습니다
い형용사	おいしい 맛있다	おいしくない 맛있지 않다	おいしいです 맛있습니다	おいしくありません 맛있지 않습니다
동사	行く 가다	行かない 가지 않다	行きます 갑니다	行きません 가지 않습니다

(3) けれども(けれど・けど)

① 접속사 : 앞서 말한 내용에 반대되는 것을 이야기할 때 사용된다. (역접)

예 彼は話すのが下手だ。けれども、彼の話には説得力がある。

그는 말을 잘 못한다. 하지만, 그의 이야기에는 설득력이 있다.

② 조사 : 활용형의 종지형에 붙어 앞 내용과 반대되거나 예상과 다른 전개가 이어질 때 사용된다.

예 野球も面白いけれど、サッカーはもっと面白い。

야구도 재미있지만, 축구는 더 재미있다.

(4) 문장 끝에 쓰이는 종조사 の

① 하강 인토네이션 : '단정'의 의미 (↘)

예 明日は来ないの。　내일은 안 와.

② 상승 인토네이션 : '의문'의 의미 (↗)

예 何を食べるの？　뭘 먹어? (뭘 먹을 거야?)

③ 「のよ」「のね」 등의 형태로, 내용을 확인

예 まっすぐ帰るのよ。　곧바로 돌아가는 거야(돌아가렴).

④ 강한 인토네이션 : 가벼운 명령

예 さあ、早く寝るの！　자, 빨리 자!

01 다음 (   ) 안에 들어갈 동사의 부정형을 써 보세요.

(1) 友達に会う → 友達に (   )   (2) 電車に乗る   → 電車に (   )

(3) お酒を飲む → お酒を (   )   (4) お金をはらう → お金を (   )

(5) 買い物に行く → 買い物に (   )   (6) 授業をうける → 授業を (   )

(7) 映画を見る → 映画を (   )   (8) ごはんを食べる → ごはんを (   )

(9) 運動をする → 運動を (   )   (10) 病院へ来る   → 病院へ (   )

02 다음 보기 중 (   ) 안에 들어갈 알맞은 단어를 골라 써 보세요.

楽しみ   もしもし   初めて   だけど   みんなで

(1) 스모요? 저는 처음입니다.

➡ 相撲ですか。僕は (   ) です！

(2) 부장님은 옛날부터 스모 열성 팬으로, 자주 모두 같이 스모를 보러 가요.

➡ 部長は昔から相撲の大ファンで、よく (   ) 相撲を見に行きます。

(3) 여보세요, 토모미야? (나) 요코인데.

➡ (   )、智美？ 陽子 (   )。

(4) 도쿄돔에서의 시합 관전이라니! 기대된다!

➡ 東京ドームでの試合観戦か！ (   )！

03 다음 대화의 빈칸에 들어갈 알맞은 표현을 써 보세요.

部長　今週の週末、みんなで相撲を (보지 않을래요? →   )。

鈴木　部長、すみませんが、今週は (조금 →   )……。
　　　来週の月曜日に取引先との重要な会議があります。

部長　あ、そうでしたね。分かりました。

　　　では、来週見に (갑시다 →   )。

金漢　ところで、相撲のチケットは高いと (들었습니다만 →   )……。

鈴木　心配は (필요 없어요 →   ) よ。部長のおごりですから。

2부 よこづな

요코즈나(일본 씨름의 최고 지위)

> **포인트** 일본의 스포츠의 종류와 특징, 그리고 오락 문화에 대해 이해할 수 있습니다.
>
> • 일본 문화 속의 일본어 – 스포츠
> • 이미지로 보는 일본 문화 – 오락 문화

일본 문화 속의 일본어

일본의 스포츠(日本にほんのスポーツ)

❋ 일본인은 어떤 스포츠를 즐기나요?

• 인기 있는 스포츠

야구(野球やきゅう)	수영(水泳すいえい)	낚시(釣りつり)
축구(サッカー)	유도(柔道じゅうどう)	골프(ゴルフ)
럭비(ラグビー)	검도(剣道けんどう)	스모(相撲すもう)
배구(バレーボール)	궁도(弓道きゅうどう)	K-1
농구(バスケットボール)	가라테(空手からて)	
테니스(テニス)	등산(登山とざん)	

• 겨울에 인기 있는 스포츠

스키(スキー)	스케이트(スケート)	아이스하키(アイスホッケー)

가장 인기 있는 스포츠

야구(野球やきゅう) : 고교 야구, 대학 야구, 사회인 야구, 프로 야구 등

① 프로 야구는 1950년에 창립되어 12개의 프로야구 팀이 있으며, 페넌트 레이스로 144경기를 하고 매년 가을이면 일본 시리즈(日本にほんシリーズ)에서 최고를 가린다.

② 일본 프로 야구 기구(NPB)에는 센트럴 리그(セントラル・リーグ)와 퍼시픽 리그(パシフィック・リーグ)의 전체 12구단이 소속되어 있다.

③ 일본형 기업 스포츠로 1990년대 이후 연간 평균 시청률 20% 정도로 관객 동원이 한계점에 이르렀고 2000년대에 들어서면서 연간 평균 시청률 12% 정도로 관객이 급속히 하락했다. 자금력에 따라 팀의 힘이 정해지기 때문에 흥미 반감으로 인해 야구팬이 감소했다.

④ 일본 프로 야구의 돔 구장 6개

| 福岡ふくおか ドーム | 東京とうきょう ドーム | 名古屋なごや ドーム |
| 西武せいぶ ドーム | 大阪おおさか ドーム | 札幌さっぽろ ドーム |

참고 홋카이도를 거점으로 하는 퍼시픽 리그 프로 팀 '홋카이도 일본햄 파이터즈'는 2023년부터 エスコンフィールドHOKKAIDO를 홈 구장으로 이용하고 있다.

• 일본의 국기(国技こくぎ)

스모(相撲すもう), 유도(柔道じゅうどう), 검도(剣道けんどう)가 있으나 법적으로 정해진 것은 아니다. 중학교 체육 시간에 3가지 중 하나를 선택해 가르치는 것이 의무화되어 있다.

✱ 일본에는 어떤 스포츠가 있나요?

스모(相撲すもう)

• 일본 씨름은 직경 4.5m의 원형 씨름판(土俵どひょう) 위에서 두 장사(力士りきし)가 겨루는 경기이다. 장사는 맨손으로 허리에 샅바(まわし)를 졸라맨 채 등장한다. 장사는 옛날 방식대로 경기에 들어가기 전에 좌우의 발을 교대로 올렸다 내렸다 하여 준비 운동을 하고 물로 입을 헹구고 종이로 몸을 닦고 깨끗한 소금을 씨름판 위에 뿌린다.

• 장사는 심판(行司ぎょうじ)의 지시에 따라 서로 마주보고 상대와 동작을 맞추면서 몸을 구부려 낮게 하고 양손을 씨름판 바닥에 댄 자세로 호흡을 맞춘다. 두 장사는 호흡이 맞았을 때 동시에 일어나서 서로 밀고 부딪치며 뒤엉켜 겨룬다.
→ 立合いたちあい

• 우리나라의 씨름과 비슷하게 발바닥 이외의 신체가 씨름판에 닿는 것으로 승패가 결정되며, 장외패도 존재한다. 또한 일반적으로 단판 승부로 결정된다.

① **本場所**ほんばしょ

- 프로 스모 단체인 일본 스모 협회가 1년에 6번, 매번 15일간 개최한다. **東京**とうきょう에서 1,5,9월에, **大阪**おおさか에서 3월에, **名古屋**なごや에서 7월에, **福岡**ふくおか에서 11월에 열린다.

② **番付**ばんづけ

- **本場所**ほんばしょ가 끝날 때 심판 위원들이 장사들의 시합 성적에 따라 랭킹을 정해 주는 랭킹 일람표이다.

반즈케

③ 장사의 등급 : 10단계

1단계	序の口じょのくち	6단계	前頭まえがしら	
2단계	序二段じょにだん	7단계	小結こむすび	참고 7, 8, 9단계는
3단계	三段目さんだんめ	8단계	関脇せきわけ	三役力士さんやくりきし라고 한다.
4단계	幕下まくした	9단계	大関おおぜき	
5단계	十両じゅうりょう	10단계	横綱よこづな	

- 장사의 최고 지위인 10단계 **横綱**よこづな는 2021년 기준으로 약 300년 간 73명이 있다. 영구적인 순위로 강등되지는 않지만, 지위에 요구되는 기준에 맞지 않게 되면 은퇴하게 된다.

가라테(空手からて)

- 중국 남권과 **琉球王国**りゅうきゅうおうこく의 토착 무술이 결합된 것으로 오키나와의 무사 집안 태생인 **船越義珍**ふなこしぎちん이 메이지시대에 일본 본토에 처음으로 **唐手**からて를 소개하면서 체계화하였다. 1929년에 **空手**からて로 이름이 바뀌면서 일본 무도로 내세워지기 시작한다.

- **大山倍達**おおやまますたつ

  한국명 최영의(애칭 최배달). 전일본 공수 대회 우승을 시작으로 세계적으로 크게 성장한 인물이다. 만화나 소설, 신문 등 매스미디어에서 적극적으로 홍보하는 언론플레이를 보인다. **極真空手**きょくしんからて라는 문파를 창시하고 실전 위주의 경기 방식과 격파를 도입, 차별적인 훈련 방식 등을 보여 일본을 대표하는 가라테 방식으로 성장시킨다.

- **石井和義**いしいかずよし

  正道館空手せいどうかんからて를 창시한 후 킥복싱, 무에타이와도 교류하면서 프로 격투를 지향하였다. 1993년에는 모든 격투기(가라테, 킥복싱, 태권도, 쿵후 등)의 영문 이니셜과 카 그랑프리의 이름을 본뜬 K-1 대회를 창설하게 된다.

출처 참고문헌 ⑦

이미지로 보는 일본 문화

✳ 일본에는 어떤 오락이 있나요?

게임 센터(ゲームセンター)

게임 센터

레이스 게임

- 아케이드 게임이 설치된 유희 시설을 가리키며, 1986년 전국에 약 26,573개 있던 영업소는 약 3,882개로 감소했다(2021년 기준). 줄임말은 ゲーセン이며 정식 명칭은 アミューズメント施設しせつ이다. 쇼핑센터 같은 대형 상업 시설 내부에 위치하고 있는 경우가 많다.

- 대표적인 게임 장르

    ① UFOキャッチャー 등 인형 뽑기(プライズゲーム)

    ② 격투 게임(格闘かくとうゲーム)

    ③ 슈팅 게임(シューティングゲーム)

    ④ 총 쏘기 게임(ガンシューティングゲーム)

    ⑤ 음악 게임(音楽おんがくゲーム)

    ⑥ 경주 게임(レースゲーム)

    ⑦ 코인 게임(メダルゲーム)

    ⑧ 스티커 사진(プリクラ) 등

파칭코(パチンコ)

- 실생활의 가장 가까운 곳에서 많이 즐기는 성인용 대중 오락이다.

- パチンコ의 시장 규모는 2018년 기준으로 참가 인구 1,000만 명, 영업점 10,258개, 매상이 39조 6,410억 엔에 이르렀으나 2019년 정점을 찍고 급감하여 점점 감소 추세에 있다.

- 경영자의 90%가 재일 한국인이라고 한다.

파칭코

슬롯 머신

memo

- 일본 프로 야구팀에 대해 조사해 보세요.

> **예** **센트럴 리그(セリーグ)**
>
> 読売よみうりジャイアンツ, 横浜よこはまDeNAベイスターズ, 中日ちゅうにちドラゴンズ,
> 阪神はんしんタイガーズ, 広島東洋ひろしまとうようカープ, 東京とうきょうヤクルトスワローズ
>
> **퍼시픽 리그(パリーグ)**
>
> 北海道日本ほっかいどうにほんハムファイターズ, 東北楽天とうほくらくてんゴールデンイーグ
> ルス, 西武せいぶライオンズ, 千葉ちばロッテマリーンズ, オリックス・バファローズ, 福岡
> ふくおかソフトバンクホークス

학습 평가

01 일본의 스모와 관련된 일본어의 읽기를 연결해 보세요.

(1) 相撲	·	· すもう
(2) 力士	·	· ばんづけ
(3) 立合い	·	· よこづな
(4) 番付	·	· こむすび
(5) 本場所	·	· ほんばしょ
(6) 横綱	·	· りきし
(7) 小結	·	· おおぜき
(8) 関脇	·	· たちあい
(9) 大関	·	· せきわけ

02 일본의 스포츠·오락의 특징에 대한 설명 중 틀린 것을 고르세요.

① ゲームセンター란 아케이드 게임이 설치된 유희 시설로 흔히 ゲーセン이라고 줄여 말한다.

② 1993년 모든 격투기의 영문 이니셜과 카 그랑프리의 이름을 본 떠 K-1이라는 지상 최강의 격투기 시합이 탄생하게 되었다.

③ 일본의 국기(国技こくぎ)로는 스모(相撲すもう)가 법적으로 정해져 있다.

④ 스모(相撲すもう)는 심판의 신호가 아니라 두 장사의 호흡이 맞았을 때 동시에 일어나서 서로 밀고 부딪치며 뒤엉켜 싸운다.

음성 듣기

Unit
12

1부

日本語で何といいますか

일본어로 뭐라고 합니까?

2부

ググる

구글로 검색하다

주요 학습 내용

1부

1. 日本語で何といいますか。
2. 日本語で何？
3. 심화 학습
4. 학습 평가

2부

1. 일본어의 외래어와 유행어
2. 일본의 젊은이 말
3. 생각해 보기
4. 학습 평가

학습 목표

- 동사의 て형 활용의 종류를 이해하고 설명할 수 있다.
- 외래어 표기에 대한 규정을 이해하고 설명할 수 있다.
- 일본어 속의 외래어와 유행어를 이해하고 사용할 수 있다.
- 일본어 속의 외래어와 유행어에 담긴 문화적 특징을 설명할 수 있다.

1부 日本語で何といいますか

일본어로 뭐라고 합니까?

포인트 일본어로 뭐라고 하는지, 한자를 어떻게 읽는지 등에 대해 물어보는 표현을 학습합니다.

정중체	車にガソリンを入れるところを日本語で何といいますか。 ガソリンスタンドのことですね。	보통체	これは日本語で何？ アプリケーションを略して「アプリ」というの。

회화 1

日本語で何といいますか 〔97〕

鈴木	会社の車にガソリンを入れてほしいですけど、時間、大丈夫ですか。
金漢	じゃ、注油所に行ってから退社しますね。
鈴木	え？ どこ行くんですか。
金漢	え？ 車にガソリンを入れるところを日本語では何といいますか。
鈴木	あ、ガソリンスタンドのことですね。 英語ではガスステーションといいますよね。
金漢	ガソリンスタンドも和製英語ですか。 サラリーマンとかもそうですよね。
鈴木	よく知っていますね。韓国でも使いますか。
金漢	はい、そうです。

| 단어 및 표현 | 〔98〕

- 車くるま 자동차
- ガソリン 기름, 가솔린
- 入いれる 넣다
- ～てほしい ~해 주었으면 한다
- 退社たいしゃ 퇴근

- ガソリンスタンド 주유소
- 英語えいご 영어
- 和製英語わせいえいご
  일본식 영어 (일본에서 만들어 낸 영어)
- サラリーマン 샐러리맨

- ～とか ~(이)라든가, ~등
- よく 잘, 자주
- 知しる 알다
- 使つかう 사용하다

주요 표현

1 **車くるまにガソリンを入いれてほしいですけど** 차에 기름을 넣어 줬으면 하는데요

- ガソリンを入れる : (차에) 기름을 넣다　　　油を入れる (×)
  참고 ガス欠けつ : 차에 기름이 떨어짐

- 〜が + ほしい : 〜을/를 가지고 싶다

  〜てほしい : (상대방이) 〜을/를 해 주었으면 한다
  예 新あたしい車くるまがほしい。 새 차를 가지고 싶다.

  ワインを買かってほしい。 와인을 사 주었으면 한다.

2 **注油所チュウユウジョに行いってから退社たいしゃしますね** 주유소에 갔다가 퇴근하겠습니다

- ガソリンスタンド(○)　　　　　注油所チュウユウジョ(×)
- 行いく 가다 + てから 한 후, 하고 나서 → 行いってから 간 후, 가고 나서
- 퇴근 : 退社たいしゃ・退勤たいきん
  퇴사 : 退職たいしょく

3 **ガソリンスタンドのことですね** 가솔린 스탠드를 말하는 거군요

- 〜のこと : 「の」의 앞에 오는 명사를 받아, 그에 관련된 총체적인 것을 가리킨다.
  예 試験しけんのことを話はなす。 시험에 관해 이야기하다.

  あなたのことが好すき。 너를 좋아해.

  タイガーとはトラのことをいう。 타이거라면 호랑이를 말해.

4 **和製英語わせいえいごですか。サラリーマンとかもそうですよね**
일본식 영어입니까? 샐러리맨 같은 것도 그런 거죠?

- 和製英語わせいえいご : 일본에서 만들어진 영어(실제 영어권에서는 사용하지 않음)
- 〜とか : 〜같은 것, 〜등
  2개 이상의 단어를 나열하여 열거할 때 쓰인다. 하나의 단어에 붙는 경우는 대표적인 예를 들어 그것과 같은 종류에 해당하는 것이 많다는 것을 나타낸다.

회화 2

これは日本語で何？ 🎧99

金漢 陽子、この漢字、何と読むの？

陽子 ちょっと見せて。これは「ちょう」と読むの。
「べんり」は知っているよね。
「とても便利だ」という意味なの。

金漢 じゃ、これは日本語で何？

陽子 アプリケーションを略して「アプリ」というの。

金漢 何かかわいい感じだね。
韓国とは略し方が違うから難しいけど。

참고 🔖

• 超便利 매우 편리함
「超」는 '매우, 굉장히'라는 의미의 접두어로 사용하기도 한다.

|단어 및 표현| 🎧100

• 漢字かんじ 한자

• 読よむ 읽다

• ちょっと 잠시, 조금

• 見みせる 보여 주다

• 超ちょう 초~(정도가 심함을 나타내는 접두어)

• アプリケーション 어플리케이션

• 略りゃくする 생략하다, 줄이다

• 何なんか 뭔가, 왠지

• かわいい 귀엽다

• 感かんじ 느낌

• 略りゃくし方かた 줄이는 방법

• 違ちがう 다르다, 틀리다

주요 표현

1 ちょっと見せて 잠시 보여줘

- 見る 보다 – 見える 보이다 – 見せる 보여 주다

  예 新聞を見る。 신문을 보다.
  富士山が見える。 후지산이 보이다.
  チケットを見せる。 티켓을 보여 주다.

- 2그룹 동사 어간 + 접속 조사 て

  '~하고, ~해서'의 의미로 뒤 내용과 연결하는 역할을 한다. 뒤에 아무것도 오지 않고 문장 종결형이 되면 가벼운 명령형의 의미가 되기도 한다.

2 「ちょう」と読むの。「べんり」は知っているよね '초'라고 읽어. '편리'는 알고 있지?

- ~と読む : ~(이)라고 읽다
- 知る 알다 + ている 하고 있다 → 知っている 알고 있다

  1그룹 동사 중 う・つ・る로 끝나는 동사의 어간 + っている

  예 歌う 노래하다 → 歌っている 노래하고 있다
  待つ 기다리다 → 待っている 기다리고 있다
  乗る 타다 → 乗っている 타고 있다

3 略して「アプリ」というの 줄여서 '앱'이라고 해

- 3그룹 동사 する + て → して 하고, 해서

  예 略する 생략하다 → 略して 생략하고, 생략해서
  勉強する 공부하다 → 勉強して 공부하고, 공부해서
  デートする 데이트하다 → デートして 데이트하고, 데이트해서

- ~と言う : ~(이)라고 (말)하다

4 韓国とは略し方が違うから 한국과는 생략하는 법이 달라서

- 동사 ます형 + 方 : ~하는 방법

  예 読む 읽다 → 読み方 읽는 방법
  食べる 먹다 → 食べ方 먹는 방법
  する 하다 → しかた 하는 방법

1부 日本語で何といいますか 2부 ググる 193

(1) 동사의 て형

동사를 한국어의 '~하고, ~해서'의 의미로 나타내기 위해서는 동사에 접속 조사 「て」를 연결하여 표현하는데, 이때 일어나는 동사의 어미 변화(활용) 형태를 「て형」이라고 말한다.

3그룹 동사	する → して 来る → 来て
2그룹 동사	동사의 어미 「る」를 떼고, 「て」를 붙인다. 예 食べる → 食べて 見る → 見て
1그룹 동사	동사의 어미에 따라 형태가 달라지는데, 발음하기 편하게 변화하는 '음편' 현상이 발생한다. ① う·つ·る → って 　예 会う → 会って 待つ → 待って 乗る → 乗って 　　*帰る → 帰って (예외 1그룹 동사) ② ぬ·む·ぶ → んで 　예 死ぬ → 死んで 読む → 読んで 遊ぶ → 遊んで ③ く → いて 　예 書く → 書いて 예외 行く → 行って ④ ぐ → いで 　예 急ぐ → 急いで ⑤ す → して 　예 話す → 話して

예 私は毎朝顔を洗ってご飯を食べます。 나는 매일 아침 얼굴을 씻고 밥을 먹습니다.

朴さんは自転車に乗って学校へ行きます。 박 씨는 자전거를 타고 학교에 갑니다.

朝は5時に起きて、夜は9時に寝ます。 아침에는 5시에 일어나서 밤에는 9시에 잡니다.

夜はお菓子を食べてビールを飲みます。 밤에는 과자를 먹고 맥주를 마십니다.

日本に来て何年目ですか。 일본에 와서 몇 년째입니까?

(2) 가타카나 외래어 표기와 발음
· 알파벳으로 표기했을 때의 스펠링(혹은 발음 기호)에 따라 표기하는 경우가 많다.
· 외래어 혹은 외국의 지명·인명을 가타카나로 표기할 경우 기본 법칙이 있다.

① 장음 표기 규정
단어 끝에 '모음 + r (~er,~or,~ar)' 혹은 '~y'가 오면 장음

> 예 computer コンピューター 컴퓨터
>
> elevator エレベーター 엘리베이터
>
> calendar カレンダー 달력
>
> accessory アクセサリー 액세서리
>
> energy エネルギー 에너지

② 'V'음은 バ(ヴァ)·ビ·ブ·ベ·ボ로 표기

> 예 event イベント 이벤트
>
> service サービス 서비스

③ 'ti' 'di' 음은 ティ·ディ로 표기

> 예 antique アンティーク 앤틱
>
> director ディレクター 디렉터

참고

チ·ジ·テ·デ 등으로 굳어진 단어들도 있다.
예 anti- アンチ 안티   radio ラジオ 라디오

④ 'fo' 'pho'는 フォ로 표기

> 예 information インフォメーション 인포메이션
>
> folder フォルダー 폴더

⑤ th의 [θ]와 [ð]는 サ · ザ

> 예 Thank you サンキュー 땡큐(감사합니다)
>
> mother マザー 마더(어머니)

학습 평가

01 다음 동사를 「て형」으로 바꾸어 ( ) 안에 써 보세요.

(1) メールを書く ➡ メールを (　　　　　) います.　메일을 쓰고 있습니다.

(2) 日本語を教える ➡ 日本語を (　　　　　) います.　일본어를 가르치고 있습니다.

(3) 勉強をする ➡ 勉強を (　　　　　) います.　공부를 하고 있습니다.

(4) 図書館へ行く・本を読む

➡ 図書館へ (　　　　) 本を (　　　　) 宿題をします.
도서관에 가서 책을 읽고 숙제를 합니다.

(5) 家へ帰る・テレビを見る ➡ 家へ (　　　　) テレビを (　　　　) 寝ます.
집에 돌아가서 텔레비전을 보고 잡니다.

02 다음 보기에서 알맞은 것을 골라 빈칸에 써 보세요. (중복 사용 가능)

と読む　　という　　のこと　　とかも

(1) 金漢　車にガソリンを入れるところを日本語では何といいますか.
차에 기름을 넣는 곳을 일본어로는 뭐라고 말합니까?

鈴木　あ、ガソリンスタンド (　　　　) ですね.　아, 가솔린 스탠드를 말하는 거군요.

(2) 金漢　ガソリンスタンドも和製英語ですか.サラリーマン (　　　　) そうですよね.
가솔린 스탠드도 일본식 영어입니까? 샐러리맨 등도 그런 거죠?

(3) 金漢　陽子、この漢字、何 (　　　　) の?　요코, 이 한자, 뭐라고 읽어?

(4) 陽子　ちょっと見せて.これは「ちょう」(　　　　) の.　잠깐 보여 줘. 이건 '초'라고 읽어.
「とても便利だ」(　　　　) 意味なの.　'매우 편리하다'라는 뜻이야.

03 다음 대화의 우리말에 맞도록 빈칸에 들어갈 알맞은 표현을 써 보세요.

(1) 鈴木　会社の車にガソリンを (넣어 줬으면 → 　　　　) ですけど、時間大丈夫ですか.

金漢　じゃ、注油所に (갔다가 → 　　　　) 退社しますね.

鈴木　え? どこ (간다구요? → 　　　　) か.

(2) 金漢　これは日本語で何?

陽子　アプリケーションを (줄여서 → 　　　　)「アプリ」というの.

金漢　何かかわいい感じだね. 韓国とは (줄이는 방법 → 　　　　) が違うから難しいけど.

196　Unit 12

2부 ググる

구글로 검색하다

포인트 일본어 속의 외래어와 유행어, 젊은이 말의 종류와 특징을 이해할 수 있습니다.

- 일본 문화 속의 일본어 – 일본어의 외래어와 유행어
- 이미지로 보는 일본 문화 – 일본의 젊은이 말

일본 문화 속의 일본어

일본어의 외래어와 유행어(日本語にほんごの外来語がいらいごと流行語りゅうこうご)

✳ 일본어에는 어떤 외래어가 있나요?

- 일본어에는 외국어에서 말을 빌려 온 외래어가 많다. 중국어(한자어)에서 차용한 단어는 수가 방대하고 한자로 표기하기 때문에 외래어라는 인식이 약하고, 외래어란 주로 미국이나 유럽에서 들어온 단어를 가리키며 가타카나(カタカナ)로 표기한다. 현재는 ストライキ(파업), デパート(백화점), カレーライス(카레라이스) 등 영어에서 차용한 외래어가 많다.

- 외국 문화의 새로운 사물이나 사상과 함께 유입된 말에 대응하는 일본어가 없는 전문 용어가 많다. 새로움이나 고급스러움을 강조하기 위해 외래어를 사용하기도 한다. 예를 들어 화장실(お手洗いおてあらい)이라는 말을 WC나 トイレ와 같이 완곡하게 표현한다.

- 국가별 외래어

  ① 16세기 포르투갈어 : 기독교나 상업에 관한 말

  ② 17세기 ~ 19세기 말 : 영어, 프랑스어, 러시아어

  ③ 프랑스어 : 복식, 요리, 외교, 정치 관련 용어

  ④ 독일어 : 의학, 인문 과학, 등산, 스키 용어

  ⑤ 이탈리아어 : 음악, 식물 관계의 용어

  ⑥ 일본인이 만들어 낸 외래어 : 「일본제 영어(和製英語わせいえいご)」라고 한다.

  > 예 ガソリンスタンド 주유소
  >
  > ナイター 야간 게임
  >
  > アフターサービス 애프터 서비스

✳ 일본어에도 아파트라는 말이 있나요?

아파트(アパート)

아파트

- 영어의 아파트먼트 하우스(apartment house)에서 유래한 말로 원래는 새로운 서양식 공동 주택의 의미로 쓰이던 좋은 이미지의 단어가 저렴한 월세집의 의미로 변화했다. 현재 한국의 아파트와는 다른 이미지이다.

- 역사

  ① 1910년

  アパートメントハウス, アパートメント, アパート 등의 이름이 있었다. 東京とうきょう의 上野うえの에 세워진 上野倶楽部うえのクラブ가 일본 서양식 아파트의 시초로 畳たたみ 6장과 4장 반의 방 2개였으며, 대부분 2층짜리 목조 건물이었고 세대별 면적도 협소했다.

  ② 1923년

  - 아파트가 일반화된 것은 관동대지진(関東大震災かんとうだいしんさい) 이후로, 지진 대비를 위해 철근 콘크리트가 사용되기 시작했다.

  - 1923년 도쿄의 御茶ノ水おちゃのみず에 등장한 文化ぶんかアパート는 지하실이 있는 5층짜리 건물로 각 세대에 침실 2개와 거실 겸 식당, 부엌이 있었으며 입식 생활이 가능했다. 같은 해 도쿄의 青山あおやま와 渋谷しぶや에 철근 콘크리트 아파트가 처음 등장했다.

  ③ 1945년

  전후에도 아파트는 서양풍의 고급스럽고 편리한 주택 이미지와 저렴한 주택의 이미지가 공존했다.

  ④ 1950년

  고도 경제 성장기로 정부가 전국에 철근 콘크리트 아파트를 지어 공무원 등에게 보급했지만, 수요가 낮아 민간 업자들에게 임대를 목적으로 주택 사업을 장려했다. 하지만, 자본이 부족한 민간 주택 업자들은 비용이 저렴한 2층짜리 목조 아파트를 지어 서민에게 월세로 공급하게 된다.

  ⑤ 1970년 이후

  - 경제 사정이 좋아지자 민간 주택 건설업자들은 윤택한 일반인을 대상으로 고급 아파트를 지어 분양하게 된다. 대부분 10층 이상의 철근 콘크리트 건물로 각 집마다 방이 2, 3개씩 있고 거실과 부엌, 화장실, 목욕탕이 있는 구조이다.

  - 종래의 아파트와 차별화 된 고급 주택으로 고가 판매를 위해 맨션(マンション mansion), 하이츠(ハイツ heights), 팰리스(パレス palace), 그랑드 메종(グランドメゾン grande maison) 등의 새로운 명칭을 사용하게 된다.

출처 참고문헌 ⑩

이미지로 보는 일본 문화

❋ 일본에는 어떤 새로운 말이 있나요?

> **若者言葉**わかものことば

- 10대와 20대의 젊은 세대가 일상적으로 사용하는 언어이다. 텔레비전 광고나 드라마 대사 등이 유행어가 되어 일상화되기도 한다.

- 말을 거꾸로 하거나(種 : たね → ねた), 일부러 특정한 음을 빼는 것(ら抜き言葉らぬきことば : 見みられる → 見みれる) 등이 있다.

- 젊은이 말을 사용함으로써 자신들의 결속감을 단단히 하고 기성세대에 대한 반항과 대항의 자세를 나타내며, 자신들의 정서적인 의욕 부진을 표출하기도 한다.

> **일본 젊은이들 유행어의 특징**

- 단정적인 표현을 사용하는 것을 꺼리고 애매한 표현을 사용한다. 이는 상대와의 대립을 피하고 직접적으로 책임을 지지 않으려는 모습이 언어 생활에 반영된 것이다.

> 예 ① A 何なにをしていますか。 무슨 일 하고 있어요?
>   B 一応いちおう、学生がくせいです。 일단은 학생입니다.
>
> ② それ、美味おいしい？ 그거 맛있어?
>   おいしくなくない？ 맛없지 않아?
>
> ③ ～みたいなあ ~와 같지 않을까?
>
> ④ ～かもしれない ~일지도 모른다
>
> ⑤ 微妙びみょう 미묘, 애매함
>
> ⑥ ～的てきな ~적인
>
> ⑦ ～って感かんじ ~인 듯한 느낌

- 도쿄의 여고생들이 의도적 혹은 재미로 또래 언어로 방언을 즐겨 사용하여 방언적 요소가 유행하게 된다.

  ① 大阪方言おおさかほうげん : めっちゃ 엄청

  ② 中部方言ちゅうぶほうげん : ～じゃん(か) 하지 않아? 등

  ③ 超ちょう : '상당히, 정말로' 등 강조를 나타내기 위해 붙이는 접두사

> 예 • 超特急ちょうとっきゅう 초특급
>   • 超感動ちょうかんどうした 매우 감동했다
>   • 超ちょうびっくりした 매우 놀랐다
>   • 超ちょうつかれた 상당히 피곤하다

④ マジ : 원래 '성실(真面目まじめ)'이라는 의미이지만 超ちょうなめっちゃ처럼 강조의 의미로 사용되는 경우가 많다.

> (예)
> - マジびびった 정말 쫄았다
> - マジむかついた 아주 화가 났다
> - それマジで? 그거 진짜야?

⑤ ヤバイ : 원래는 '좋지 않다, 굉장히 안 좋은 상태에 빠져 있다'는 의미의 단어이지만, 최근에는 의미가 확대되어 예상과 반대의 결과에 놀라고 충격을 받았을 때에도 사용한다.

> (예)
> - やばいおいしい 굉장히 맛있다
> - やばいかわいい 굉장히 귀엽다

✹ 일본인들이 좋아하는 일본어에는 어떤 것이 있나요?

일본인이 좋아하는 한자 베스트10		일본인이 좋아하는 말 베스트10	
1위	心しん・こころ	1위	ありがとう 고마워
2위	愛あい	2위	思いやりおもいやり 배려
3위	和わ	3위	健康けんこう 건강
4위	誠せい・まこと	4위	平和へいわ 평화
5위	楽らく・たのしい	5위	やさしさ 친절함・다정함
6위	夢む・ゆめ	6위	正直しょうじき 정직
7위	真しん・ま	7위	幸福こうふく 행복
8위	美び・うつくしい	8위	元気げんき 건강
9위	幸こう・しあわせ	9위	明るいあかるい 밝다
10위	優ゆう・やさしい	10위	素直すなお 솔직함

출처 참고문헌 ②

memo

- 일본 젊은이들의 유행어를 조사해 보세요.

> 예　① **ネッ友**とも : 커뮤니티 사이트, SNS, 게시판 또는 인터넷 채팅방 등에서 알게 된 친구나 인간관
> 계를 가리킨다.
>
> ② **ググる** : 인터넷 검색 사이트 Google을 통해 검색한다는 의미의 동사이다.
>
> ③ **ツンデレ** : 앞에서는 차갑고 퉁명스럽거나 쌀쌀맞게 대하지만 본심은 상대를 좋아하고 있는 캐
> 릭터를 규정하는 표현으로, 연애 등의 인간관계에 있어 본심과 달리 솔직하지 못한
> 것을 나타내는 말이다.

학습 평가

01 일본어의 외래어 및 유행어와 관련된 일본어의 읽기를 연결해 보세요.

(1)	上野	•	• しぶや
(2)	関東大震災	•	• びみょう
(3)	渋谷	•	• ちょうかんどう
(4)	若者言葉	•	• うえの
(5)	微妙	•	• ちょうとっきゅう
(6)	超特急	•	• わかものことば
(7)	超感動	•	• まじめ
(8)	真面目	•	• かんとうだいしんさい

02 일본어의 외래어와 유행어의 특징에 대한 설명 중 <u>틀린</u> 것을 고르세요.

① ガソリンスタンド(주유소), ナイター(야간 게임), アフターサービス(애프터 서비스) 등은 외국
어를 기초로 하여 일본에서 독자적으로 만들어 낸 것이다.

② 일본에서는 전후에도 아파트가 서양풍의 편리한 주택 이미지와 저렴한 주택의 이미지를 함께 가지
고 있었다.

③ 일본 젊은이들 유행어의 특징 중 하나는 단정적인 표현을 사용하는 것을 꺼리고 애매한 표현을 즐
겨 사용한다는 점이다.

④ マジ라는 말은 원래는 '좋지 않다, 굉장히 안 좋은 상태에서 빠져 있다'라는 의미였지만, 이제는 쓰
이지 않는 말이 되었다.

Unit 13

1부

教えてくれませんか
おし

가르쳐 주지 않을래요?

2부

おもいやり

배려

주요 학습 내용

1부

1. 教えてくれませんか。
   おし
2. 教えてくれる？
   おし
3. 심화 학습
4. 학습 평가

2부

1. 일본의 배려와 매너
2. 맞장구 표현
3. 생각해 보기
4. 학습 평가

학습 목표

• 동사의 て형을 이용하여 의뢰하는 표현을 이해하고 구사할 수 있다.
• 和의 의미, 맞장구, 영역 의식 등 일본인의 언어 습관에 대해 설명할 수 있다.
  わ
• 일본인의 배려 및 매너와 관련된 표현을 이해하고 맞장구 표현을 사용할 수 있다.

1부 教えてくれませんか
おし

가르쳐 주지 않을래요?

포인트 동사의 て형을 이용하여 길을 물어보는 표현을 학습합니다.

정중체 博物館への道を教えてくれませんか。
はくぶつかん　みち　おし

보통체 博物館への道、教えてくれる？
はくぶつかん　みち　おし

회화 1

教えてくれませんか 🎧101
おし

キムハン
金漢 すみません。江戸東京博物館への道を教えてくれませんか。
え　ど とうきょうはくぶつかん　みち　おし
地図はありますが、間違っているようで。
ちず　　　　　　　　　まちが

おんな ひと
女の人 江戸東京博物館ですか。あそこに信号が見えますね。
え ど とうきょうはくぶつかん　　　　　　しんごう　み

キムハン
金漢 はい。

おんな ひと
女の人 あの信号を右へ曲がって、二つ目の角を左へ曲がってください。
しんごう　みぎ　ま　　　ふた　め　かど　ひだり　ま

キムハン
金漢 すみませんが、もう少しゆっくり話してくれませんか。
すこ　　　　　　　はな

おんな ひと
女の人 あ、すみません。あの信号を右へ曲がって、
しんごう　みぎ　ま
二つ目の角を左へ曲がってください。
ふた　め　かど　ひだり　ま

キムハン
金漢 右へ曲がって、二つ目の角を左ですね。ありがとうございます。
みぎ　ま　　　ふた　め　かど　ひだり

| 단어 및 표현 | 🎧102

- 江戸東京博物館
  えどとうきょうはくぶつかん 에도 도쿄 박물관
- 道みち 길
- 教おしえる 가르치다
- 地図ちず 지도
- 間違まちがう 틀리다

- 〜ようだ ~인 것 같다
- 信号しんごう 신호등
- 見みえる 보이다
- 右みぎ 오른쪽
- 曲まがる 돌다
- 二ふたつ目め 두 번째

- 角かど 길모퉁이, 모난 곳
- 左ひだり 왼쪽
- もう少すこし 조금 더
- ゆっくり 천천히
- 話はなす 이야기하다

---

204 Unit 13

주요 표현

1 **博物館はくぶつかんへの道みちを教おしえてくれませんか**
박물관 (가는) 길을 가르쳐 주지 않겠습니까?

- **〜ませんか** : ~하지 않겠습니까? 〈청유 또는 부탁하는 표현〉
  - (예) 明日あした、ドライブに行いきませんか。　내일 드라이브 하러 가지 않겠습니까?

- **くれる** : (다른 사람이 나 혹은 내 가족에게) 주다

- **くれる의 활용과 의문 표현**

くれる 주다	くれない 주지 않다	くれない? 주지 않을래?
くれます 줍니다	くれません 주지 않습니다	くれませんか? 주지 않겠습니까?

- **동사 て형+てくれる** : (다른 사람이 나 혹은 내 가족에게) ~해 주다
  - (예) ここに電話番号でんわばんごうを書かいてくれませんか。　여기에 전화번호를 적어 주지 않겠습니까?

2 **地図ちずはありますが、間違まちがっているようで**　지도는 있습니다만, 틀린 것 같아서

- **間違まちがう** : 틀리다, 옳지 않다
  주로 「〜ている」가 붙어 「間違まちがっている 틀렸다」의 형태로 사용된다.

- **〜ようで** : ~인 듯 해서
  「〜ようだ ~인 듯 하다(추측)」의 연결형
  - (예) 明日あすは雪ゆきが降ふるようです。　내일은 눈이 내릴 것 같습니다.
  - 世よの中なかは広ひろいようで狭せまい。　세상은 넓은 듯 하지만 좁다.

3 **二ふたつ目めの角かどを左ひだりへ曲まがってください**
두 번째 모퉁이를 왼쪽으로 돌아 주세요

- **숫자 + 目め** : ~째 〈순서를 나타내는 표현〉
  - (예) 一ひとつ目め 한 개째　　二ふたつ目め 두 개째　　三みっつ目め 세 개째

- **〜てください** : ~해 주세요
  접속 조사 「て」에 '주십시오(주세요)'라는 의미의 「ください」가 결합된 것으로, 상대방에게 어떤 동작을 의뢰하거나 명령하는 표현이다.
  - (예) A　すみませんが、駅えきはどこですか。　죄송하지만, 역은 어디입니까?
  - B　まっすぐ行いって、右みぎへ曲まがってください。　곧장 가서 오른쪽으로 도세요.

教えてくれる？ 🎧103

金漢 _{キムハン}	明日、江戸東京博物館に行くつもりだけど、 陽子は行かないよね。
陽子 _{ようこ}	うん、ごめんね。 来週、テストあるから無理。
金漢 _{キムハン}	じゃ、博物館までの道、教えてくれる？
陽子 _{ようこ}	いいよ。スマホの地図アプリ見せて。まず、電車から。 ハンちゃんはもう乗り換えは大丈夫だよね。
金漢 _{キムハン}	うん、まあ、このアプリがあるから、道は大丈夫だな。
陽子 _{ようこ}	あ、そうだ。 ミュージアムショップにきれいな小物がいっぱいあるから、 かわいいもの買ってきて！

|단어 및 표현| 🎧104

- ～つもり ~할 작정, ~할 생각
- ごめん 미안해
- テスト 시험, 테스트
- 無理むり 무리
- スマホ 스마트폰
- アプリ 어플리케이션
- 見みせる 보여주다
- まず 우선
- 電車でんしゃ 전차, 전철
- ミュージアムショップ 뮤지엄숍
- 小物こもの 작은 장신구 등의 물건, 잡화
- 買かう 사다

주요 표현

1 江戸東京博物館えどとうきょうはくぶつかんに行いくつもりだけど
에도 도쿄 박물관에 갈 생각인데

- 동사 기본형 + つもり : ~할 작정, ~할 생각
  확실하지 않은 예정으로, 자신의 주관적인 생각이나 의지 등을 표현할 때 사용한다.
  - (예) 来週らいしゅうからダイエットするつもりです。 다음 주부터 다이어트할 작정입니다.
    土曜日どようびに友ともだちと映画えいがを見みるつもりです。 토요일에 친구와 영화를 볼 생각입니다.

2 博物館はくぶつかんまでの道みち、教おしえてくれる? 박물관까지 가는 길, 가르쳐 줄래?

- くれる : (다른 사람이 나 혹은 내 가족에게) 주다
  - (예) 友ともだちは私わたしに本ほんをくれる。 친구는 나에게 책을 준다.

- 동사 て형 + くれる : (다른 사람이 나 혹은 내 가족에게) ~해 주다
  - (예) 彼かれは私わたしに花はなを買かってくれる。 그는 나에게 꽃을 사준다.
    ペンを貸かしてくれる? 펜을 빌려줄래?

3 スマホの地図ちずアプリ見みせて 스마트폰의 지도 앱 보여 줘

- 외래어의 줄임말
  - (예) スマートフォン   → スマホ 스마트폰
    アプリケーション   → アプリ 어플리케이션
    コンビニエンスストア   → コンビニ 편의점
    パーソナルコンピューター → パソコン 컴퓨터

- 見みせる + て형 → 見みせて : 보여줘
  て형 자체로 가벼운 명령이나 부탁의 의미로 사용하기도 한다.

4 かわいいもの買かってきて! 귀여운 거 사 와!

- 買かう 사다 + て형 + くる 오다 → 買かってくる 사 오다
- ~てくる : ~해 오다
  - (예) 買かい物ものに行いってくる。 쇼핑 하러 갔다 오다.

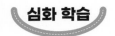

(1) 동사 て형을 활용한 문형

① 「〜てください」 : ~해 주세요, ~하세요

접속 조사 「て」에 '주십시오(주세요)'라는 의미의 「ください」가 결합된 것으로 상대방에게 어떤 동작을 의뢰하거나 명령하는 표현이다. 손윗사람에게 공손히 부탁할 경우에는 사용하지 않는 편이 좋으며, 손아랫사람이나 친한 사이에는 「ください」를 생략하고 「〜て」의 형태로만 사용하기도 한다.

> 예 ぜひ遊びに来てください。　꼭 놀러 오세요.
>
> ➡ ぜひ遊びに来て。　꼭 놀러 와.
>
> この本、貸してください。　이 책 빌려주세요.
>
> ➡ この本、貸して。　이 책 빌려줘.
>
> もう一度話してください。　한번 더 이야기해 주세요.
>
> ➡ もう一度話して。　한번 더 이야기해 줘.

참고

대표적인 의뢰 표현이지만, 실제 회화에서 사용할 때는 '명령'에 가까운 상황에서 많이 사용된다.

> 예 トイレをきれいに使ってください。　화장실을 깨끗하게 사용해 주세요.
>
> ここで降りてください。　여기서 내리세요.

실제 의뢰의 표현으로는 「〜てくれませんか」나 더욱 정중한 표현인 「〜てくださいませんか」를 많이 사용한다.

> 예 この本、貸してくれませんか。　이 책 빌려 주지 않겠어요?
>
> もう一度話してくださいませんか。　한번 더 이야기해 주시지 않겠습니까?

② 「〜ていく」 : ~해 가다

어떤 상황이 현재에서 미래로 변화되어 가는 과정을 완만하게 나타내는 표현이다. 회화체에서는 「い」가 생략되어 「〜て(で)く」라고도 표현한다.

> 예 日本の生活にだんだん慣れていきました。　일본 생활에 점차 익숙해져 갔습니다.
>
> これからもゴミは増えていきます。　앞으로도 쓰레기는 늘어갑니다.

③「〜てくる」: ~해 오다

과거의 어떤 상황이 변화하여 현재의 상황으로 진행되어 오는 과정을 완만하게 나타내는 표현이다.
어떤 사태에 대한 변화의 시작, 기점을 나타내기도 한다.

> 예) 日が暮れてきます。 날이 저물어 옵니다.
>
> 急に雨が降ってきました。 갑자기 비가 내리기 시작했습니다.

④ 그 밖의 て문형

- 「〜てみる」: ~해 보다
  > 예) この料理は私が食べてみるね。 이 음식은 내가 먹어 볼게.

- 「〜てしまう」: ~해 버리다
  > 예) ビールを全部飲んでしまいました。 맥주를 전부 마셔 버렸습니다.

- 「〜ておく」: ~해 두다(놓다)
  > 예) 明日までに考えておきます。 내일까지 생각해 두겠습니다.

(2) '다르다'라는 의미를 가진 표현

- 間違う : '잘못되다, 틀리다'라는 오류의 의미로 사용한다.
  > 예) この手紙は住所が間違っている。 이 편지는 주소가 틀려 있다.

- 違う : '아니다, 틀리다, 다르다' 등 맞지 않는다는 표현에 광범위하게 사용한다.
  > 예) 計算が違う。 계산이 틀리다.
  >
  > 習慣が違う。 습관이 다르다.

- 異なる : '서로 다르다'라는 의미로 사용한다.
  > 예) 兄弟でも性格が異なる。 형제라도 (서로) 성격이 다르다.

학습 평가

01 다음 동사를 (　　) 안에 들어갈 적당한 형태로 바꾸어 써 보세요.

(1) ぜひ遊^{あそ}びに (　　　) ください。(来^くる) 부디 놀러 와 주세요.

(2) 虫^{むし}が窓^{まど}から (　　　　) きました。(入^{はい}る) 벌레가 창문으로 들어왔습니다.

(3) 彼^{かれ}は私^{わたし}に花^{はな}を (　　　　) くれる。(買^かう) 그는 나에게 꽃을 사준다.

(4) この本^{ほん}、(　　　　)。(貸^かす) 이 책, 빌려줘.

02 다음 보기 중 (　　) 안에 들어갈 알맞은 것을 골라 써 보세요.

つもり　　　ようで　　　もう　　　少^{すこ}し　　　ゆっくり

(1) 地下鉄^{ちかてつ}の駅^{えき}までの道^{みち}がわかりません。地図^{ちず}はありますが、間違^{まちが}っている (　　　　　)。
지하철 역까지 가는 길을 모르겠습니다. 지도는 있지만, 틀린 것 같아요.

(2) すみませんが、(　　　　　) (　　　　　) (　　　　　) 話^{はな}してくれませんか。
죄송하지만, 조금 더 천천히 말해 주지 않겠습니까?

(3) 明日^{あした}、博物館^{はくぶつかん}に行^いく (　　　　　) だけど、陽子^{ようこ}は行^いかないよね。
내일 박물관에 갈 생각인데, 요코는 안 갈 거지?

03 다음 대화의 우리말에 맞도록 빈칸에 들어갈 알맞은 표현을 써 보세요.

(1) 金漢^{キムハン}　すみません。江戸東京博物館^{えどとうきょうはくぶつかん}への道^{みち}を
　　　　(가르쳐 주지 않겠습니까? → 　　　　　　　　)。

女の人^{おんなひと}　江戸東京博物館^{えどとうきょうはくぶつかん}ですか。あそこに信号^{しんごう}が (보이지요? → 　　　) ね。
　　　　あの信号^{しんごう}を右^{みぎ}へ曲^まがって、二^{ふた}つ目^めの角^{かど}を左^{ひだり}へ (돌아 주세요 → 　　　　)。

金漢^{キムハン}　すみませんが、もう一度^{いちど} (가르쳐 주지 않겠습니까? → 　　　　　　　)。

(2) 金漢^{キムハン}　陽子^{ようこ}、博物館^{はくぶつかん}までの道^{みち}、(가르쳐 줄래? → 　　　　　)?

陽子^{ようこ}　いいよ。スマホの地図^{ちず}アプリ (보여 줘 → 　　　)。
　　　　ミュージアムショップにきれいな小物^{こもの}がいっぱいあるから、
　　　　かわいいもの (사 와 → 　　　　　　)！

2부 おもいやり

배려

포인트 일본인의 배려와 매너를 이해하고 맞장구 표현을 사용할 수 있습니다.

- 일본 문화 속의 일본어 – 일본인의 배려와 매너
- 이미지로 보는 일본 문화 – 맞장구 표현

일본 문화 속의 일본어

일본인의 배려와 매너(日本人にほんじんの配慮はいりょとマナー)

❋ 일본어의 和ゎ는 무엇인가요?

- 和ゎ는 '일본'을 의미하는 것으로 和式ゎしき(일본식), 和風ゎふう(일본풍) 등과 같이 표현한다.

  예 • 純和風じゅんわふう(순수 일본풍) • モダン和風ゎふう(현대적 일본풍)

- 일본의 문화에서는 '화합'의 의미로 주로 사용된다. 아직도 일본적 가치로서 가장 중요하게 여겨지며 일본 그 자체, 일본적인 것을 의미하고 일본인의 개성을 형성하는데 있어서도 필수 요소이다.
- 일본의 미술, 건축 등의 예술이나 음식, 복장, 주택 등의 문화에서 일본적인 특색이나 멋을 나타내는 말이다.

和ゎの文化ぶんか

- 일본인은 서로간의 화합을 중요시한다. 和ゎ는 사람들이 밥을 나누어먹는다는 데서 유래한 것으로 일본인은 폐쇄된 섬 안에서 서로 화합하여 사이 좋게 사는 것을 추구한다.

  예 • 和食ゎしょく 일본 음식   • 和室ゎしつ 일본식 방
  　 • 和歌ゎか 일본 전통 시   • 和服ゎふく 일본 옷

- 제1덕목 "타인에게 폐를 끼치지 말라!"

  ① 타인에게 폐(迷惑めいわく)를 끼치는 것을 싫어한다.

  ② 남에게 의지하지 않고 신세(世話せわ) 지지 않으려고 노력한다.

  ③ 타인을 배려(思ぉもいやり)하려 하고 남의 일에 간섭하려 하지 않는다.

✳ 일본에서 의리와 인정은 어떤 의미인가요?

義理ぎり

- 은혜를 입은 상대를 배려(思ぉもいやり)하고 돌보고 때로는 자기를 희생해서까지 상대의 행복을 실현하려는 결심을 의미한다. 이를 소홀히 하면 사회의 일원으로서 한 사람 몫(一人前いちにんまえ)을 하지 못하는 사람으로 간주된다.

- 봉건 사회 속에서 형성된 개념으로 일본의 주종 관계, 부모 자식 관계, 부부 관계 등의 인간관계 속에서 가장 중요시되는 규범이라고 할 수 있다.

- 일상생활에서 義理ぎり의 예

  ① 연하장(年賀状ねんがじょう)

  ② 연말(歳暮せいぼ)과 백중(中元ちゅうげん) 선물(贈り物おくりもの), 답례품(お返しおかえし)

  ③ 은혜 갚기(恩返しおんがえし)

  ④ 밸런타인데이에 평상시 신세를 진 회사의 동료나 상사에게 주는 義理ぎりチョコ

  ⑤ テーマパーク, 温泉おんせん과 같은 여행지에 가서 사 오는 특산품 선물(お土産おみやげ)

   참고 유명한 선물의 경우에는 택배(宅配たくはい)로 주문이 가능하다. 특산품은 어디를 여행했는지 알 수 있도록 지방이나 장소의 이름이 들어가 있다.

  ⑥ 남의 집을 방문할 때 가져가는 자그마한 과자(お菓子おかし) 등의 手土産てみやげ

   참고 일본인들은 선물을 礼儀れいぎ의 하나라고 생각한다.

연하장

데미야게

人情にんじょう

- 義理ぎり에 비해 타인에 대한 감정의 자연스러운 표현으로 상냥하고 배려심이 있는 사람을 '인정이 두텁다(人情にんじょうが厚ぁつい)'라고 평가한다. 義理ぎり와 대비적으로 말하는 경우가 많다.

   참고 義理ぎり와 人情にんじょう는 일본 사회의 인간관계를 통제하고 관리하는 두 가지 요소로 현대 사회에도 계승되고 있다.

✽ 일본 특유의 매너와 배려 문화에는 어떤 것이 있나요?

根回しねまわし : 사전 교섭

- 원래는 나무를 이식하기 쉽도록 옮겨 심기 전에 뿌리 주위의 불필요한 부분을 잘라 잔뿌리를 잘 자라게 해 두는 것을 가리키는데, 비즈니스나 교섭을 할 때에는 사전에 공을 들여 준비를 하고 주위 상황을 탄탄히 하고 나서 실행에 옮기는 상황으로 확대되어 사용된다.
- 뿌리(根ね)처럼 눈에 보이지 않는 곳에서 이루어지는 '뒷거래'라는 의미도 있다.

食事しょくじのマナー 식사 매너

다음과 같은 젓가락 사용은 금기시되어 있다.

> ① 渡し箸わたしばし : 밥공기 위에 젓가락을 벌려서 걸쳐 놓는 것
> ② ねぶり箸ねぶりばし : 젓가락을 입에 넣고 핥는 것
> ③ 迷い箸まよいばし : 어느 것을 먹을 지 고민하면서 젓가락을 움직이는 것
> ④ 刺し箸さしばし : 젓가락으로 음식을 깊이 찌르는 것
> ⑤ 移り箸うつりばし : 이 반찬 저 반찬에 젓가락을 옮기는 것
> ⑥ なめ箸なめばし : 젓가락 끝을 빠는 것

割り勘わりかん 각자 부담

- 일본에서는 애인 사이라도 계산을 각자 하는 커플을 많이 볼 수 있다. 상대에게 금전적인 부담을 끼치지 않고 자신에게도 부담이 오지 않게 하려는 일본인들의 습관으로 최근에는 시대상이 반영되어 상사와 같이 하는 술자리 모임에서도 각자 계산하는 경우가 있다.
- 휴대 전화로 각자 부담을 계산할 수 있는 **割り勘計算**わりかんけいさん 사이트가 있다.
- 선술집(居酒屋いざかや) 등에는 계산할 때 금액을 사람 수로 나눌 수 있도록 전자계산기(**割り勘電卓**わりかんでんたく)가 놓여 있기도 하며, 점원에게 말하면 각자 개인별로 계산해 준다.

출처 참고문헌 ⑧

한국과 일본의 맞장구(相槌 あいづち)

- あいづち는 상대편의 이야기에 관심을 가지고 잘 듣고 있다는 신호로 사용되는 짧은 말이다. 이것은 대화에서 대장장이가 교대로 망치를 두드리는 장면에 빗댈 수 있다.

한국

- 상대편의 이야기가 끝나기를 기다렸다가 자신의 이야기를 시작한다.

> (예) • 응.
> • 그래?
> • 정말?

일본

- 대화 중에 자주 맞장구를 치면서 화자와 청자가 공동으로 대화를 전개해 나가는 습관이 있다.
- 일본인의 맞장구는 상대방의 이야기에 동의한다는 뜻이 아니라 단순히 상대방의 이야기를 듣고 있다는 신호의 의미가 크다. 외국인은 「はい」, 「ええ」, 「うん」, 「はあ」 등의 맞장구를 듣고 찬성의 의미로 오해하는 경우도 발생한다.

> (예) A 今日きょうは暑あついですね。 오늘은 덥네요.
> B そうですね。 그렇네요.

- 한국과 일본의 영역 의식
  - 일본인은 타인의 영역 내에서 행동할 때는 아무리 친한 사이라도 양해를 구해야 한다는 의식이 강한데 비해 한국인은 친한 사이에서는 그다지 영역 구분을 하지 않는 언어 행동 문화의 차이가 있다.

  예1 친한 친구 집에 놀러 갔다가 화장실에 가고 싶으면 어떻게 하는가?

  예2 친한 친구의 초콜릿을 먹을 때 어떻게 하는가?

생각해 보기

- 다음 도서를 참고로 대표적인 일본론 또는 일본인론에 대해 조사해 보세요.

  ① 和辻哲郎わつじてつろう(1929)『風土ふうど』

  ② 루스 베네딕트(Ruth, Benedict)(1946)『菊きくと刀かたな』

  ③ 中根千枝なかねちえ(1967)『タテ社会しゃかいの人間関係にんげんかんけい』

  　　　　　　　　　　(1978)『タテ社会しゃかいの力学りきがく』

  ④ 土居健郎どいたけお(1971)『甘あまえの構造こうぞう』(2001)『続ぞく甘あまえの構造こうぞう』

  ⑤ 이어령(1982)『축소 지향의 일본인』

  ⑥ 오대영(2007)『닛폰 리포트』 중앙북스

土居健郎 (1971)『甘えの構造』

이 책에 따르면 '응석부림'이란 주위 사람에게 사랑 받으면서 의존할 수 있도록 하고 싶다는 일본인 특유의 감정이라고 정의한다. 이 행동을 부모에게 무언가를 요구하는 아이에 비유한다. 또한, 부모와 자식 관계는 인간관계의 이상적인 형태로 다른 인간관계에서도 부모와 자식 관계와 같이 친밀함을 요구해야 한다고 한다. 도이 다케오가 1950년대의 미국 유학 시절에 받은 문화 쇼크를 해석하기 위해 일본을 제대로 분석하려고 시도한 책이다. 그는 '응석부림'에 해당하는 말이 다른 언어에서 발견되지 않는 것에 주목했다. 그러나 이어령은 '응석부림'에 해당하는 말은 한국어에도 있다고 했다. 도이 다케오는 그 후 서양에도 '응석부림'은 있다고 방향을 틀었지만, 결과적으로 논의의 독자성은 없어졌다.

01 일본인의 배려 및 매너와 관련된 일본어의 읽는 법을 알맞게 연결해 보세요.

(1) 和風 ・　　　　　　・ いちにんまえ

(2) 和食 ・　　　　　　・ わりかん

(3) 迷惑 ・　　　　　　・ わしょく

(4) 思いやり ・　　　　　・ おもいやり

(5) 一人前 ・　　　　　　・ めいわく

(6) 恩返し ・　　　　　　・ おんがえし

(7) 手土産 ・　　　　　　・ わふう

(8) 根回し ・　　　　　　・ ねまわし

(9) 割勘 ・　　　　　　・ てみやげ

02 일본인의 배려와 매너의 특징에 대한 설명 중 <u>틀린</u> 것을 고르세요.

① 일본인들은 되도록 남에게 의지하지 않고 신세지지 않으려고 노력하며, 타인을 배려하려 하고 남의 일에 간섭하려 들지 않는다.

② 일본에서는 인간관계를 원만하게 유지하기 위해 물건을 보내고 답례를 하는 의례적인 습관이 지금도 뿌리 깊게 남아 있다.

③ 일본 선술집(居酒屋いざかや) 등에는 계산할 때 금액을 사람 수로 나눌 수 있도록 전자계산기가 놓여 있기도 하다.

④ 일본 사회에서는 상대편의 이야기가 끝나기를 기다렸다가 자신의 이야기를 시작하는 것이 예의로 되어 있는 테니스형 대화 기법이 일반적이다.

종합 연습 문제

01 다음 표에 알맞은 동사의 활용형을 써 보세요. (히라가나로 바꾸어 쓰세요.)

기본형	한국어	부정형(~ない)	て형
会う	만나다	あわない	あって
言う	말하다		
買う	사다		
行く	가다		
書く	쓰다		
話す	이야기하다		
待つ	기다리다		
死ぬ	죽다		
遊ぶ	놀다		
飲む	마시다		
読む	읽다		
分かる	알다		
ある	있다 (사물·식물)		
乗る	타다		
帰る	돌아가(오)다		
入る	들어가(오)다		
切る	자르다		
歩く	걷다		
呼ぶ	부르다		

持<ruby>も</ruby>つ	가지다, 들다		
作<ruby>つく</ruby>る	만들다		
見<ruby>み</ruby>る	보다		
食<ruby>た</ruby>べる	먹다		
寝<ruby>ね</ruby>る	자다		
いる	있다 (사람·동물)		
教<ruby>おし</ruby>える	가르치다		
起<ruby>お</ruby>きる	일어나다		
着<ruby>き</ruby>る	입다		
来<ruby>く</ruby>る	오다		
する	하다		

02 다음 보기 와 같이 빈칸에 들어갈 알맞은 표현을 써 보세요.

보기   一緒に買い物に行く   ➡   一緒に買い物に行かない？

➡   一緒に買い物に行きませんか。

(1) 一緒に映画を見る   ➡ _____ ?

➡ _____ 。

(2) 一緒にごはんを食べる   ➡ _____ ?

➡ _____ 。

(3) 私のうちに来る   ➡ _____ ?

➡ _____ 。

(4) 今日お酒を飲む   ➡ _____ ?

                                    ➡ _____ 。

(5) タクシーに乗る   ➡ _____ ?

                                    ➡ _____ 。

(6) この店に入る   ➡ _____ ?

                                    ➡ _____ 。

03 다음 보기 와 같이 고쳐서 써 보세요.

> 보기 勉強をする ➡ 勉強をしています。

(1) 日本語で話す ➡ _____ 。

(2) カメラを持つ ➡ _____ 。

(3) 友だちを待つ ➡ _____ 。

(4) 赤い服を着る ➡ _____ 。

04 다음 보기 와 같이 「て형」을 써서 한 문장으로 만들어 보세요.

> 보기 渋谷へ行く / 友だちに会う
>
>   ➡ 渋谷へ行って友だちに会います。

(1) 会議は2時にはじまる / 4時に終わる

    ➡ _____ 。

(2) コンビニへ行^いく / お弁当^{べんとう}を買^かう

➡ ＿＿＿＿＿＿＿＿＿＿＿＿＿＿＿＿＿＿＿＿＿＿＿＿＿＿＿＿＿＿＿ 。

(3) プレゼントを持^もつ / 家^{いえ}に帰^{かえ}る

➡ ＿＿＿＿＿＿＿＿＿＿＿＿＿＿＿＿＿＿＿＿＿＿＿＿＿＿＿＿＿＿＿ 。

(4) 遅^{おそ}く起^おきる / 遅刻^{ちこく}した

➡ ＿＿＿＿＿＿＿＿＿＿＿＿＿＿＿＿＿＿＿＿＿＿＿＿＿＿＿＿＿＿＿ 。

05 다음 보기 와 같이 빈칸에 들어갈 알맞은 표현을 써 보세요.

> 보기 おみやげを買^かう ➡ おみやげを買^かってくれる？
>
> ➡ おみやげを買^かってくれませんか。

(1) 病院^{びょういん}へ一緒^{いっしょ}に行^いく ➡ ＿＿＿＿＿＿＿＿＿＿＿＿＿＿＿＿＿＿ ?

➡ ＿＿＿＿＿＿＿＿＿＿＿＿＿＿＿＿＿＿ 。

(2) 明日^{あした}学校^{がっこう}に来^くる ➡ ＿＿＿＿＿＿＿＿＿＿＿＿＿＿＿＿＿＿ ?

➡ ＿＿＿＿＿＿＿＿＿＿＿＿＿＿＿＿＿＿ 。

(3) ラーメンを作^{つく}る ➡ ＿＿＿＿＿＿＿＿＿＿＿＿＿＿＿＿＿＿ ?

➡ ＿＿＿＿＿＿＿＿＿＿＿＿＿＿＿＿＿＿ 。

(4) 英語^{えいご}の本^{ほん}を読^よむ ➡ ＿＿＿＿＿＿＿＿＿＿＿＿＿＿＿＿＿＿ ?

➡ ＿＿＿＿＿＿＿＿＿＿＿＿＿＿＿＿＿＿ 。

(5) 韓国語^{かんこくご}で話^{はな}す ➡ ＿＿＿＿＿＿＿＿＿＿＿＿＿＿＿＿＿＿ ?

➡ ＿＿＿＿＿＿＿＿＿＿＿＿＿＿＿＿＿＿ 。

(6) 宿題をてつだう　➡ ＿＿＿＿＿＿＿＿＿＿＿＿＿＿＿＿＿＿＿＿＿＿＿＿＿＿？

　　　　　　　　　　➡ ＿＿＿＿＿＿＿＿＿＿＿＿＿＿＿＿＿＿＿＿＿＿＿＿＿＿。

06 다음 보기 와 같이 고쳐서 써 보세요.

> 보기　ここに名前を書く　➡　ここに名前を書いてください。

(1) この道をまっすぐ行く　➡ ＿＿＿＿＿＿＿＿＿＿＿＿＿＿＿＿＿＿＿＿＿。

(2) 手をきれいに洗う　➡ ＿＿＿＿＿＿＿＿＿＿＿＿＿＿＿＿＿＿＿＿＿。

(3) 博物館では静かにする　➡ ＿＿＿＿＿＿＿＿＿＿＿＿＿＿＿＿＿＿＿。

(4) くすりを飲む　➡ ＿＿＿＿＿＿＿＿＿＿＿＿＿＿＿＿＿＿＿＿＿。

07 다음 우리말을 일본어로 바꾸어 보세요.

(1) 이것은 일본어로는 뭐라고 합니까?

➡ ＿＿＿＿＿＿＿＿＿＿＿＿＿＿＿＿＿＿＿＿＿＿＿＿＿＿＿＿＿＿＿。

(2) 잠시 보여 줘.

➡ ＿＿＿＿＿＿＿＿＿＿＿＿＿＿＿＿＿＿＿＿＿＿＿＿＿＿＿＿＿＿＿。

(3) 여보세요? 토모미? 나 요코인데.

➡ ＿＿＿＿＿＿＿＿＿＿＿＿＿＿＿＿＿＿＿＿＿＿＿＿＿＿＿＿＿＿＿。

(4) 모두 함께 스모를 보지 않을래요?

➡ ＿＿＿＿＿＿＿＿＿＿＿＿＿＿＿＿＿＿＿＿＿＿＿＿＿＿＿＿＿＿＿。

학습 평가 **정답**

Unit 01

1부 학습 평가

히라가나 연습 19p

2 (1) あい (2) さくら (3) つき (4) いぬ
(5) ほし (6) むら (7) やま (8) とり

3 (1) うた (2) きた (3) そら (4) てつ
(5) はし (61) まめ (7) よる (8) とり

가타카나 연습 24p

2 (1) アメリカ (2) クリスマス (3) シネマ (4) テスト
(5) ネクタイ (6) ホテル (7) メモ (8) ロミオ
(9) ハワイ

3 (1) オムレツ (2) ハワイ (3) シネマ (4) ツアー

2부 학습 평가 28p

01 (1) たなか たくろう (2) なかむら まさゆき
(3) にしむら ふみこ

02 ③

Unit 02

1부 학습 평가 42p

02 (1) ほっかいどう (2) びょういん (3) かぜ (4) こづみ
(5) はなび (6) べんとう (7) かんぱい (8) ぎゅうにゅう

03 (1) おじいさん (2) えいご (3) かぞく (4) りょこう

2부 학습 평가 48p

01 (1) とうきょう (2) しんじゅく (3) あきはばら (4) おおさか
(5) うめだ (6) なんば

02 ③

Unit 03

1부 학습 평가 56p

01 (1) ④ おはよう　　　(2) ② こんにちは　　(3) ③ がくせい　　(4) ④ わたし

02 (1) さん　　　　　　(2) そう / よろしく　(3) だれ　　　　　(4) じゃ

03 (1) 金漢　(처음 뵙겠습니다 → はじめまして)。新入社員(인 → の) の 金漢と申します。
　　　　　　　　　　　　　　しんにゅうしゃいん　　　　　キムハン　もう

　　 鈴木　金漢さんは 中国人(입니까? → ですか)。
　　　　　キムハン　　ちゅうごくじん

　　 金漢　(아니요 → いいえ)、中国人(이 아닙니다 → ではありません)。韓国人です。
　　　　　　　　　　　　　ちゅうごくじん　　　　　　　　　　　かんこくじん

(2) 智美　彼氏は学生(이었어? → だった)?
　　　　　かれし　がくせい

　　 陽子　(아니 → ううん)、学生(이 아니었어 → じゃなかった)。
　　　　　　　　　　　　　がくせい

　　 知美　あ、そう。かっこいいね。　　　　　　　　　＊では＝じゃ / ありません＝ないです

2부 학습 평가 60p

01
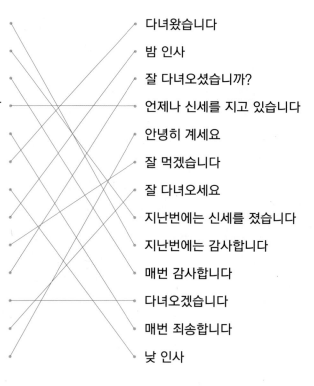

(1) この前はどうも　　　　　　　　　　　　多녀왔습니다
　　　まえ
(2) 先日はお世話になりました　　　　　　　밤 인사
　　せんじつ　せわ
(3) 毎度どうも　　　　　　　　　　　　　　잘 다녀오셨습니까?
　　まいど
(4) いつもお世話になっています　　　　　　언제나 신세를 지고 있습니다
　　　　　　せわ
(5) いつもすみません　　　　　　　　　　　안녕히 계세요

(6) ただいま　　　　　　　　　　　　　　　잘 먹겠습니다

(7) こんにちは　　　　　　　　　　　　　　잘 다녀오세요

(8) こんばんは　　　　　　　　　　　　　　지난번에는 신세를 졌습니다

(9) いただきます　　　　　　　　　　　　　지난번에는 감사합니다

(10) おかえりなさい　　　　　　　　　　　매번 감사합니다

(11) いってきます　　　　　　　　　　　　다녀오겠습니다

(12) いってらっしゃい　　　　　　　　　　매번 죄송합니다

(13) さようなら　　　　　　　　　　　　　낮 인사

02 ④

Unit 04

1부 학습 평가　68p

01 (1) ② うめぼし　　　(2) ② <ruby>嫌<rt>きら</rt></ruby>いだ　　　(3) ④ どうですか　　　(4) ③ まじめな

02 (1) のなかで　　　(2) いちばん　　　(3) いっしょに　　　(4) だった

03 鈴木　　　<ruby>今日<rt>きょう</rt></ruby>のランチ、(어때요? → どうですか)。

　　　キム　　　いいですね。鈴木さんの(좋아하는 → <ruby>好<rt>す</rt></ruby>きな)<ruby>料理<rt>りょう り</rt></ruby>は<ruby>何<rt>なん</rt></ruby>ですか。

　　　鈴木　　　<ruby>私<rt>わたし</rt></ruby>はラーメンですね。キムさんは<ruby>日本<rt>に ほん</rt></ruby>の<ruby>料理<rt>りょう り</rt></ruby>、(괜찮아요? → <ruby>大丈夫<rt>だいじょう ぶ</rt></ruby>)ですか。

　　　キム　　　ええ、<ruby>僕<rt>ぼく</rt></ruby>は<ruby>和食<rt>わ しょく</rt></ruby>、(매우 좋아해요 → <ruby>大好<rt>だい す</rt></ruby>き)です。すしが(별로 안 좋아했지만 → <ruby>苦手<rt>にが て</rt></ruby>)
でしたが、<ruby>今<rt>いま</rt></ruby>は(매우 좋아해요 → <ruby>大好<rt>だい す</rt></ruby>き)です。

2부 학습 평가　74p

01 (1) まきずし　　　(2) いなりずし　　　(3) ぎゅうどん　　　(4) おやこどん

　　　(5) てんぷら　　　(6) そば

02 ②

Unit 05

1부 학습 평가　88p

01 (1) ③ <ruby>二人<rt></rt></ruby> ふたり　　　　　　　(2) ④ アパート

　　　(3) ② <ruby>一時間半<rt></rt></ruby> いちじかんはん　　(4) ① マンション

02 (1) それ　　　(2) あれ　　　(3) これ

03 (1) 金漢　　　鈴木さんのお<ruby>住<rt>す</rt></ruby>まいは(어느 쪽 → どちら)ですか。

　　　鈴木　　　(여기부터 → ここから)<ruby>二駅<rt>ふたえき</rt></ruby>のところです。

　　　金漢　　　もしかして<ruby>駅前<rt>えきまえ</rt></ruby>のいいマンションですか。

　　　鈴木　　　(그렇습니다 → そうです)。

　　　部長　　　<ruby>金<rt>キム</rt></ruby>さん、<ruby>鈴木<rt>すずき</rt></ruby>さん、<ruby>今日<rt>きょう</rt></ruby><ruby>帰<rt>かえ</rt></ruby>りに<ruby>一杯<rt>いっぱい</rt></ruby>、(어때? → どう)?

　　(2) 智美　　　あ、もう(이런 → こんな)<ruby>時間<rt>じ かん</rt></ruby>!

　　　金漢　　　<ruby>僕<rt>ぼく</rt></ruby>たちも(여기에서 → ここで)。ともちゃんのうちは(어디야? → どこ)?

　　　智美　　　このカフェの(근처 → <ruby>近<rt>ちか</rt></ruby>く)なの。(저기 → あそこ)のアパート。<ruby>漢<rt>ハン</rt></ruby>ちゃんの
おうちは?

01 (1) 坪
ⁿぼ
     (2) 障子
しょうじ
     (3) 一戸建て
いっこだ
     (4) 銭湯
せんとう

단독 주택
대중목욕탕
평
미닫이

02 ④

Unit 06

1부 학습 평가 102p

01 (1) おおきい ↔ ③ ちいさい   (2) ひくい ↔ ① たかい

   (3) せまい ↔ ② ひろい   (4) わるい ↔ ④ いい

02 (1) 長いです
なが
        (2) 新しいです
あたら
      (3) あつい   (4) すずしい

   (5) おいしく   (6) 高く
たか
           (7) 赤くて
あか
          (8) やさしくて

2부 학습 평가 106p

01 (1) 눈

   (2) 입

   (3) 악수

   (4) 책상다리

口
くち
目
め
あぐら
握手
あくしゅ

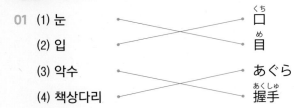

02 ④

Unit 07

1부 학습 평가 114p

01 (1) ④ 2004年   にせんよねん

   (2) ② 1868年   せんはっぴゃくろくじゅうはちねん

   (3) ④ 月曜日   げつようび

   (4) ③ 今週   こんしゅう

   (5) ② 4月8日   しがつようか

   (6) ④ 9月1日   くがつついたち

02 (1) 難しかったです

　　(2) おいしかったです

　　(3) 高く / 高く

　　(4) 寒くありませんでした / 寒くなかったです

　　(5) おもしろかった

　　(6) よかった

2부 학습 평가　120p

01 (1) 着物
　　(2) 帯
　　(3) 振袖
　　(4) 足袋
　　(5) 草履
　　(6) 浴衣
　　(7) 下駄

たび
げた
きもの
ふりそで
ぞうり
おび
ゆかた

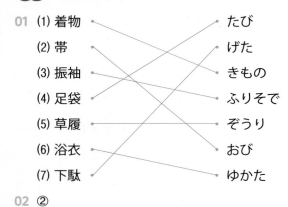

02 ②

Unit 08

1부 학습 평가　134p

01 (1) ② 一回　いっかい　　　　　(2) ④ 交通　こうつう

　　(3) ③ 170円　ひゃくななじゅうえん　　(4) ① 4時20分　よじにじゅっぷん

02 (1) 바쁜신데 → ところ　　　　　(2) 첫, 처음 → はじめて

　　(3) 여보세요 → もしもし　　　　(4) 환승 → 乗り換え

03 (1) 金漢　部長、出張(의 건으로 → の件で)、アドバイスお願いします。

　　部長　大阪出張ですね。

　　金漢　飛行機と新幹線、(어느 쪽 → どちら)が便利でしょうか。

　　部長　出張先のA社は大阪駅(에서 → から)近いです。新幹線(의 편이 → の方が)便利だ
　　　　　と思います。

(2) 陽子　JRと地下鉄、(어느 쪽이 → どっちが) 便利かな？

金漢　JRは駅から遠いよ。

陽子　JR(의 편이 → の方が) 安くない？この駅から恵比寿駅まで(얼마야? → いくら)？

2부 학습 평가　140p

01
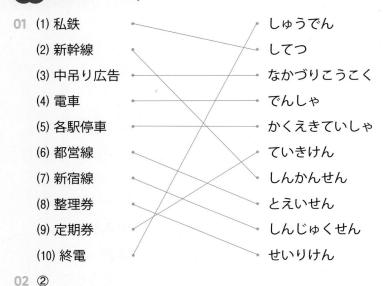

(1) 私鉄　　　　　　　　　　　　しゅうでん
(2) 新幹線　　　　　　　　　　　してつ
(3) 中吊り広告　　　　　　　　　なかづりこうこく
(4) 電車　　　　　　　　　　　　でんしゃ
(5) 各駅停車　　　　　　　　　　かくえきていしゃ
(6) 都営線　　　　　　　　　　　ていきけん
(7) 新宿線　　　　　　　　　　　しんかんせん
(8) 整理券　　　　　　　　　　　とえいせん
(9) 定期券　　　　　　　　　　　しんじゅくせん
(10) 終電　　　　　　　　　　　　せいりけん

02　②

Unit 09

1부 학습 평가　148p

01 (1) ある ― ③ いく　　(2) 食べる ― ② ねる　(3) する ― ④ 来る

02 (1) に　　　　　　(2) か　　　　　　(3) で　　　　　　(4) の / に / が

03 鈴木　私はコーヒーに(하겠습니다 → します)。ありがとうこざいます！

部長　(그런데 → ところで)、今日の予定は何ですか。

鈴木　今日の午後、SN社で会議が(있습니다 → あります)。

部長　アイテムの参考に(되니까 → なります)から、金さんも一緒に(가겠습니까? → 行きますか)？

학습 평가 **정답**

2부 학습 평가   154p

01 (1) 読売

    (2) 朝日

    (3) 松坂屋

    (4) 高島屋

    (5) 宅急便

    (6) 富士テレビ

    (7) 月9

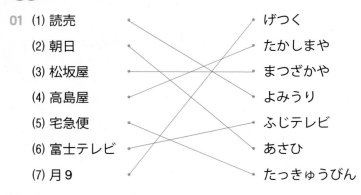

げつく

たかしまや

まつざかや

よみうり

ふじテレビ

あさひ

たっきゅうびん

02 ②

Unit 10

1부 학습 평가   162p

01 (1) 話し   (2) 書き   (3) 見   (4) 入り
    (5) 遊び   (6) 勉強し   (7) 帰り   (8) 来

02 (1) おすすめ   (2) 久しぶり   (3) ところで   (4) どうして

03 (1) 鈴木 今度(の)休み(は)何(を)し(たい)ですか。

    金漢 旅行(に)行きたいですね。北海道(から)沖縄(まで)、日本全国(を)旅行したい
          です(が)、時間が……。

    (2) 陽子 おまつりには浴衣(なの)。じゃ、これから買い(に)行くよ。

    金漢 え? あまり着(たく)ないけど……。

01 (1) 花火　　　　　　　　　　　　　らくご
(2) 祇園まつり　　　　　　　　　りゅうきゅう
(3) 札幌　　　　　　　　　　　　さっぽろ
(4) 味噌ラーメン　　　　　　　　はなび
(5) 大仏　　　　　　　　　　　　よこはま
(6) 横浜　　　　　　　　　　　　みそラーメン
(7) 琉球　　　　　　　　　　　　だいぶつ
(8) 泡盛　　　　　　　　　　　　ぎおんまつり
(9) 姫路城　　　　　　　　　　　ひめじじょう
(10) 落語　　　　　　　　　　　あわもり

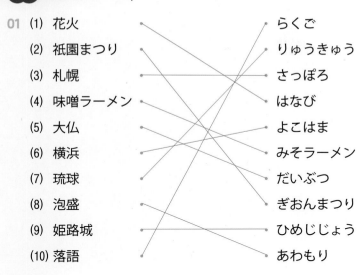

02 ③

Unit 11

01 (1) 会わない　　(2) 乗らない　　(3) 飲まない　　(4) はらわない
(5) 行かない　　(6) うけない　　(7) 見ない　　(8) 食べない
(9) しない　　(10) 来ない

02 (1) 初めて　　(2) みんなで　　(3) もしもし/だけど　　(4) 楽しみ

03 部長　今週の週末、みんなで相撲を(보지 않을래요? → 見ませんか)。

鈴木　部長、すみませんが、今週は(조금 → ちょっと)……。来週の月曜日に取引先との重要な会議があります。

部長　あ、そうでしたね。分かりました。では、来週見に(갑시다 → 行きましょう)。

金漢　ところで、相撲のチケットは高いと(들었습니다만 → 聞きましたが)……。

鈴木　心配は(필요 없어요 → 要りません)よ。部長のおごりですから。

2부 학습 평가　188p

01
(1) 相撲　——————————　すもう
(2) 力士　　　　　　　　　　ばんづけ
(3) 立合い　　　　　　　　　よこづな
(4) 番付　　　　　　　　　　こむすび
(5) 本場所　　　　　　　　　ほんばしょ
(6) 横綱　　　　　　　　　　りきし
(7) 小結　　　　　　　　　　おおぜき
(8) 関脇　　　　　　　　　　たちあい
(9) 大関　　　　　　　　　　せきわけ

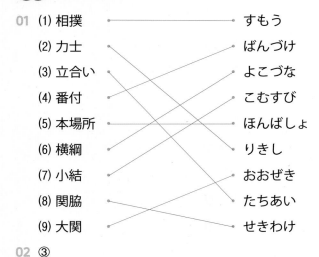

02　③

Unit 12

1부 학습 평가　196p

01 (1) 書いて　　　(2) 教えて　　　(3) して　　　(4) 行って / 読んで
(5) 帰って / 見て

02 (1) のこと　　　(2) とかも　　　(3) と読む　　　(4) と読む / という

03 (1) 鈴木　会社の車にガソリンを(넣어 줬으면 → 入れてほしい)ですけど、時間大丈夫ですか。

金漢　じゃ、注油所に(갔다가 → 行ってから)退社しますね。

鈴木　え?どこ(간다구요? → 行くんです)か。

(2) 金漢　これは日本語で何?

陽子　アプリケーションを(줄여서 → 略して)「アプリ」というの。

金漢　何かかわいい感じだね。韓国とは(줄이는 방법 → 略し方)が違うから難しいけど。

01
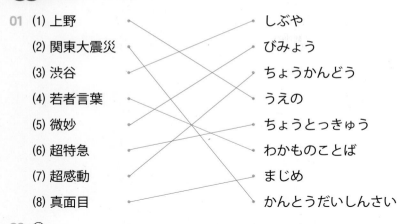

(1) 上野 — うえの
(2) 関東大震災 — かんとうだいしんさい
(3) 渋谷 — しぶや
(4) 若者言葉 — わかものことば
(5) 微妙 — びみょう
(6) 超特急 — ちょうとっきゅう
(7) 超感動 — ちょうかんどう
(8) 真面目 — まじめ

02 ④

Unit 13

01 (1) 来て (2) 入って (3) 買って (4) 貸して

02 (1) ようで (2) もう / 少し / ゆっくり (3) つもり

03 (1) 金漢 すみません。江戸東京博物館への道を(가르쳐 주지 않겠습니까? → 教えてくれませんか)。

女の人 江戸東京博物館ですか。あそこに信号が(보이지요? → 見えます)ね。あの信号を右へ曲がって、二つ目の角を左へ(돌아 주세요 → 曲がってください)。

金漢 すみませんが、もう一度(가르쳐 주지 않겠습니까? → 教えてくれませんか)。

(2) 金漢 陽子、博物館までの道、(가르쳐 줄래? → 教えてくれる)?

陽子 いいよ。スマホの地図アプリ(보여 줘 → 見せて)。

ミュージアムショップにきれいな小物がいっぱいあるから、

かわいいもの(사 와 → 買ってきて)!

2부 학습 평가　216p

01　(1) 和風　　　　　　　　　　　　いちにんまえ

　　(2) 和食　　　　　　　　　　　　わりかん

　　(3) 迷惑　　　　　　　　　　　　わしょく

　　(4) 思いやり　　　　　　　　　　おもいやり

　　(5) 一人前　　　　　　　　　　　めいわく

　　(6) 恩返し　　　　　　　　　　　おんがえし

　　(7) 手土産　　　　　　　　　　　わふう

　　(8) 根回し　　　　　　　　　　　ねまわし

　　(9) 割勘　　　　　　　　　　　　てみやげ

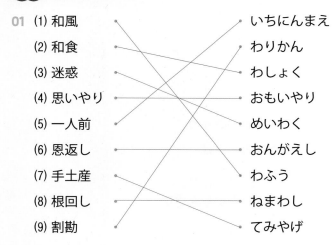

02　④

본문 해석

Unit 03

회화 1 안녕하세요   50p

스즈키 부장님, 안녕하세요?

부장 아, 좋은 아침. 이쪽은 신입사원 김한 씨예요.

김한 처음 뵙겠습니다. 신입 사원인 김한이라고 합니다.

스즈키 김한 씨는 중국인입니까?

김한 아니요, 중국인이 아닙니다. 한국인입니다.

스즈키 아, 그렇습니까? 잘 부탁해요.

김한 이쪽이야말로 잘 부탁드립니다.

회화 2 안녕   52p

요코 안녕?

토모미 안녕? 저 사람, 누구야? 요코의 남자 친구?

요코 응, 그래.

토모미 학생이야?

요코 아니, 학생 아니야. 회사원.

토모미 멋있네!

                    ☁ ☁ ☁

김한 처음 뵙겠습니다. 김한입니다.

토모미 아, 안녕하세요. 토모미입니다. 잘 부탁해요.

김한 저야말로 잘 부탁해요.

Unit 04

회화 1 좋아하는 음식은 무엇입니까?   62p

스즈키 오늘 점심 (같이 하는 게) 어때요?

김한 좋지요. 스즈키 씨가 좋아하는 음식은 무엇입니까?

스즈키 나는 라멘이요. 김 씨는 일본 음식, 괜찮아요?

김한 네, 저는 일본 음식 아주 좋아해요. 스시를 잘 못 먹었는데, 지금은 정말 좋아해요.

스즈키 스시인가요. 일본 음식 중에서 가장 유명하죠.

김한 그렇죠.

회화 2 좋아하는 음식은 뭐야?   64p

요코 오늘 점심 같이 (하는 게) 어때?

토모코 좋아.

요코 토모짱, 좋아하는 음식은 뭐야?

토모코 나는 라멘이 좋아. 요코는?

요코 라멘은 별로 좋아하지 않아. 일본 음식이 좋아. 낫토라든가 우메보시라든가.

토모코 뭐? 우메보시 싫어했잖아.

요코 잘 못 먹었는데, 지금은 좋아!

Unit 05

회화 1 댁은 어디세요?   82p

김한 스즈키 씨 댁은 어디세요?

스즈키 여기에서 두 역의 장소예요(두 역 떨어진 곳이에요).

김한 혹시 역 앞의 좋은 맨션인가요?

스즈키 맞아요. 하지만 2DK니까요.

김한 스즈키 씨는 훌륭한 맨션, 저는 6조의 아파트. 아직 멀었네요.

스즈키 부장님은 단독 주택이에요. 교외이긴 하지만.

부장 김 씨, 스즈키 씨, 오늘 집에 가는 길에 한잔 어때?

회화 2 집은 어디야?   84p

토모미 아, 벌써 시간이 이렇게 됐네! 그럼, 내일 보자.

김한 우리도 여기서 그럼. 토모 짱 집은 어디야?

토모미 이 카페 근처야. 저기 아파트. 한 짱의 집은?

요코 여기에서부터 버스로 한 시간 반 거리야.

토모미 뭐? 큰일이네! 요코의 집도 바로 이 근처니까, 두 사람은 데이트 하기도 힘들겠다.

김한 그렇지도 않아.

Unit 06

회화 1 발이 넓네요   96p

스즈키 이건 작년 망년회의 사진이에요.

김한 이 사람은 누구예요? 파란색 셔츠의……

스즈키 SN사의 쿠로사와 부장님이에요.

김한 SN사의 사람인가요? 대단하네요.

부장 스즈키 씨는 얼굴이 넓으니까요.

김한 네? 스즈키 씨 얼굴은 넓지 않아요!

스즈키 한국어로는 '발이 넓다'이죠.

본문 해석

회화 2 키가 크네!   98p

요코 이건 새로운 클래스 메이트인 사라 씨.

김한 빨간 스웨터의 (스웨터를 입은) 사람? 키가 크네!

요코 얼굴도 작고 눈도 예뻐. 연예인 같지?

김한 그래도 얼굴은 그렇게 귀엽지 않은데.

요코 일본어도 잘하고, 재미있고 좋은 사람이야.

Unit 07

회화 1 추웠지요   108p

스즈키 오늘 아침 추웠지요?

김한 그렇네요. 벌써 10월 중순이니까요.

스즈키 아, 맞다. 다음 주 월요일, 중요한 회의지요. 준비는 어때요?

김한 프레젠테이션 준비는 괜찮지만, 옷이…….

스즈키 옷은 검은 양복 쪽이 좋아요.

김한 역시 그런가요? 검은 양복은 얇은 것밖에 없어서 걱정입니다.

회화 2 더웠다가 추웠다가   110p

요코 오늘 아침, 추웠지?

김한 벌써 10월 중순이니까. 아직 낮은 덥지만, 아침저녁은 추워.

요코 더웠다가 추웠다가 힘들어. 귀여운 긴 소매 옷 가지고 싶다.

김한 응? '기모노' 말이야?

요코 아니, '후리소데'가 아니라 '나가소데(긴 소매)' 말이야!

Unit 08

회화 1 어느 쪽이 편리해요?   128p

김한 부장님, 출장 건으로 조언 부탁드립니다.

부장 좋아요. 계획서는 이건가? 오사카 출장이군요.

김한 첫 출장이라서……. 바쁘실텐데 죄송합니다. 교통수단 건입니다만, 비행기와 신칸센, 어느 쪽이 편리할까요?

부장 출장지인 A사는 오사카역에서 가깝습니다. 신칸센 쪽이 편리하다고 생각합니다.

김한 그렇습니까? 감사합니다! 그럼, 신칸센으로!

회화 2 JR과 지하철 어느 쪽이 편리해?

130p

요코 여보세요. 한 짱, 지금 어디야?

김한 KIOSK 앞. 요코는?

요코 삿포로 맥주 기념관은 에비스역이지? JR이랑 지하철, 어느 쪽이 편리할까?

김한 JR은 역에서 멀어. 어? 지하철은 한 번 갈아타는구나…….

요코 JR 쪽이 싸지 않아? 이 역에서 에비스역까지 얼마야?

김한 170엔. 그럼, JR로!

Unit 09

회화 1 커피로 할게요   142p

김한 스즈키 씨, 커피와 차, 어느 쪽으로 할래요?

스즈키 저는 커피로 할게요. 감사합니다!

김한 부장님은 녹차지요?

부장 오, 고마워! 그런데, 오늘 일정은 뭔가요?

스즈키 오늘 오후 HY 백화점에서 회의가 있습니다.

부장 그렇습니까? 아이템의 참고가 될 테니까, 김한 씨도 같이 갈래요?

김한 네! 부탁드립니다.

회화 2 편의점 있을까?   144p

김한 이 근처에 편의점 있을까?

요코 응, 있어. 뭔가 사려고?

김한 도시락하고 차.

요코 밥, 아직이야? 어디서 먹을 거야?

김한 날씨도 좋고, 저기 벤치에서 어때? 요코도 뭔가 먹을래?

요코 아니, 난 됐어. 앗, 벤치 위에 고양이가 있다! 귀여워!

Unit 10

회화 1 여행을 가고 싶습니다   156p

스즈키 이번 휴가에는 무엇을 하고 싶어요?

김한 여행을 가고 싶어요.

스즈키 어디로 가고 싶어요?

김한 홋카이도부터 오키나와까지, 일본 전국을 여행하고 싶지만 시간이…….

스즈키 　이번 휴가는 길지 않으니까요.

김한 　스즈키 씨의 추천은 없습니까?

스즈키 　글쎄요. 김 씨, 역사적인 것은 좋아하나요?

김한 　네, 좋아해요.

스즈키 　그럼 제 추천은 히메지성이에요. 무척 아름다워요.

회화 2 마쓰리에 가고 싶어   158p

김한 　내일 오랜만에 휴일이네. 뭐 할래?

요코 　이 마쓰리, 내일부터구나. 나 마쓰리에 가고 싶어.

김한 　불꽃놀이도 있고, 좋네. 그럼, 같이 보러 갈까?

요코 　OK. 그런데 한 짱, 유카타 없지?

김한 　응. 유카타는 없는데, 왜?

요코 　마쓰리에는 유카타야. 그럼, 지금부터 사러 간다!

김한 　응? 별로 입고 싶지 않은데……

Unit 11

회화 1 스모를 보지 않을래요?   176p

부장 　이번 주말 다 같이 스모를 보지 않을래요?

김한 　스모 (말씀)입니까? 저는 처음입니다!

스즈키 　부장님, 죄송합니다만, 이번 주는 조금……. 다음 주 월요일에 거래처와의 중요한 회의가 있습니다.

부장 　아, 그랬지요. 알겠습니다. 그럼, 다음 주에 보러 갑시다.

스즈키 　부장님은 옛날부터 스모의 열성 팬이라서, 자주 다 같이 스모를 보러 가요.

김한 　그래요? 그런데 스모 티켓은 비싸다고 들었는데요……

스즈키 　걱정할 필요 없어요. 부장님이 내 주니까요.

회화 2 야구 안 볼래?   178p

요코 　여보세요. 토모미? 요코인데, 이번 주 토요일, 야구 안 볼래?

토모미 　응, 좋아. 어디서 보는 거야?

요코 　도쿄돔. 한 짱이 티켓을 세 장 가지고 있어.

토모미 　대단하네. 도쿄돔에서의 시합 관전! 기대된다!

요코 　그럼 토요일, 도쿄돔에서!

토모미 　알았어! 그럼.

Unit 12

회화 1 일본어로 뭐라고 합니까?   190p

스즈키 　회사 차에 기름을 넣어 줬으면 하는데, 시간 괜찮아요?

김한 　그럼, 주유소에 갔다가 퇴근하겠습니다.

스즈키 　네? 어디에 간다고요?

김한 　네? 자동차에 기름을 넣는 곳을 일본어로는 뭐라고 하나요?

스즈키 　아, 가솔린 스탠드 말이군요. 영어로는 가스 스테이션이라고 하죠.

김한 　가솔린 스탠드도 일본에서 만든 영어예요? 샐러리맨 같은 것도 그렇죠?

스즈키 　잘 알고 있네요. 한국에서도 사용하나요?

김한 　네, 그렇습니다.

회화 2 이건 일본어로 뭐야?   192p

김한 　요코, 이 한자 뭐라고 읽어?

요코 　잠깐 보여 줘. 이건 '초'라고 읽어. '벤리(편리)'는 알고 있지? '매우 편리하다'라는 의미야.

김한 　그럼, 이건 일본어로 뭐야?

요코 　어플리케이션을 줄여서 '아프리'라고 해.

김한 　뭔가 귀여운 느낌이네. 한국과는 생략하는 법이 달라서 어렵지만.

Unit 13

회화 1 가르쳐 주지 않을래요?   204p

김한 　실례합니다. 에도 도쿄 박물관까지 가는 길을 가르쳐 주지 않겠습니까? 지도는 있는데, 틀린 것 같아서요.

여성 　에도 도쿄 박물관이요? 저기 신호등이 보이죠?

김한 　네.

여성 　저 신호등에서 오른쪽으로 돌아서 두 번째 모퉁이에서 왼쪽으로 돌아 주세요.

김한 　죄송하지만, 조금 더 천천히 이야기해 주지 않을래요?

여성 　아, 죄송해요. 저 신호등에서 오른쪽으로 돌고 두 번째 모퉁이에서 왼쪽으로 돌아 주세요.

김한 　오른쪽으로 돌아서 두 번째 모퉁이에서 왼쪽이군요. 감사합니다.

본문 **해석**

회화 2 가르쳐 줄래?   206p

김한 내일 에도 도쿄 박물관에 갈 생각인데, 요코는
      안 가지?

요코 응, 미안. 다음 주에 시험이 있어서 무리야.

김한 그럼, 박물관까지 가는 길, 가르쳐 줄래?

요코 좋아. 스마트폰 지도 앱 보여 줘. 우선 전철부
      터. 한 짱은 이제 환승은 괜찮지?

김한 응. 뭐, 이 앱이 있으니까 길은 괜찮겠다.

요코 아, 맞다. 뮤지엄 숍에 예쁜 잡화가 잔뜩 있으니
      까, 귀여운 거 사 와!

색인

□ た（田）
□ タイ
□ たいしょう（大将）
□ タイム
□ たかくら けん（高倉健）
□ たかはし（高橋）
□ たかはししかいいん（高橋歯科医院）
□ たくろう（拓郎）
□ たこ
□ たなか（田中）
□ たなかいいん（田中医院）
□ たろう（太郎）
□ チキン
□ ちゅうおうく（中央区）
□ ツアー
□ つき（月）
□ テスト
□ てつ（鉄）
□ テニス
□ とうきょう（東京）
□ とうきょうと（東京都）
□ とうげ（峠）
□ とうほく（東北）
□ とけい（時計）
□ トマト
□ とり（鳥）
□ なおみ（直美）
□ ながしま（長嶋）
□ なかむら（中村）
□ なまえ（名前）
□ なわ
□ なんば こうじ（難波康治）
□ にく（肉）
□ にしむら ふみこ（西村文子）
□ にのまえ（一）
□ にほん（日本）

□ にほんご（日本語）
□ にほんじん（日本人）
□ ヌード
□ ネクタイ
□ ～の
□ ノート
□ のり
□ はし（橋）
□ はじめ ちとせ（元ちとせ）
□ はせがわ（長谷川）
□ バナナ
□ ハム
□ はやし（林）
□ はると
□ ハワイ
□ ひと（人）
□ びょういん（病院）
□ ひょうさつ（表札）
□ ひらがな
□ ビル
□ ひろし（宏）
□ ふくだ（福田）
□ ふじさん（富士山）
□ ふじもと（藤本）
□ ふね（船）
□ ヘア
□ へいあん（平安）
□ へや（部屋）
□ べんきょうする（勉強する）
□ べんごし（弁護士）
□ ほし（星）
□ ホテル
□ ほとけ（仏）
□ マイク
□ まさゆき（正行）
□ まつもと（松本）

□ マフラー

□ まめ(豆)

□ みーちゃん

□ みなみ(南)

□ みょうじ(名字・苗字)

□ ミルク

□ むてき(無敵)

□ むら(村)

□ めい

□ めいし(名刺)

□ めいじいしん(明治維新)

□ めいじやすだせいめいほけん
　(明治安田生命保険)

□ メモ

□ もち

□ モデル

□ もり(森)

□ ヤクルト

□ やま(山)

□ やまだ ゆう(山田優)

□ やまだ(山田)

□ やまもと(山本)

□ ユーロ

□ ゆめ(夢)

□ ヨガ

□ よる(夜)

□ ラジオ

□ リボン

□ ルビー

□ レモン

□ ロミオ

□ わたくし(私)

□ わたし(私)

Unit 02

□ あきたいぬ(秋田犬)

□ あきはばら(秋葉原)

□ アクアシティ

□ あさくさ(浅草)

□ あっさり

□ あらしやま(嵐山)

□ あわもり(泡盛)

□ いけぶくろ(池袋)

□ いしや(石屋)

□ いしゃ(医者)

□ いっぱい

□ いっぱい(一杯)

□ うめだ(梅田)

□ うん

□ えいが(映画)

□ えいご(英語)

□ エート

□ おおさか(大阪)

□ おおさかじょう(大阪城)

□ おきなわけん(沖縄県)

□ おこのみやき(お好み焼き)

□ おじいさん(お祖父さん)

□ おじさん

□ おだいば(お台場)

□ オタク

□ おとわのたき(音羽の滝)

□ おばあさん(お祖母さん)

□ おばさん

□ おもちゃ

□ かがみ(鏡)

□ かぐ(家具)

□ かぜ(風)

□ かぞく(家族)

□ かながわけん(神奈川県)

□ ろっぽんぎ(六本木)

□ ろっぽんぎヒルズ(六本木ヒルズ)

□ わかやまけん(和歌山県)

□ わたる(渡る)

Unit 03

□ ああ

□ あいさつ(挨拶)

□ あなた

□ あに(兄)

□ あのひと(あの人)

□ ありがとう

□ ありがとうございました

□ ありがとうございます

□ いいえ

□ いただきます

□ いちあいいちさつ(一挨一拶)

□ いってきます

□ いってらっしゃい

□ いつも

□ いもうと(妹)

□ いもうとさん(妹さん)

□ ううん

□ ええ

□ えしゃく(会釈)

□ おかあさん(お母さん)

□ おかえりなさい

□ おじぎ(お辞儀)

□ おせわになっています(お世話になっています)

□ おせわになりました(お世話になりました)

□ おとうさん(お父さん)

□ おとうと(弟)

□ おとうとさん(弟さん)

□ おにいさん(お兄さん)

□ おにいちゃん(お兄ちゃん)

□ おねえさん(お姉さん)

□ おねえちゃん(お姉ちゃん)

□ おねがいします(お願いします)

□ おはよう

□ おはようございます

□ おまえ

□ おれ(俺)

□ かいしゃいん(会社員)

□ がくせい(学生)

□ かっこいい

□ かのじょ(彼女)

□ かれ(彼)

□ かれし(彼氏)

□ かんこくじん(韓国人)

□ きみ

□ キムハン(金漢)

□ こしょう(呼称)

□ ごちそうさまでした

□ こちら

□ こちらこそ

□ この

□ ごめん

□ ごめんなさい

□ こんばんは

□ さようなら

□ しんにゅうしゃいん(新入社員)

□ すずき(鈴木)

□ すみません

□ せんじつ(先日)

□ せんせい(先生)

□ そう

□ そうですか

□ そふ(祖父)

□ そぼ(祖母)

□ それでは

□ ただいま

□ だれ(誰)
□ ちち(父)
□ ちゅうごくじん(中国人)
□ どういたしまして
□ どうも
□ どなた
□ 〜ともうします(〜と申します)
□ ともみ(智美)
□ にいさん(兄さん)
□ ねえさん(姉さん)
□ 〜は
□ はい
□ はじめまして
□ ぶちょう(部長)
□ ぼく(僕)
□ まいど(毎度)
□ またあした(また明日)
□ またね
□ むすこ(息子)
□ もうしわけございません
□ ようこ(陽子)
□ よろしく

Unit 04

□ あがり
□ あつかん
□ アニメ
□ アニメーション
□ あまり
□ いい
□ イタリアりょうり(イタリア料理)
□ いちばん(一番)
□ いっしょに(一緒に)
□ いなりずし(いなり寿司)
□ いま(今)

□ ウスターソース
□ うどん
□ うなぎや(鰻屋)
□ うなどん(うな丼)
□ うめ(梅)
□ うめぼし(梅干)
□ うんどう(運動)
□ えどじだい(江戸時代)
□ おあいそ
□ おいなりさん
□ おこのみ(お好み)
□ おしずし(押し寿司)
□ おにぎり
□ おむすび(お結び)
□ オムライス
□ おやこどん(親子丼)
□ 〜が
□ かいてんずし(回転寿司)
□ かえだま(替え玉)
□ かしゅ(歌手)
□ カツどん(カツ丼)
□ がり
□ カレーライス
□ かんたんだ(簡単だ)
□ きたない
□ きつね
□ きつねうどん
□ きつねそば
□ ぎゅうどん(牛丼)
□ きらいだ(嫌いだ)
□ きれいだ
□ くだもの(果物)
□ 〜けど
□ 〜けれど
□ 〜けれども
□ げんきだ(元気だ)

□ モダンやき（モダン焼き）
□ もんじゃやき（もんじゃ焼き）
□ やきそば
□ ゆうめいだ（有名だ）
□ ゆどうふ（湯豆腐）
□ ラーメン
□ らくだ（楽だ）
□ ランチ
□ りょうり（料理）
□ リンゴ
□ れいしゅ（冷酒）
□ わしょく（和食）
□ わのぶんか（和の文化）

Unit 05

□ あそこ
□ あちら
□ あの
□ アパート
□ あれ
□ あんな
□ いえ（家）
□ いし（石）
□ いし（意志）
□ いしかわけん（石川県）
□ いちじょう（一帖）
□ いっこだて（一戸建て）
□ いつつ（五つ）
□ いばらきけん（茨城県）
□ いろり（囲炉裏）
□ うち（家）
□ うち（内）
□ うむ（生む）
□ エアコン
□ えきまえ（駅前）

□ おかやまけん（岡山県）
□ おかやまし（岡山市）
□ おすまい（お住い）
□ かいしゃ（会社）
□ かいらくえん（偕楽園）
□ かえり（帰り）
□ がっこう（学校）
□ かなざわし（金沢市）
□ カフェ
□ ～から
□ き（木）
□ き（気）
□ きゅう・く（九）
□ きゅうじゅう（九十）
□ きょり（距離）
□ くうかん（空間）
□ けれども
□ けんこうランド（健康ランド）
□ けんろくえん（兼六園）
□ ご（五）
□ こうがい（郊外）
□ こうらくえん（後楽園）
□ ここのつ（九つ）
□ ごじゅう（五十）
□ こたつ
□ これ
□ こんな
□ さん（三）
□ さんじゅう（三十）
□ ～じ（～時）
□ し・よん（四）
□ しかし
□ じかん（時間）
□ しきり（仕切り）
□ じしょ（辞書）
□ しち・なな（七）

□ みっつ(三つ)
□ みとし(水戸市)
□ むっつ(六つ)
□ もう
□ もしかして
□ やっつ(八つ)
□ ～よ
□ よっつ(四つ)
□ よんじゅう(四十)
□ りっぱだ(立派だ)
□ れい(零)・ゼロ・まる
□ ろく(六)
□ ろくじゅう(六十)

Unit 06

□ あおい(青い)
□ あかい(赤い)
□ あき(秋)
□ あくしゅ(握手)
□ あぐらをかく
□ あし(足)
□ あしがでる(足が出る)
□ あたたかい(暖かい)
□ あたらしい(新しい)
□ あつい(厚い)
□ あつい(暑い)
□ あまい(甘い)
□ いい・よい
□ いう(言う)
□ いそがしい(忙しい)
□ いたい(痛い)
□ うすい(薄い)
□ うでがあがる(腕が上がる)
□ うれしい
□ おいしい

□ おおい(多い)
□ おおきい(大きい)
□ おそい(遅い)
□ おび(帯)
□ おもしろい(面白い)
□ かお(顔)
□ かおがひろい(顔が広い)
□ かなしい(悲しい)
□ かばん
□ からい
□ かわいい
□ きいろい(黄色い)
□ きもの(着物)
□ きょねん(去年)
□ クラスメート
□ くろい(黒い)
□ げいのうじん(芸能人)
□ けんどう(剣道)
□ こうえん(公園)
□ こしがひくい(腰が低い)
□ サイバーだいがく(サイバー大学)
□ さむい(寒い)
□ しぶい
□ ～しゃ(～社)
□ シャツ
□ しょっぱい
□ しろい(白い)
□ すくない(少ない)
□ すごい
□ すずしい(涼しい)
□ すっぱい
□ すもう(相撲)
□ せ(背)
□ せいざ(正座)
□ せまい(狭い)
□ セーター

Unit 07

Unit 08

□ まるのうちせん（丸の内線）
□ みたせん（三田線）
□ もしもし
□ もみじ（紅葉）
□ やまびこ
□ ゆうらくちょうせん（有楽町線）
□ よこはま（横浜）
□ 〜より
□ わかば（若葉）
□ わりびき（割引）
□ わりまし（割増）

Unit 09

□ TBS
□ アイテム
□ あう（会う）
□ あさひしんぶん（朝日新聞）
□ ある
□ いく（行く）
□ いせたん（伊勢丹）
□ いる
□ いろいろと
□ うえ（上）
□ うる（売る）
□ おきる（起きる）
□ おせいぼ（お歳暮）
□ おせわになっております
　（お世話になっております）
□ おちゃ（お茶）
□ おちゅうげん（お中元）
□ おわる（終わる）
□ かう（買う）
□ かえる（帰る）
□ かく（書く）
□ カタログ

□ きょじんせん（巨人戦）
□ クールびん（クール便）
□ クールたっきゅうびん（クール宅急便）
□ くる（来る）
□ げつく（月9）
□ ごご（午後）
□ ごはん（ご飯）
□ コマーシャル（CM）
□ これからも
□ コンビニエンスストア
□ サークルK
□ さんけいしんぶん（産経新聞）
□ さんこう（参考）
□ しょうてんがい（商店街）
□ ショッピングセンター
□ ショッピングモール
□ しる（知る）
□ する
□ せいぶ（西武）
□ セブン-イレブン
□ ソフトバンク
□ だいまる（大丸）
□ たかしまや（高島屋）
□ たくはいびん（宅配便）
□ たちよみ（立ち読み）
□ たっきゅうびん（宅急便）
□ たべる（食べる）
□ テーブル
□ デパート
□ テレあさ（テレ朝）
□ テレビあさひ（テレビ朝日）
□ テレビとうきょう（テレビ東京）
□ てんき（天気）
□ とうきゅうハンズ（東急ハンズ）
□ ところで
□ とぶ（飛ぶ）

□ トヨタじどうしゃ（トヨタ自動車）

□ なにか（何か）

□ ならう（習う）

□ なる

□ 〜に

□ にっテレ（日テレ）

□ にほんけいざいしんぶん（日本経済新聞）

□ にほんテレビ（日本テレビ）

□ にほんほうそうきょうかい（日本放送協会）

□ ねる（寝る）

□ のる（乗る）

□ はいる（入る）

□ はしる（走る）

□ ファミリマート

□ ふじテレビ（富士テレビ）

□ ブランド

□ べんきょう（勉強）

□ ベンチ

□ ほうどう（報道）

□ ほん（本）

□ まいにちしんぶん（毎日新聞）

□ まじょのたっきゅうびん（魔女の宅急便）

□ まつざかや（松坂屋）

□ まるい（丸井）

□ みつこし（三越）

□ みやざき はやお（宮崎駿）

□ みる（見る）

□ ミニストップ

□ めいじせいふ（明治政府）

□ よこはままいにちしんぶん（横浜毎日新聞）

□ よてい（予定）

□ よみうり（読売）

□ よみうりしんぶん（読売新聞）

□ よむ（読む）

□ レストラン

□ ローソン

□ わかる（分かる）

Unit 10

□ アイヌ

□ あかしや さんま（明石家）

□ あそぶ（遊ぶ）

□ ありまおんせん（有馬温泉）

□ あるく（歩く）

□ あわおどり（阿波踊り）

□ いじんかん（異人館）

□ うつくしい（美しい）

□ えどらくご（江戸落語）

□ えんぎょうじ（圓教寺）

□ おおどおりこうえん（大通り公園）

□ おすすめ

□ おち（落ち）

□ オッケー（OK）

□ おまつり（お祭り）

□ オリオンビール

□ おわらいげいにん（お笑い芸人）

□ かいがいりょこう（海外旅行）

□ かまくら（鎌倉）

□ かまくらばくふ（鎌倉幕府）

□ かんだまつり（神田まつり）

□ ぎおんまつり（祇園まつり）

□ きる（着る）

□ きんぎょすくい（金魚すくい）

□ けがに

□ こたえる（答える）

□ こんど（今度）

□ こんばん（今晩）

□ サーモン

□ シーサー

□ ししょう（師匠）

□ しつもん（質問）

Unit 11

□ はなし（話）
□ はらう（払う）
□ パリーグ
□ バレーボール
□ ばんづけ（番付）
□ ひろしまとうようカープ（広島東洋カープ）
□ ふくおかソフトバンクホークス
　（福岡ソフトバンクホークス）
□ ふくおかドーム（福岡ドーム）
□ ふなこし ぎちん（船越義珍）
□ プライズゲーム
□ プリクラ
□ ほっかいどうにほんハムファイターズ
　（北海道日本ハムファイターズ）
□ ほんばしょ（本場所）
□ ～まい（～枚）
□ まえがしら（前頭）
□ まくした（幕下）
□ まっすぐ
□ まわし
□ みんなで
□ むかし（昔）
□ メダルゲーム
□ もつ（持つ）
□ もっと
□ やきゅう（野球）
□ やすむ（休む）
□ やる
□ よく
□ よこづな（横綱）
□ よこはまDeNAベイスターズ
　（横浜DeNAベイスターズ）
□ よみうりジャイアンツ（読売りジャイアンツ）
□ ラグビー
□ りきし（力士）
□ りゅうきゅうおうこく（琉球王国）

□ りょうかい（了解）
□ レースゲーム

Unit 12

□ WC
□ あおやま（青山）
□ あかるい（明るい）
□ アクセサリー
□ あさ（朝）
□ アパートメント
□ アパートメントハウス
□ アフターサービス
□ あぶら（油）
□ アプリケーション
□ あらう（洗う）
□ アンチ
□ アンティーク
□ いそぐ（急ぐ）
□ いちおう（一応）
□ イベント
□ いれる（入れる）
□ インフォメーション
□ うえの（上野）
□ うえのクラブ（上野倶楽部）
□ うたう（歌う）
□ エネルギー
□ エレベーター
□ おおさかほうげん（大阪方言）
□ おかし（お菓子）
□ おしえる（教える）
□ おちゃのみず（御茶ノ水）
□ おてあらい（お手洗い）
□ おもいやり（思いやり）
□ がいらいご（外来語）
□ ガスけつ（ガス欠）

□ ガソリン
□ ガソリンスタンド
□ ～かた（～方）
□ ～かもしれない
□ カレンダー
□ かんじ（感じ）
□ かんとうだいしんさい（関東大震災）
□ ググる
□ グランドメゾン
□ げんき（元気）
□ けんこう（健康）
□ こう・しあわせ（幸）
□ こうふく（幸福）
□ コンピューター
□ サービス
□ サラリーマン
□ サンキュー
□ しかた
□ じてんしゃ（自転車）
□ しぬ（死ぬ）
□ ～じゃん
□ しゅくだい（宿題）
□ しょうじき（正直）
□ しん・こころ（心）
□ しん・ま（真）
□ ストライキ
□ すなお（素直）
□ せい・まこと（誠）
□ タイガー
□ たいきん（退勤）
□ たいしゃ（退社）
□ たいしょく（退職）
□ たね（種）
□ ちがう（違う）
□ ちゅうぶほうげん（中部方言）
□ ちょう（超）

□ ちょうかんどうする（感動する）
□ ちょうべんり（超便利）
□ つかう（使う）
□ つかれる（疲れる）
□ ツンデレ
□ ディレクター
□ ～てきな（～的な）
□ トイレ
□ トラ
□ ナイター
□ なんか（何か）
□ ねた
□ ネッ友（ネットとも）
□ ハイツ
□ パレス
□ び・うつくしい（美）
□ ビール
□ びっくりする
□ びびる
□ びみょう（微妙）
□ フォルダー
□ ぶんか（文化）
□ へいわ（平和）
□ ～ほしい
□ まいあさ（毎朝）
□ マザー
□ マジ
□ マジで
□ まじめ（真面目）
□ みえる（見える）
□ みせる（見せる）
□ む・ゆめ（夢）
□ むかつく
□ メール
□ めっちゃ
□ やさしさ

처음부터 다시 배우는

개정판

두근두근 일본어 ❶

초판발행	2016년 9월 5일
개정판 인쇄	2025년 1월 10일
개정판 발행	2025년 1월 30일

저자	박효경, 황영희
편집	김성은, 조은형, 오은정, 무라야마 토시오
펴낸이	엄태상
디자인	이건화
조판	이서영
콘텐츠 제작	김선웅, 장형진
마케팅	이승욱, 왕성석, 노원준, 조성민, 이선민
경영기획	조성근, 최성훈, 김다미, 최수진, 오희연
물류	정종진, 윤덕현, 신승진, 구윤주

펴낸곳	시사일본어사(시사북스)
주소	서울시 종로구 자하문로 300 시사빌딩
주문 및 교재 문의	1588-1582
팩스	0502-989-9592
홈페이지	www.sisabooks.com
이메일	book_japanese@sisadream.com
등록일자	1977년 12월 24일
등록번호	제 300-2014-92호

ISBN 978-89-402-9433-8 (13730)

한번에
합격하기

위험물
기능사
실기

주제별 필수이론

핵심 써머리

여승훈, 박수경 지음

BM (주)도서출판 성안당

핵심 써머리

실기시험 대비 주제별 필수이론

1. 위험물의 유별에 따른 필수 암기사항
2. 위험물의 종류와 지정수량
3. 위험물의 유별에 따른 대표적 성질
4. 위험물과 소화약제의 중요 반응식
5. 시험에 자주 나오는 소화이론
6. 시험에 자주 나오는 위험물안전관리법 내용

핵심 써머리

Craftsman Hazardous material

1. 위험물의 유별에 따른 필수 암기사항

유 별 (성질)	위험 등급	품 명		지정 수량	소화방법	주의사항 (운반용기 외부)	주의사항 (제조소등)
제1류 위험물 (산화성 고체)	Ⅰ	아염소산염류 염소산염류 과염소산염류		50kg	냉각소화	화기 · 충격주의, 가연물접촉주의	게시판 필요 없음
		무기 과산화물	알칼리금속의 과산화물		질식소화	화기 · 충격주의, 가연물접촉주의, 물기엄금	물기엄금
			그 밖의 것		냉각소화	화기 · 충격주의, 가연물접촉주의	게시판 필요 없음
	Ⅱ	브로민산염류 질산염류 아이오딘산염류		300kg	냉각소화	화기 · 충격주의, 가연물접촉주의	게시판 필요 없음
	Ⅲ	과망가니즈산염류 다이크로뮴산염류		1,000kg			
제2류 위험물 (가연성 고체)	Ⅱ	황화인 적린 황		100kg	냉각소화	화기주의	화기주의
	Ⅲ	철분 마그네슘 금속분		500kg	질식소화	화기주의, 물기엄금	
		인화성 고체		1,000kg	냉각소화	화기엄금	화기엄금
제3류 위험물 (자연 발화성 및 금수성 물질)	Ⅰ	칼륨 나트륨 알킬리튬 알킬알루미늄		10kg	질식소화	물기엄금	물기엄금
		황린		20kg	냉각소화	화기엄금, 공기접촉엄금	화기엄금
	Ⅱ	알칼리금속 및 알칼리토금속 (칼륨, 나트륨 제외) 유기금속화합물 (알킬리튬, 알킬알루미늄 제외)		50kg	질식소화	물기엄금	물기엄금
	Ⅲ	금속의 수소화물 금속의 인화물 칼슘 또는 알루미늄의 탄화물		300kg			

유 별 (성질)	위험 등급	품 명	지정 수량	소화방법	주의사항 (운반용기 외부)	주의사항 (제조소등)
제4류 위험물 (인화성 액체)	I	특수인화물	50L	질식소화	화기엄금	화기엄금
	II	제1석유류(비수용성)	200L			
		제1석유류(수용성) 알코올류	400L			
	III	제2석유류(비수용성)	1,000L			
		제2석유류(수용성)	2,000L			
		제3석유류(비수용성)	2,000L			
		제3석유류(수용성)	4,000L			
		제4석유류	6,000L			
		동식물유류	10,000L			
제5류 위험물 (자기 반응성 물질)	I, II	유기과산화물 질산에스터류 나이트로화합물 나이트로소화합물 아조화합물 다이아조화합물 하이드라진유도체 하이드록실아민 하이드록실아민염류	제1종 : 10kg, 제2종 : 100kg	냉각소화	화기엄금, 충격주의	화기엄금
제6류 위험물 (산화성 액체)	I	과염소산 과산화수소 질산	300kg	냉각소화	가연물접촉주의	게시판 필요 없음

※ 주의사항(제조소등) 게시판 – 물기엄금(**청색**바탕, 백색문자)/화기주의, 화기엄금(**적색**바탕, 백색문자)

✔ 행정안전부령이 정하는 위험물

유 별	품 명	지정수량
제1류 위험물	과아이오딘산염류, 과아이오딘산, 크로뮴 · 납 또는 아이오딘의 산화물, 아질산염류, 염소화아이소사이아누르산, 퍼옥소이황산염류, 퍼옥소붕산염류	300kg
	차아염소산염류	50kg
제3류 위험물	염소화규소화합물	300kg
제5류 위험물	금속의 아지화합물, 질산구아니딘	제1종 : 10kg, 제2종 : 100kg
제6류 위험물	할로젠간화합물	300kg

2. 위험물의 종류와 지정수량

☑ 제1류 위험물의 종류와 지정수량

품 명	물질명	지정수량
아염소산염류	아염소산나트륨	50kg
염소산염류	염소산칼륨 염소산나트륨 염소산암모늄	50kg
과염소산염류	과염소산칼륨 과염소산나트륨 과염소산암모늄	50kg
무기과산화물	과산화칼륨 과산화나트륨 과산화리튬	50kg
브로민산염류	브로민산칼륨 브로민산나트륨	300kg
질산염류	질산칼륨 질산나트륨 질산암모늄	300kg
아이오딘산염류	아이오딘산칼륨	300kg
과망가니즈산염류	과망가니즈산칼륨	1,000kg
다이크로뮴산염류	다이크로뮴산칼륨 다이크로뮴산암모늄	1,000kg

☑ 제2류 위험물의 종류와 지정수량

품 명	물질명	지정수량
황화인	삼황화인 오황화인 칠황화인	100kg
적린	적린	100kg
황	황	100kg
철분	철분	500kg
마그네슘	마그네슘	500kg
금속분	알루미늄분 아연분	500kg
인화성 고체	고형알코올	1,000kg

☑ 제3류 위험물의 종류와 지정수량

품 명	물질명	상 태	지정수량
칼륨	칼륨	고체	10kg
나트륨	나트륨	고체	10kg
알킬알루미늄	트라이메틸알루미늄 트라이에틸알루미늄	액체	10kg
알킬리튬	메틸리튬 에틸리튬	액체	10kg
황린	황린	고체	20kg
알칼리금속 (칼륨 및 나트륨 제외) 및 알칼리토금속	리튬 칼슘	고체	50kg
유기금속화합물 (알킬알루미늄 및 알킬리튬 제외)	다이메틸마그네슘 에틸나트륨	고체 또는 액체	50kg
금속의 수소화물	수소화칼륨 수소화나트륨 수소화리튬 수소화알루미늄	고체	300kg
금속의 인화물	인화칼슘 인화알루미늄	고체	300kg
칼슘 또는 알루미늄의 탄화물	탄화칼슘 탄화알루미늄	고체	300kg

☑ 제4류 위험물의 수용성과 지정수량의 구분

구 분	물질명	수용성 여부	지정수량
특수인화물	다이에틸에터	비수용성	50L
	이황화탄소	비수용성	50L
	아세트알데하이드	수용성	50L
	산화프로필렌	수용성	50L
	아이소프로필아민	수용성	50L
제1석유류	가솔린	비수용성	200L
	벤젠	비수용성	200L
	톨루엔	비수용성	200L
	사이클로헥세인	비수용성	200L
	에틸벤젠	비수용성	200L
	메틸에틸케톤	비수용성	200L

구 분	물질명	수용성 여부	지정수량
	아세톤	수용성	400L
	피리딘	수용성	400L
	사이안화수소	수용성	400L
	초산메틸	비수용성	200L
	초산에틸	비수용성	200L
	의산메틸	수용성	400L
	의산에틸	비수용성	200L
	염화아세틸	비수용성	200L
알코올류	메틸알코올	수용성	400L
	에틸알코올	수용성	400L
	프로필알코올	수용성	400L
제2석유류	등유	비수용성	1,000L
	경유	비수용성	1,000L
	송정유	비수용성	1,000L
	송근유	비수용성	1,000L
	크실렌	비수용성	1,000L
	클로로벤젠	비수용성	1,000L
	스타이렌	비수용성	1,000L
	뷰틸알코올	비수용성	1,000L
	폼산	수용성	2,000L
	아세트산	수용성	2,000L
	하이드라진	수용성	2,000L
	아크릴산	수용성	2,000L
제3석유류	중유	비수용성	2,000L
	크레오소트유	비수용성	2,000L
	아닐린	비수용성	2,000L
	나이트로벤젠	비수용성	2,000L
	메타크레졸	비수용성	2,000L
	글리세린	수용성	4,000L
	에틸렌글리콜	수용성	4,000L
제4석유류	기어유(윤활유)	비수용성	6,000L
	실린더유	비수용성	6,000L
동식물유류	건성유		10,000L
	반건성유	-	10,000L
	불건성유		10,000L

✔️ 제5류 위험물의 종류와 지정수량

품 명	물질명	상태	지정수량
유기과산화물	과산화벤조일 과산화메틸에틸케톤 아세틸퍼옥사이드	고체 액체 고체	제1종 : 10kg, 제2종 : 100kg
질산에스터류	질산메틸 질산에틸 나이트로글리콜 나이트로글리세린 나이트로셀룰로오스 셀룰로이드	액체 액체 액체 액체 고체 고체	
나이트로화합물	트라이나이트로페놀(피크린산) 트라이나이트로톨루엔(TNT) 테트릴	고체 고체 고체	
나이트로소화합물	파라다이나이트로소벤젠 다이나이트로소레조르신	고체 고체	
아조화합물	아조다이카본아마이드 아조비스아이소부티로나이트릴	고체 고체	
다이아조화합물	다이아조아세토나이트릴 다이아조다이나이트로페놀	액체 고체	
하이드라진유도체	염산하이드라진 황산하이드라진	고체 고체	
하이드록실아민	하이드록실아민	액체	
하이드록실아민염류	황산하이드록실아민 나트륨하이드록실아민	고체 고체	

※ 위의 표에서 '나이트로소화합물' 이후의 품명들은 지금까지의 시험에 자주 출제되지는 않았음을 알려드립니다.

✔️ 제6류 위험물의 종류와 지정수량

품 명	물질명	지정수량
과염소산	과염소산	300kg
과산화수소	과산화수소	300kg
질산	질산	300kg

3. 위험물의 유별에 따른 대표적 성질

(1) 제1류 위험물
① 성질
  ㉠ 모두 물보다 무거움
  ㉡ 가열하면 열분해하여 산소 발생
  ㉢ 알칼리금속의 과산화물은 초산 또는 염산 등의 산과 반응 시 제6류 위험물인 과산화수소 발생
② 색상
  ㉠ 과망가니즈산염류 : 흑자색(흑색과 보라색의 혼합)
  ㉡ 다이크로뮴산염류 : 등적색(오렌지색)
  ㉢ 그 밖의 것 : 무색 또는 백색
③ 소화방법
  ㉠ 알칼리금속의 과산화물(과산화칼륨, 과산화나트륨, 과산화리튬) : 탄산수소염류 분말소화약제, 마른모래, 팽창질석 또는 팽창진주암으로 질식소화
  ㉡ 그 밖의 것 : 냉각소화

(2) 제2류 위험물
① 위험물의 조건
  ㉠ 황 : 순도 60중량% 이상
  ㉡ 철분 : 철의 분말로서 53마이크로미터의 표준체를 통과하는 것이 50중량% 이상인 것
  ㉢ 마그네슘 : 직경이 2mm 이상이거나 2mm의 체를 통과하지 못하는 덩어리상태를 제외
  ㉣ 금속분 : 금속의 분말로서 150마이크로미터의 체를 통과하는 것이 50중량% 이상인 것으로서 니켈(Ni)분 및 구리(Cu)분은 제외
  ㉤ 인화성 고체 : 고형알코올, 그 밖에 1기압에서 인화점이 40℃ 미만인 고체
② 성질
  ㉠ 모두 물보다 무거움
  ㉡ 오황화인(P_2S_5) : 연소 시 이산화황을 발생하고 물과 반응 시 황화수소 발생
  ㉢ 적린(P) : 연소 시 오산화인(P_2O_5)이라는 백색 기체 발생
  ㉣ 황(S) : 사방황, 단사황, 고무상황 3가지의 동소체가 존재하며, 연소 시 이산화황 발생
  ㉤ 철분, 마그네슘, 금속분 : 물과 반응 시 수소 발생

③ 소화방법
  ㉠ 철분, 금속분, 마그네슘 : 탄산수소염류 분말소화약제, 마른모래, 팽창질석 또는 팽창진주암으로 질식소화
  ㉡ 그 밖의 것 : 냉각소화

(3) 제3류 위험물
① 위험물의 구분
  ㉠ 자연발화성 물질 : 황린(P_4)
  ㉡ 금수성 물질 : 그 밖의 것
② 보호액
  ㉠ 칼륨(K) 및 나트륨(Na) : 석유(등유, 경유, 유동파라핀)
  ㉡ 황린(P_4) : pH=9인 약알칼리성의 물
③ 성질
  ㉠ 비중 : 칼륨, 나트륨, 리튬, 알킬리튬, 알킬알루미늄, 금속의 수소화물은 물보다 가볍고, 그 외의 물질은 물보다 무거움
  ㉡ 불꽃 반응색 : 칼륨은 보라색, 나트륨은 황색, 리튬은 적색
  ㉢ 트라이에틸알루미늄[$(C_2H_5)_3Al$] : 물과 반응 시 에테인(C_2H_6)가스 발생
  ㉣ 황린 : 연소 시 오산화인(P_2O_5)이라는 백색 기체 발생
④ 물과 반응 시 발생 기체
  ㉠ 칼륨 및 나트륨 : 수소(H_2)
  ㉡ 수소화칼륨(KH) 및 수소화나트륨(NaH) : 수소(H_2)
  ㉢ 인화칼슘(Ca_3P_2) : 포스핀(PH_3)
  ㉣ 탄화칼슘(CaC_2) : 아세틸렌(C_2H_2)
  ㉤ 탄화알루미늄(Al_4C_3) : 메테인(CH_4)
⑤ 소화방법
  ㉠ 황린 : 냉각소화
  ㉡ 그 밖의 것 : 탄산수소염류 분말소화약제, 마른모래, 팽창질석 또는 팽창진주암으로 질식소화

(4) 제4류 위험물
① 품명의 구분
  ㉠ 특수인화물 : 이황화탄소, 다이에틸에터, 그 밖에 발화점 100℃ 이하이거나 인화점 −20℃ 이하이고 비점 40℃ 이하인 것
  ㉡ 제1석유류 : 아세톤, 휘발유, 그 밖에 인화점 21℃ 미만인 것
  ㉢ 제2석유류 : 등유, 경유, 그 밖에 인화점 21℃ 이상 70℃ 미만인 것
  ㉣ 제3석유류 : 중유, 크레오소트유, 그 밖에 인화점 70℃ 이상 200℃ 미만인 것

      ⓜ 제4석유류 : 기어유, 실린더유, 그 밖에 인화점 200℃ 이상 250℃ 미만인 것

      ⓗ 동식물유류 : 인화점 250℃ 미만인 것

  ② 성질

      ㉠ 대부분 물보다 가볍고, 발생하는 증기는 공기보다 무거움

      ㉡ 다이에틸에터 : 아이오딘화칼륨 10% 용액을 첨가하여 과산화물 검출

      ㉢ 이황화탄소 : 물보다 무겁고 비수용성으로 물속에 보관

      ㉣ 벤젠 : 비수용성으로 독성이 강함

      ㉤ 알코올 : 대부분 수용성

      ㉥ 동식물유류 : 아이오딘값의 범위에 따라 건성유, 반건성유, 불건성유로 구분

  ③ 중요 인화점

      ㉠ 특수인화물

        ⓐ 다이에틸에터($C_2H_5OC_2H_5$) : -45℃

        ⓑ 이황화탄소(CS_2) : -30℃

      ㉡ 제1석유류

        ⓐ 아세톤(CH_3COCH_3) : -18℃

        ⓑ 휘발유(C_8H_{18}) : -43~-38℃

        ⓒ 벤젠(C_6H_6) : -11℃

        ⓓ 톨루엔($C_6H_5CH_3$) : 4℃

      ㉢ 알코올류

        ⓐ 메틸알코올(CH_3OH) : 11℃

        ⓑ 에틸알코올(C_2H_5OH) : 13℃

      ㉣ 제3석유류

        ⓐ 아닐린($C_6H_5NH_2$) : 75℃

        ⓑ 에틸렌글리콜[$C_2H_4(OH)_2$] : 111℃

  ④ 소화방법

    이산화탄소, 할로젠화합물, 분말, 포소화약제를 이용하여 질식소화

(5) 제5류 위험물

  ① 액체와 고체의 구분

      ㉠ 액체

        ⓐ 과산화벤조일[$(C_6H_5CO)_2O_2$] : 품명은 유기과산화물이며, 수분함유 시 폭발성 감소

        ⓑ 질산메틸(CH_3ONO_2) : 품명은 질산에스터류이며, 분자량은 77

        ⓒ 질산에틸($C_2H_5ONO_2$) : 품명은 질산에스터류이며, 분자량은 91

        ⓓ 나이트로글리세린[$C_3H_5(ONO_2)_3$] : 품명은 질산에스터류이며, 규조토에 흡수시켜 다이너마이트 제조

ⓛ 고체

ⓐ 나이트로셀룰로오스 : 품명은 질산에스터류이며, 함수알코올에 습면시켜 취급

ⓑ 피크린산[$C_6H_2OH(NO_2)_3$] : 트라이나이트로페놀이라고 불리는 물질로서 품명은 나이트로화합물이며, 단독으로는 마찰, 충격 등에 안정하지만 금속과 반응하면 위험

ⓒ TNT[$C_6H_2CH_3(NO_2)_3$] : 트라이나이트로톨루엔이라고 불리는 물질로서 품명은 나이트로화합물이며, 폭발력의 표준으로 사용

② 성질

㉠ 모두 물보다 무겁고 물에 녹지 않음

㉡ 고체들은 저장 시 물에 습면시키면 안정함

㉢ '나이트로'를 포함하는 물질의 명칭이 많음

③ 소화방법

냉각소화

(6) 제6류 위험물

① 위험물의 조건

㉠ 과산화수소 : 농도 36중량% 이상

㉡ 질산 : 비중 1.49 이상

② 성질

㉠ 물보다 무겁고 물에 잘 녹으며, 가열하면 분해하여 산소 발생

㉡ 불연성과 부식성이 있으며, 물과 반응 시 열을 발생

㉢ 과염소산 : 열분해 시 독성가스인 염화수소(HCl) 발생

㉣ 과산화수소

ⓐ 저장용기에 미세한 구멍이 뚫린 마개를 사용하며, 인산, 요산 등의 분해방지 안정제 첨가

ⓑ 물, 에터, 알코올에는 녹지만, 벤젠과 석유에는 녹지 않음

㉤ 질산

ⓐ 열분해 시 이산화질소(NO_2)라는 적갈색 기체와 산소(O_2) 발생

ⓑ 염산 3, 질산 1의 부피비로 혼합하면 왕수(금과 백금도 녹임) 생성

ⓒ 철(Fe), 코발트(Co), 니켈(Ni), 크로뮴(Cr), 알루미늄(Al)에서 부동태함

ⓓ 피부에 접촉 시 단백질과 반응하여 노란색으로 변하는 크산토프로테인반응을 일으킴

③ 소화방법

냉각소화

4. 위험물과 소화약제의 중요 반응식

☑️ **제1류 위험물**

물질명 (지정수량)	반응의 종류	반응식
염소산칼륨 [KClO₃] (50kg)	열분해반응식	$2KClO_3 \rightarrow 2KCl + 3O_2$ 염소산칼륨　염화칼륨　산소
과산화칼륨 [K₂O₂] (50kg)	열분해반응식	$2K_2O_2 \rightarrow 2K_2O + O_2$ 과산화칼륨　산화칼륨　산소
	물과의 반응식	$2K_2O_2 + 2H_2O \rightarrow 4KOH + O_2$ 과산화칼륨　물　수산화칼륨　산소
	탄산가스(이산화탄소)와의 반응식	$2K_2O_2 + 2CO_2 \rightarrow 2K_2CO_3 + O_2$ 과산화칼륨　이산화탄소　탄산칼륨　산소
	초산과의 반응식	$K_2O_2 + 2CH_3COOH \rightarrow 2CH_3COOK + H_2O_2$ 과산화칼륨　초산　초산칼륨　과산화수소
질산칼륨 [KNO₃] (300kg)	열분해반응식	$2KNO_3 \rightarrow 2KNO_2 + O_2$ 질산칼륨　아질산칼륨　산소
질산암모늄 [NH₄NO₃] (300kg)	열분해반응식	$2NH_4NO_3 \rightarrow 2N_2 + 4H_2O + O_2$ 질산암모늄　질소　물　산소
과망가니즈산칼륨 [KMnO₄] (1,000kg)	열분해반응식 (240℃)	$2KMnO_4 \rightarrow K_2MnO_4 + MnO_2 + O_2$ 과망가니즈산칼륨　망가니즈산칼륨　이산화망가니즈　산소
다이크로뮴산칼륨 [K₂Cr₂O₇] (1,000kg)	열분해반응식 (500℃)	$4K_2Cr_2O_7 \rightarrow 4K_2CrO_4 + 2Cr_2O_3 + 3O_2$ 다이크로뮴산칼륨　크로뮴산칼륨　산화크로뮴(Ⅲ)　산소

✔️ **제2류 위험물**

물질명 (지정수량)	반응의 종류	반응식
삼황화인 **[P₄S₃]** (100kg)	연소반응식	$P_4S_3 + 8O_2 \longrightarrow 3SO_2 + 2P_2O_5$ 삼황화인　　산소　　이산화황　　오산화인
오황화인 **[P₂S₅]** (100kg)	연소반응식	$2P_2S_5 + 15O_2 \longrightarrow 10SO_2 + 2P_2O_5$ 오황화인　　산소　　이산화황　　오산화인
	물과의 반응식	$P_2S_5 + 8H_2O \longrightarrow 5H_2S + 2H_3PO_4$ 오황화인　　물　　황화수소　　인산
적린 **[P]** (100kg)	연소반응식	$4P + 5O_2 \longrightarrow 2P_2O_5$ 적린　　산소　　오산화인
황 **[S]** (100kg)	연소반응식	$S + O_2 \longrightarrow SO_2$ 황　　산소　　이산화황
철 **[Fe]** (500kg)	물과의 반응식	$Fe + 2H_2O \longrightarrow Fe(OH)_2 + H_2$ 철　　물　　수산화철(Ⅱ)　　수소
	염산과의 반응식	$Fe + 2HCl \longrightarrow FeCl_2 + H_2$ 철　　염산　　염화철(Ⅱ)　　수소
마그네슘 **[Mg]** (500kg)	물과의 반응식	$Mg + 2H_2O \longrightarrow Mg(OH)_2 + H_2$ 마그네슘　　물　　수산화마그네슘　　수소
	염산과의 반응식	$Mg + 2HCl \longrightarrow MgCl_2 + H_2$ 마그네슘　　염산　　염화마그네슘　　수소
알루미늄 **[Al]** (500kg)	물과의 반응식	$2Al + 6H_2O \longrightarrow 2Al(OH)_3 + 3H_2$ 알루미늄　　물　　수산화알루미늄　　수소
	염산과의 반응식	$2Al + 6HCl \longrightarrow 2AlCl_3 + 3H_2$ 알루미늄　　염산　　염화알루미늄　　수소

☞ 제3류 위험물

물질명 (지정수량)	반응의 종류	반응식
칼륨[K] (10kg)	물과의 반응식	$2K + 2H_2O \longrightarrow 2KOH + H_2$ 칼륨　　　물　　　수산화칼륨　　수소
	연소반응식	$4K + O_2 \longrightarrow 2K_2O$ 칼륨　　산소　　산화칼륨
	에틸알코올과의 반응식	$2K + 2C_2H_5OH \longrightarrow 2C_2H_5OK + H_2$ 칼륨　　에틸알코올　　칼륨에틸레이트　수소
	탄산가스와의 반응식	$4K + 3CO_2 \longrightarrow 2K_2CO_3 + C$ 칼륨　이산화탄소　　탄산칼륨　　탄소
나트륨[Na] (10kg)	물과의 반응식	$2Na + 2H_2O \longrightarrow 2NaOH + H_2$ 나트륨　　물　　　수산화나트륨　수소
트라이에틸알루미늄 **[(C₂H₅)₃Al]** (10kg)	물과의 반응식	$(C_2H_5)_3Al + 3H_2O \longrightarrow Al(OH)_3 + 3C_2H_6$ 트라이에틸알루미늄　　　물　　　수산화알루미늄　　에테인
	연소반응식	$2(C_2H_5)_3Al + 21O_2 \longrightarrow Al_2O_3 + 12CO_2 + 15H_2O$ 트라이에틸알루미늄　산소　산화알루미늄　이산화탄소　　물
	에틸알코올과의 반응식	$(C_2H_5)_3Al + 3C_2H_5OH \longrightarrow (C_2H_5O)_3Al + 3C_2H_6$ 트라이에틸알루미늄　에틸알코올　알루미늄에틸레이트　에테인
황린[P₄] (20kg)	연소반응식	$P_4 + 5O_2 \longrightarrow 2P_2O_5$ 황린　　산소　　오산화인
칼슘[Ca] (50kg)	물과의 반응식	$Ca + 2H_2O \longrightarrow Ca(OH)_2 + H_2$ 칼슘　　물　　수산화칼슘　　수소
수소화칼륨[KH] (300kg)	물과의 반응식	$KH + H_2O \longrightarrow KOH + H_2$ 수소화칼륨　물　　수산화칼륨　수소
인화칼슘[Ca₃P₂] (300kg)	물과의 반응식	$Ca_3P_2 + 6H_2O \longrightarrow 3Ca(OH)_2 + 2PH_3$ 인화칼슘　　물　　　수산화칼슘　　포스핀
탄화칼슘[CaC₂] (300kg)	물과의 반응식	$CaC_2 + 2H_2O \longrightarrow Ca(OH)_2 + C_2H_2$ 탄화칼슘　　물　　수산화칼슘　아세틸렌
	아세틸렌가스와 구리의 반응식	$C_2H_2 + Cu \longrightarrow CuC_2 + H_2$ 아세틸렌　구리　구리아세틸라이트　수소
탄화알루미늄[Al₄C₃] (300kg)	물과의 반응식	$Al_4C_3 + 12H_2O \longrightarrow 4Al(OH)_3 + 3CH_4$ 탄화알루미늄　　물　　수산화알루미늄　메테인

제4류 위험물

물질명 (지정수량)	반응의 종류	반응식
다이에틸에터[$C_2H_5OC_2H_5$] (50L)	제조법	$2C_2H_5OH \xrightarrow[\text{탈수}]{c-H_2SO_4} C_2H_5OC_2H_5 + H_2O$ 에틸알코올 　　　　　　　　다이에틸에터　　물
이황화탄소[CS_2] (50L)	연소반응식	$CS_2 + 3O_2 \rightarrow CO_2 + 2SO_2$ 이황화탄소　산소　이산화탄소　이산화황
	물과의 반응식 (150℃ 가열 시)	$CS_2 + 2H_2O \rightarrow CO_2 + 2H_2S$ 이황화탄소　물　이산화탄소　황화수소
아세트알데하이드[CH_3CHO] (50L)	산화를 이용한 제조법	$C_2H_4 \xrightarrow{+O} CH_3CHO$ 에틸렌　　　　아세트알데하이드
벤젠[C_6H_6] (200L)	연소반응식	$2C_6H_6 + 15O_2 \rightarrow 12CO_2 + 6H_2O$ 벤젠　　　산소　　이산화탄소　　물
톨루엔[$C_6H_5CH_3$] (200L)	연소반응식	$C_6H_5CH_3 + 9O_2 \rightarrow 7CO_2 + 4H_2O$ 톨루엔　　　산소　　이산화탄소　　물
초산메틸[CH_3COOCH_3] (200L)	제조법	$CH_3COOH + CH_3OH \rightarrow CH_3COOCH_3 + H_2O$ 초산　　　메틸알코올　　　초산메틸　　　물
의산메틸[$HCOOCH_3$] (400L)	제조법	$HCOOH + CH_3OH \rightarrow HCOOCH_3 + H_2O$ 의산　　　메틸알코올　　　의산메틸　　물
메틸알코올[CH_3OH] (400L)	산화반응식	$CH_3OH \xrightarrow{-H_2} HCHO \xrightarrow{+O} HCOOH$ 메틸알코올　　　폼알데하이드　　　폼산
에틸알코올[C_2H_5OH] (400L)	산화반응식	$C_2H_5OH \xrightarrow{-H_2} CH_3CHO \xrightarrow{+O} CH_3COOH$ 에틸알코올　　　아세트알데하이드　　　아세트산

제5류 위험물

물질명	반응의 종류	반응식
질산메틸 [CH_3ONO_2]	제조법	$HNO_3 + CH_3OH \rightarrow CH_3ONO_2 + H_2O$ 질산　　메틸알코올　　　질산메틸　　물
트라이나이트로톨루엔 [$C_6H_2CH_3(NO_2)_3$]	제조법	$C_6H_5CH_3 + 3HNO_3 \xrightarrow[\text{탈수}]{c-H_2SO_4} C_6H_2CH_3(NO_2)_3 + 3H_2O$ 톨루엔　　　질산　　　　　트라이나이트로톨루엔　　물

☞ 제6류 위험물

물질명 (지정수량)	반응의 종류	반응식
과염소산 [HClO₄] (300kg)	열분해반응식	$HClO_4 \longrightarrow HCl + 2O_2$ 과염소산　염화수소　산소
과산화수소 [H₂O₂] (300kg)	열분해반응식	$2H_2O_2 \longrightarrow 2H_2O + O_2$ 과산화수소　　물　　산소
질산 [HNO₃] (300kg)	열분해반응식	$4HNO_3 \longrightarrow 2H_2O + 4NO_2 + O_2$ 질산　　　물　　이산화질소　산소

☞ 소화약제의 반응식

소화기 및 소화약제	반응의 종류	반응식
화학포소화기	화학포소화기의 반응식	$6NaHCO_3 + Al_2(SO_4)_3 \cdot 18H_2O$ 탄산수소나트륨　　황산알루미늄　물(결정수) $\longrightarrow 3Na_2SO_4 + 2Al(OH)_3 + 6CO_2 + 18H_2O$ 　　황산나트륨　수산화알루미늄　이산화탄소　　물
분말소화기	제1종 분말 열분해반응식	$2NaHCO_3 \longrightarrow Na_2CO_3 + CO_2 + H_2O$ 탄산수소나트륨　　탄산나트륨　이산화탄소　물
	제2종 분말 열분해반응식	$2KHCO_3 \longrightarrow K_2CO_3 + CO_2 + H_2O$ 탄산수소칼륨　　탄산칼륨　이산화탄소　물
	제3종 분말 열분해반응식	$NH_4H_2PO_4 \longrightarrow HPO_3 + NH_3 + H_2O$ 인산암모늄　　메타인산　암모니아　물
산·알칼리소화기	산·알칼리소화기의 반응식	$2NaHCO_3 + H_2SO_4 \longrightarrow Na_2SO_4 + 2CO_2 + 2H_2O$ 탄산수소나트륨　황산　　황산나트륨　이산화탄소　물
할로젠화합물소화기	연소반응식	$2CCl_4 + O_2 \longrightarrow 2COCl_2 + 2Cl_2$ 사염화탄소　산소　　포스겐　　염소
	물과의 반응식	$CCl_4 + H_2O \longrightarrow COCl_2 + 2HCl$ 사염화탄소　물　　포스겐　염화수소

5. 시험에 자주 나오는 소화이론

(1) 가연물이 될 수 있는 조건
  ① 발열량이 클 것
  ② 열전도율이 작을 것
  ③ 필요한 활성화에너지가 작을 것
  ④ 산소와 친화력이 좋고 표면적이 넓을 것

(2) 정전기 방지법
  ① 접지할 것
  ② 공기 중 상대습도를 70% 이상으로 할 것
  ③ 공기를 이온화할 것

(3) 고체의 연소형태
  ① 분해연소 : 석탄, 종이, 목재, 플라스틱
  ② 표면연소 : 목탄(숯), 코크스, 금속분
  ③ 증발연소 : 황, 나프탈렌, 양초(파라핀)
  ④ 자기연소 : 피크린산, TNT 등의 제5류 위험물

(4) 자연발화의 방지법
  ① 습도가 높은 곳을 피할 것
  ② 저장실의 온도를 낮출 것
  ③ 통풍을 잘 시킬 것
  ④ 퇴적 및 수납할 때 열이 쌓이지 않게 할 것

(5) 분진폭발
  ① 분진폭발을 일으키는 물질 : 밀가루, 담배가루, 커피가루, 석탄분, 금속분
  ② 분진폭발을 일으키지 않는 물질 : 대리석분말, 시멘트분말

☑ **소요단위 및 능력단위**

(1) 소요단위

구 분	외벽이 내화구조	외벽이 비내화구조
제조소 또는 취급소	연면적 $100m^2$	연면적 $50m^2$
저장소	연면적 $150m^2$	연면적 $75m^2$
위험물	지정수량의 10배	

(2) 소화설비의 능력단위

소화설비	용 량	능력단위
소화전용 물통	8L	0.3
수조(소화전용 물통 3개 포함)	80L	1.5
수조(소화전용 물통 6개 포함)	190L	2.5
마른모래(삽 1개 포함)	50L	0.5
팽창질석 또는 팽창진주암(삽 1개 포함)	160L	1.0

📝 방호대상물로부터 수동식 소화기까지의 보행거리

① 수동식 소형소화기 : 20m 이하
② 수동식 대형소화기 : 30m 이하

📝 소화설비의 기준

구 분	옥내소화전설비	옥외소화전설비
수원의 양	옥내소화전이 가장 많이 설치되어 있는 층의 소화전의 수(소화전의 수가 5개 이상이면 최대 5개의 옥내소화전 수)×7.8m^3	옥외소화전의 수(소화전의 수가 4개 이상이면 최대 4개의 옥외소화전 수)×13.5m^3
방수량	260L/min 이상	450L/min 이상
방수압	350kPa 이상	350kPa 이상
호스 접속구까지의 수평거리	25m 이하	40m 이하
비상전원	45분 이상	45분 이상
방사능력 범위	–	건축물의 1층 및 2층
옥외소화전과 소화전함의 거리	–	5m 이내

📝 분말소화약제

분 류	약제의 주성분	색 상	화학식	적응화재
제1종 분말	탄산수소나트륨	백색	$NaHCO_3$	BC
제2종 분말	탄산수소칼륨	보라색	$KHCO_3$	BC
제3종 분말	인산암모늄	담홍색	$NH_4H_2PO_4$	ABC
제4종 분말	탄산수소칼륨+요소의 부산물	회색	$KHCO_3+(NH_2)_2CO$	BC

☑ 할로젠화합물소화약제의 화학식

① Halon 1301 : CF_3Br

② Halon 2402 : $C_2F_4Br_2$

③ Halon 1211 : CF_2ClBr

☑ 소화설비의 소화약제 방사시간

① 분말소화약제 및 할로젠화합물소화약제
  - ㉠ 전역방출방식 : 30초 이내
  - ㉡ 국소방출방식 : 30초 이내

② 이산화탄소소화약제
  - ㉠ 전역방출방식 : 60초 이내
  - ㉡ 국소방출방식 : 30초 이내

☑ 불활성가스소화약제

① 불활성가스소화약제의 종류
  - ㉠ IG-100(질소 100%)
  - ㉡ IG-55(질소 50%, 아르곤 50%)
  - ㉢ IG-541(질소 52%, 아르곤 40%, 이산화탄소 8%)

② 불활성가스소화약제 저장용기의 설치기준
  - ㉠ 방호구역 외의 장소에 설치할 것
  - ㉡ 온도가 40℃ 이하이고 온도 변화가 적은 장소에 설치할 것
  - ㉢ 직사일광 및 빗물이 침투할 우려가 적은 장소에 설치할 것
  - ㉣ 저장용기에는 안전장치를 설치할 것
  - ㉤ 저장용기의 외면에 소화약제의 종류와 양, 제조년도 및 제조자를 표시할 것

☑ 이산화탄소소화설비

① 이산화탄소소화설비의 분사헤드의 방사압력
  - ㉠ 고압식(20℃로 저장) : 2.1MPa 이상
  - ㉡ 저압식(-18℃ 이하로 저장) : 1.05MPa 이상

② 이산화탄소소화약제의 저장용기의 충전비
  ㉠ 고압식 : 1.5 이상 1.9 이하
  ㉡ 저압식 : 1.1 이상 1.4 이하
③ 이산화탄소소화약제의 저압식 저장용기의 기준
  ㉠ 액면계 및 압력계를 설치
  ㉡ 2.3MPa 이상의 압력 및 1.9MPa 이하의 압력에서 작동하는 압력경보장치를 설치
  ㉢ 용기 내부의 온도를 영하 20℃ 이상 영하 18℃ 이하로 유지할 수 있는 자동냉동기를 설치
  ㉣ 파괴판을 설치
  ㉤ 방출밸브를 설치

포소화약제의 혼합장치

① 펌프프로포셔너 방식 : 펌프의 토출관과 흡입관 사이의 배관 도중에 설치한 흡입기에 펌프에서 토출된 물의 일부를 보내고 농도조절밸브에서 조정된 포소화약제의 필요량을 포소화약제 탱크에서 펌프 흡입측으로 보내어 이를 혼합하는 방식
② 프레셔프로포셔너 방식 : 펌프와 발포기의 중간에 설치된 벤투리관의 벤투리작용과 펌프가압수의 포소화약제 저장탱크에 대한 압력에 의하여 포소화약제를 흡입 및 혼합하는 방식
③ 라인프로포셔너 방식 : 펌프와 발포기의 중간에 설치된 벤투리관의 벤투리작용에 의하여 포소화약제를 흡입 및 혼합하는 방식
④ 프레셔사이드프로포셔너 방식 : 펌프의 토출관에 압입기를 설치하여 포소화약제 압입용 펌프로 포소화약제를 압입시켜 혼합하는 방식

6. 시험에 자주 나오는 위험물안전관리법 내용

위험물제조소등의 시설·설비의 신고

(1) 시·도지사에게 신고해야 하는 경우
① 제조소등의 위치·구조 또는 설비의 변경 없이 위험물의 품명·수량 또는 지정수량의 배수를 변경하고자 하는 자 : 변경하고자 하는 날의 1일 전까지 신고
② 제조소등의 설치자의 지위를 승계한 자 : 승계한 날부터 30일 이내에 신고
③ 제조소등의 용도를 폐지한 때 : 제조소등의 용도를 폐지한 날부터 14일 이내에 신고

(2) 허가나 신고 없이 제조소등을 설치하거나 위치·구조 또는 설비를 변경할 수 있고 위험물의 품명·수량 또는 지정수량의 배수를 변경할 수 있는 경우

① 주택의 난방시설(공동주택의 중앙난방시설을 제외한다)을 위한 저장소 또는 취급소
② 농예용·축산용 또는 수산용으로 필요한 난방시설 또는 건조시설을 위한 지정수량 20배 이하의 저장소

☑ 안전관리자 대리자의 자격

① 안전교육을 받은 자
② 제조소등의 위험물안전관리 업무에 있어서 안전관리자를 지휘·감독하는 직위에 있는 자

☑ 자체소방대의 기준

(1) 자체소방대의 설치기준

제4류 위험물을 지정수량의 3천배 이상 취급하는 제조소 및 일반취급소와 50만배 이상 저장하는 옥외탱크저장소에 설치

(2) 자체소방대에 두는 화학소방자동차의 기준

사업소의 구분	화학소방 자동차의 수	자체소방 대원의 수
지정수량의 3천배 이상 12만배 미만으로 취급하는 제조소 또는 일반취급소	1대	5인
지정수량의 12만배 이상 24만배 미만으로 취급하는 제조소 또는 일반취급소	2대	10인
지정수량의 24만배 이상 48만배 미만으로 취급하는 제조소 또는 일반취급소	3대	15인
지정수량의 48만배 이상으로 취급하는 제조소 또는 일반취급소	4대	20인
지정수량의 50만배 이상으로 저장하는 옥외탱크저장소	2대	10인

(3) 화학소방자동차(소방차)에 갖추어야 하는 소화능력 및 설비의 기준

소방차의 구분	소화능력 및 설비의 기준
포수용액방사차	포수용액의 방사능력이 매분 2,000L 이상일 것
	소화약액탱크 및 소화약액혼합장치를 비치할 것
	10만L 이상의 포수용액을 방사할 수 있는 양의 소화약제를 비치할 것
분말방사차	분말의 방사능력이 매초 35kg 이상일 것
	분말탱크 및 가압용 가스설비를 비치할 것
	1,400kg 이상의 분말을 비치할 것

소방차의 구분	소화능력 및 설비의 기준
할로젠화합물방사차	할로젠화합물의 방사능력이 매초 40kg 이상일 것
	할로젠화합물탱크 및 가압용 가스설비를 비치할 것
	1,000kg 이상의 할로젠화합물을 비치할 것
이산화탄소방사차	이산화탄소의 방사능력이 매초 40kg 이상일 것
	이산화탄소 저장용기를 비치할 것
	3,000kg 이상의 이산화탄소를 비치할 것
제독차	가성소다 및 규조토를 각각 50kg 이상 비치할 것

※ 포수용액을 방사하는 화학소방자동차의 대수는 화학소방자동차 대수의 3분의 2 이상으로 하여야 한다.

☞ 탱크의 종류별 공간용적 구분

① 일반탱크 : 탱크의 내용적의 100분의 5 이상 100분의 10 이하
② 소화약제 방출구를 탱크 안의 윗부분에 설치한 탱크 : 소화약제 방출구 아래의 0.3m 이상 1m 미만 사이의 면으로부터 윗부분의 용적
③ 암반탱크 : 탱크 안에 용출하는 7일간의 지하수의 양에 상당하는 용적과 그 탱크 내 용적의 100분의 1의 용적 중에서 보다 큰 용적

☞ 예방규정 작성대상

① 지정수량의 10배 이상의 위험물을 취급하는 제조소
② 지정수량의 100배 이상의 위험물을 저장하는 옥외저장소
③ 지정수량의 150배 이상의 위험물을 저장하는 옥내저장소
④ 지정수량의 200배 이상의 위험물을 저장하는 옥외탱크저장소
⑤ 암반탱크저장소
⑥ 이송취급소
⑦ 지정수량의 10배 이상의 위험물을 취급하는 일반취급소

☞ 보유공지

(1) 제조소의 보유공지

위험물의 지정수량의 배수	보유공지의 너비
지정수량의 10배 이하	3m 이상
지정수량의 10배 초과	5m 이상

(2) 옥내저장소의 보유공지

위험물의 지정수량의 배수	보유공지의 너비	
	벽·기둥·바닥이 내화구조인 건축물	그 밖의 건축물
지정수량의 5배 이하	–	0.5m 이상
지정수량의 5배 초과 10배 이하	1m 이상	1.5m 이상
지정수량의 10배 초과 20배 이하	2m 이상	3m 이상
지정수량의 20배 초과 50배 이하	3m 이상	5m 이상
지정수량의 50배 초과 200배 이하	5m 이상	10m 이상
지정수량의 200배 초과	10m 이상	15m 이상

(3) 옥외탱크저장소의 보유공지

위험물의 지정수량의 배수	보유공지의 너비
지정수량의 500배 이하	3m 이상
지정수량의 500배 초과 1,000배 이하	5m 이상
지정수량의 1,000배 초과 2,000배 이하	9m 이상
지정수량의 2,000배 초과 3,000배 이하	12m 이상
지정수량의 3,000배 초과 4,000배 이하	15m 이상

(4) 옥외저장소의 보유공지

위험물의 지정수량의 배수	보유공지의 너비
지정수량의 10배 이하	3m 이상
지정수량의 10배 초과 20배 이하	5m 이상
지정수량의 20배 초과 50배 이하	9m 이상
지정수량의 50배 초과 200배 이하	12m 이상
지정수량의 200배 초과	15m 이상

☞ 안전거리

건축물의 구분	안전거리
주거용 건축물	10m 이상
학교·병원·극장	30m 이상
지정문화재	50m 이상
고압가스·액화석유가스 취급시설	20m 이상
7,000V 초과 35,000V 이하의 특고압가공전선	3m 이상
35,000V 초과하는 특고압가공전선	5m 이상

※ **안전거리를 제외할 수 있는 조건**
　① 제6류 위험물을 취급하는 제조소, 취급소 또는 저장소
　② 주유취급소
　③ 판매취급소
　④ 지하탱크저장소
　⑤ 옥내탱크저장소
　⑥ 이동탱크저장소
　⑦ 간이탱크저장소
　⑧ 암반탱크저장소

☑ 건축물의 구조

구 분	제조소	옥내저장소
내화구조로 해야 하는 것	연소의 우려가 있는 외벽	벽, 기둥, 바닥
불연재료로 할 수 있는 것	벽, 기둥, 바닥, 보, 서까래, 계단	보, 서까래, 계단

☑ 환기설비 및 배출설비

제조소와 옥내저장소에 동일한 기준으로 설치한다.

구 분	환기설비	배출설비
환기·배출 방식	자연배기방식	강제배기방식
급기구의 수 및 면적	바닥면적 150m²마다 급기구는 면적 800cm² 이상의 것 1개 이상 설치	환기설비와 동일
급기구의 위치/장치	낮은 곳에 설치/인화방지망 설치	높은 곳에 설치/인화방지망 설치
환기구 및 배출구 높이	지상 2m 이상 높이에 설치	환기설비와 동일

☑ 위험물의 종류에 따른 옥내저장소의 바닥면적

바닥면적 1,000m² 이하에 저장 가능한 위험물	
제1류 위험물	아염소산염류, 염소산염류, 과염소산염류, 무기과산화물
제3류 위험물	칼륨, 나트륨, 알킬알루미늄, 알킬리튬, 황린
제4류 위험물	특수인화물, 제1석유류, 알코올류
제5류 위험물	유기과산화물, 질산에스터류
제6류 위험물	모든 제6류 위험물
바닥면적 2,000m² 이하에 저장 가능한 위험물	
바닥면적 1,000m² 이하에 저장 가능한 위험물 이외의 것	

☞ 옥내저장탱크의 기준

(1) 옥내저장탱크의 구조

① 탱크의 두께 : 3.2mm 이상의 강철판
② 옥내저장탱크와 전용실과의 간격 및 옥내저장탱크 상호간의 간격 : 0.5m 이상

(2) 옥내저장탱크의 용량

① 단층 건물에 탱크전용실을 설치하는 경우 : 지정수량의 40배 이하
   (단, 제4석유류 및 동식물유류외의 제4류 위험물의 저장탱크는 20,000L 이하)
② 단층 건물 외의 건축물에 탱크전용실을 설치하는 경우
   ㉠ 1층 이하의 층에 탱크전용실을 설치하는 경우 : 지정수량의 40배 이하
      (단, 제4석유류 및 동식물유류외의 제4류 위험물의 저장탱크는 20,000L 이하)
   ㉡ 2층 이상의 층에 탱크전용실을 설치하는 경우 : 지정수량의 10배 이하
      (단, 제4석유류 및 동식물유류외의 제4류 위험물의 저장탱크는 5,000L 이하)

☞ 옥외저장소의 저장기준

(1) 덩어리상태의 황만을 경계표시의 안쪽에 저장하는 기준

경계표시의 구분	적용기준
하나의 경계표시의 내부면적	100m^2 이하
2 이상의 경계표시 내부면적의 합	1,000m^2 이하
인접하는 경계표시와 경계표시와의 간격	보유공지 너비의 1/2 이상
경계표시의 높이	1.5m 이하

(2) 옥외저장소에 저장 가능한 위험물

① 제2류 위험물 : 황 또는 인화성 고체(인화점이 섭씨 0도 이상인 것에 한함)
② 제4류 위험물
   ㉠ 제1석유류(인화점이 섭씨 0도 이상인 것에 한함)
   ㉡ 알코올류
   ㉢ 제2석유류
   ㉣ 제3석유류
   ㉤ 제4석유류
   ㉥ 동식물유류
③ 제6류 위험물
④ 시·도조례로 정하는 제2류 또는 제4류 위험물
⑤ 국제해상위험물규칙(IMDG Code)에 적합한 용기에 수납된 위험물

✔ 옥외저장탱크 통기관의 기준

(1) 밸브 없는 통기관

① 직경은 30mm 이상으로 할 것

② 선단은 수평면보다 45도 이상 구부려 빗물 등의 침투를 막을 것

③ 인화점이 38℃ 미만인 위험물만을 저장, 취급하는 탱크의 통기관에는 화염방지장 치를 설치하고, 인화점이 38℃ 이상 70℃ 미만인 위험물을 저장, 취급하는 탱크의 통기관에는 40mesh 이상의 구리망으로 된 인화방지장치를 설치할 것(인화점 70℃ 이상의 위험물만을 해당 위험물의 인화점 미만의 온도로 저장 또는 취급하는 탱크 의 통기관에는 인화방지장치를 설치하지 않아도 됨)

(2) 대기밸브부착 통기관

5kPa 이하의 압력 차이로 작동할 수 있을 것

✔ 제조소의 위험물취급탱크의 방유제 기준

(1) 위험물제조소의 옥외에 설치하는 위험물취급탱크의 방유제 용량

① 하나의 취급탱크의 방유제 용량 : 탱크 용량의 50% 이상

② 2개 이상의 취급탱크의 방유제 용량 : 탱크 중 용량이 최대인 것의 50%에 나머지 탱크 용량 합계의 10%를 가산한 양 이상

(2) 위험물제조소의 옥내에 설치하는 위험물취급탱크의 방유턱 용량

① 하나의 취급탱크의 방유턱 용량 : 탱크에 수납하는 위험물의 양의 전부

② 2개 이상의 취급탱크의 방유턱 용량 : 탱크 중 실제로 수납하는 위험물의 양이 최대인 탱크의 양의 전부

✔ 옥외저장탱크 방유제의 기준

(1) 옥외탱크저장소의 방유제

방유제의 용량	인화성 액체 위험물 저장탱크	하나의 탱크	탱크 용량의 110% 이상
		2개 이상의 탱크	탱크 중 용량이 최대인 것의 110% 이상
	비인화성 액체 위험물 저장탱크	하나의 탱크	탱크 용량의 100% 이상
		2개 이상의 탱크	탱크 중 용량이 최대인 것의 100% 이상
방유제의 높이			0.5m 이상 3m 이하
방유제의 면적			8만m^2 이하
방유제의 두께			0.2m 이상
방유제의 지하매설깊이			1m 이상

(2) 하나의 방유제 내에 설치하는 옥외저장탱크의 수

10개 이하	인화점 70℃ 미만의 위험물을 저장하는 경우
20개 이하	인화점 70℃ 이상 200℃ 미만인 위험물을 전체 용량의 합이 20만 L 이하가 되도록 저장하는 경우
개수 무제한	인화점 200℃ 이상인 위험물을 저장하는 경우

(3) 소방차 및 자동차의 통행을 위한 도로 설치기준

방유제 외면의 2분의 1 이상은 3m 이상의 폭을 확보한 도로를 설치해야 함

(4) 방유제로부터 옥외저장탱크의 옆판까지의 거리

탱크의 지름	방유제로부터 옥외저장탱크의 옆판까지의 거리
15m 미만	탱크 높이의 3분의 1 이상
15m 이상	탱크 높이의 2분의 1 이상

(5) 간막이둑의 기준

용량이 1,000만L 이상인 옥외저장탱크에는 간막이둑을 설치
① 간막이둑의 높이 : 0.3m 이상(방유제 높이보다 0.2m 이상 낮게)
② 간막이둑의 용량 : 탱크 용량의 10% 이상

(6) 계단 또는 경사로의 기준

높이가 1m를 넘는 방유제의 안팎에는 약 50m마다 계단을 설치

☑ 지하탱크저장소

① 전용실의 내부에는 입자지름 5mm 이하의 마른자갈분 또는 마른모래를 채움
② 지면으로부터 지하탱크의 윗부분까지의 거리 : 0.6m 이상
③ 지하탱크를 2개 이상 인접해 설치할 때 상호거리 : 1m 이상
   (탱크 용량의 합계가 지정수량의 100배 이하일 경우 : 0.5m 이상)
④ 지하탱크와 탱크전용실과의 간격
   ㉠ 지하의 벽, 가스관, 대지경계선으로부터 탱크전용실 바깥쪽과의 간격 : 0.1m 이상
   ㉡ 지하저장탱크와 탱크전용실 안쪽과의 간격 : 0.1m 이상
⑤ 탱크전용실의 기준 : 벽, 바닥 및 뚜껑은 두께 0.3m 이상의 철근콘크리트로 할 것

☑ 간이탱크저장소의 기준

① 하나의 간이탱크저장소에 설치할 수 있는 간이탱크의 수 : 3개 이하
② 하나의 간이탱크 용량 : 600L 이하
③ 간이탱크의 밸브 없는 통기관의 지름 : 25mm 이상

☑ 이동탱크저장소의 기준

(1) 이동탱크의 두께 및 수압시험압력

① 압력탱크 : 최대상용압력의 1.5배의 압력으로 10분간 실시
② 압력탱크 외의 탱크 : 70kPa의 압력으로 10분간 실시
③ 맨홀 및 이동탱크의 두께 : 3.2mm 이상의 강철판

(2) 칸막이/방파판/방호틀의 기준

구 분	칸막이	방파판	방호틀
두께	3.2mm 이상의 강철판	1.6mm 이상의 강철판	2.3mm 이상의 강철판
기타 기준	하나의 구획된 칸막이 용량은 4,000L 이하	하나의 구획부분에 2개 이상의 방파판 설치	정상부분은 부속장치보다 50mm 이상 높게 유지

(3) 표지 및 게시판의 기준

구 분	위 치	규격 및 색상	내 용	실제 모양
표지	이동탱크저장소의 전면 상단 및 후면 상단	60cm 이상×30cm 이상의 가로형 사각형으로 흑색 바탕에 황색 문자	위험물	위험물
UN번호	이동탱크저장소의 후면 및 양 측면	30cm 이상×12cm 이상의 가로형 사각형으로 흑색 테두리선(굵기 1cm)과 오렌지색 바탕에 흑색 문자	UN번호의 숫자 (글자 높이 6.5cm 이상)	1223
그림문자	이동탱크저장소의 후면 및 양 측면	25cm 이상×25cm 이상의 마름모꼴로 분류기호에 따라 바탕과 문자의 색을 다르게 할 것	심벌 및 분류·구분의 번호 (글자 높이 2.5cm 이상)	

☑️ 주유취급소의 기준

(1) 주유공지
너비 15m 이상, 길이 6m 이상

(2) 주유취급소의 탱크 용량
① 고정주유설비 및 고정급유설비에 직접 접속하는 전용탱크 : 각각 50,000L 이하
② 보일러 등에 직접 접속하는 전용탱크 : 10,000L 이하
③ 폐유, 윤활유 등의 위험물을 저장하는 탱크 : 2,000L 이하
④ 고정주유설비 또는 고정급유설비용 간이탱크 : 600L 이하의 탱크 3기 이하
⑤ 고속도로의 주유취급소 탱크 : 60,000L 이하

(3) 주유관의 길이
① 고정식 주유관 : 5m 이내
② 현수식 주유관 : 지면 위 0.5m의 수평면에 수직으로 내려 만나는 점을 중심으로 반경 3m 이내

(4) 고정주유설비의 설치기준
① 주유설비의 중심선으로부터 도로경계선까지의 거리 : 4m 이상
② 주유설비의 중심선으로부터 부지경계선, 담 및 벽까지의 거리 : 2m 이상
③ 주유설비의 중심선으로부터 개구부가 없는 벽까지의 거리 : 1m 이상

(5) 게시판
① 내용 : 주유 중 엔진정지
② 색상 : 황색바탕, 흑색문자
③ 규격 : 한 변의 길이 0.3m 이상, 다른 한 변의 길이 0.6m 이상

☑️ 판매취급소
제1종 판매취급소와 제2종 판매취급소를 구분하는 기준은 지정수량의 배수이다.

구 분	제1종 판매취급소	제2종 판매취급소
저장·취급하는 위험물의 수량	지정수량의 20배 이하	지정수량의 40배 이하

※ 제1종 판매취급소의 기준

① 설치위치 : 건축물의 1층에 설치할 것

② 위험물 배합실의 기준

  ㉠ 바닥면적 : 6m² 이상 15m² 이하

  ㉡ 내화구조 또는 불연재료로 된 벽으로 구획

  ㉢ 바닥은 적당한 경사를 두고 집유설비를 할 것

  ㉣ 출입구에는 자동폐쇄식 60분＋방화문 또는 60분 방화문을 설치할 것

  ㉤ 출입구 문턱의 높이는 바닥면으로부터 0.1m 이상으로 할 것

  ㉥ 가연성의 증기 또는 미분을 지붕 위로 방출하는 설비를 할 것

소화난이도등급

구 분	소화난이도등급 Ⅰ의 제조소등	소화난이도등급 Ⅱ의 제조소등
제조소 및 일반취급소	• 연면적 1,000m² 이상인 것 • 지정수량의 100배 이상 취급하는 것 • 지반면으로부터 6m 이상의 높이에 위험물 취급설비가 있는 것	• 연면적 600m² 이상인 것 • 지정수량의 10배 이상 취급하는 것
옥내저장소	• 연면적 150m²를 초과하는 것 • 지정수량의 150배 이상 취급하는 것 • 처마높이 6m 이상인 단층건물의 것	지정수량의 10배 이상 취급하는 것
옥외탱크저장소 및 옥내탱크저장소 (제6류 위험물을 저장하는 것 제외)	• 액표면적이 40m² 이상인 것 • 지반면으로부터 탱크 옆판의 상단까지의 높이가 6m 이상인 것	소화난이도등급 Ⅰ 이외의 것
옥외저장소	덩어리상태의 황을 저장하는 것으로서 경계표시 내부의 면적이 100m² 이상인 것(2개 이상의 경계표시 포함)	덩어리상태의 황을 저장하는 것으로서 경계표시 내부의 면적이 5m² 이상 100m² 미만인 것
암반탱크저장소 (제6류 위험물을 저장하는 것 제외)	액표면적이 40m² 이상인 것	–
주유취급소	직원 외의 자가 출입하는 부분의 면적의 합이 500m²를 초과하는 것	옥내주유취급소
이송취급소	모든 대상	–
판매취급소	–	제2종 판매취급소

☑ 제조소등의 경보설비

(1) 경보설비의 종류
① 자동화재탐지설비
② 자동화재속보설비
③ 비상경보설비
④ 확성장치
⑤ 비상방송설비

(2) 경보설비의 설치기준
① 자동화재탐지설비만을 설치하는 경우

제조소 및 일반취급소	옥내저장소	옥내탱크저장소	주유취급소
• 연면적이 500m² 이상인 것 • 지정수량의 100배 이상을 취급하는 것	• 지정수량의 100배 이상을 저장하는 것 • 연면적이 150m²를 초과하는 것 • 처마높이가 6m 이상인 단층건물의 것	단층 건물 외의 건축물에 있는 옥내탱크저장소로서 소화난이도등급 Ⅰ에 해당하는 것	옥내주유취급소

② 자동화재탐지설비 및 자동화재속보설비를 설치해야 하는 경우
특수인화물, 제1석유류 및 알코올류를 저장 또는 취급하는 탱크의 용량이 1,000만L 이상인 옥외탱크저장소
③ 경보설비(자동화재속보설비 제외) 중 1개 이상을 설치할 수 있는 경우
지정수량의 10배 이상을 취급하는 제조소등

☑ 자동화재탐지설비의 설치기준

① 건축물의 2 이상의 층에 걸치지 아니하도록 함(단, 하나의 경계구역이 500m² 이하는 제외)
② 하나의 경계구역의 면적은 600m² 이하로 함(단, 건축물의 주요한 출입구에서 그 내부 전체를 볼 수 있는 경우는 면적 1,000m² 이하)
③ 경계구역의 한 변의 길이는 50m(광전식분리형 감지기를 설치한 경우에는 100m) 이하로 함
④ 자동화재탐지설비의 감지기는 지붕 또는 벽의 옥내에 면한 부분에 유효하게 화재의 발생을 감지할 수 있도록 설치
⑤ 자동화재탐지설비에는 비상전원을 설치

✅ 소화설비의 적응성

소화설비의 구분		건축물·그 밖의 공작물	전기설비	제1류 위험물 알칼리금속의 과산화물등	제1류 위험물 그 밖의 것	제2류 위험물 철분·금속분·마그네슘 등	제2류 위험물 인화성 고체	제2류 위험물 그 밖의 것	제3류 위험물 금수성 물품	제3류 위험물 그 밖의 것	제4류 위험물	제5류 위험물	제6류 위험물
옥내소화전 또는 옥외소화전 설비		○			○		○	○		○		○	○
스프링클러설비		○			○		○	○		○	△	○	○
물분무 등 소화설비	물분무소화설비	○	○		○		○	○		○	○	○	○
	포소화설비	○			○		○	○		○	○	○	○
	불활성가스소화설비		○				○				○		
	할로겐화합물소화설비		○				○				○		
	분말소화설비 인산염류등	○	○		○		○				○		○
	분말소화설비 탄산수소염류등		○	○		○	○		○		○		
	분말소화설비 그 밖의 것			○		○			○				
대형·소형 수동식 소화기	봉상수(棒狀水)소화기	○			○		○	○		○		○	○
	무상수(霧狀水)소화기	○	○		○		○	○		○		○	○
	봉상강화액소화기	○			○		○	○		○		○	○
	무상강화액소화기	○	○		○		○	○		○	○	○	○
	포소화기	○			○		○	○		○	○	○	○
	이산화탄소소화기		○				○				○		△
	할로겐화합물소화기		○				○				○		
	분말소화기 인산염류소화기	○	○		○		○				○		○
	분말소화기 탄산수소염류소화기	○	○	○		○	○		○		○		
	분말소화기 그 밖의 것			○		○			○				
기타	물통 또는 수조	○			○		○	○				○	○
	건조사			○	○	○	○	○	○	○	○	○	○
	팽창질석 또는 팽창진주암			○	○	○	○	○	○	○	○	○	○

※ "○"는 소화설비의 적응성이 있다는 의미이고, "△"는 경우에 따라 적응성이 있다는 의미이다.

✅ 유별을 달리하는 위험물의 저장기준

(1) 유별이 다른 위험물끼리 동일한 저장소에 저장할 수 있는 경우

옥내저장소 또는 옥외저장소에서는 서로 다른 유별끼리 함께 저장할 수 없지만 다음의 조건을 만족하면서 유별로 정리하여 서로 1m 이상의 간격을 두는 경우에는 저장할 수 있음

① 제1류 위험물(알칼리금속의 과산화물 제외)과 제5류 위험물
② 제1류 위험물과 제6류 위험물
③ 제1류 위험물과 제3류 위험물 중 자연발화성 물질(황린)
④ 제2류 위험물 중 인화성 고체와 제4류 위험물
⑤ 제3류 위험물 중 알킬알루미늄등과 제4류 위험물(알킬알루미늄 또는 알킬리튬을 함유한 것)
⑥ 제4류 위험물 중 유기과산화물과 제5류 위험물 중 유기과산화물

(2) 유별이 같은 위험물이라도 동일한 저장소에 저장할 수 없는 경우

제3류 위험물 중 황린과 금수성 물질

✅ 옥내저장소 또는 옥외저장소의 저장용기를 쌓는 높이의 기준

① 기계에 의하여 하역하는 구조로 된 용기 : 6m 이하
② 제4류 위험물 중 제3석유류, 제4석유류 및 동식물유류의 용기 : 4m 이하
③ 그 밖의 경우 : 3m 이하
④ 옥외저장소에서 용기를 선반에 저장하는 경우 : 6m 이하

✅ 탱크에 저장할 때 위험물의 저장온도

구 분	옥외저장탱크, 옥내저장탱크, 지하저장탱크		이동저장탱크	
	압력탱크에 저장하는 경우	압력탱크 외의 탱크에 저장하는 경우	보냉장치가 있는 이동저장탱크에 저장하는 경우	보냉장치가 없는 이동저장탱크에 저장하는 경우
아세트알데하이드등	40℃ 이하	15℃ 이하	비점 이하	40℃ 이하
다이에틸에터등	40℃ 이하	(산화프로필렌 포함) 30℃ 이하	비점 이하	40℃ 이하

🖋 운반용기의 수납률

① 고체 위험물 : 운반용기 내용적의 95% 이하
② 액체 위험물 : 운반용기 내용적의 98% 이하(55℃에서 누설되지 않도록 공간용적 유지)
③ 알킬알루미늄 등 : 운반용기 내용적의 90% 이하(50℃에서 5% 이상의 공간용적 유지)

🖋 운반 시 피복기준

차광성 피복	방수성 피복
① 제1류 위험물 ② 제3류 위험물 중 자연발화성 물질 ③ 제4류 위험물 중 특수인화물 ④ 제5류 위험물 ⑤ 제6류 위험물	① 제1류 위험물 중 알칼리금속의 과산화물 ② 제2류 위험물 중 철분, 금속분, 마그네슘 ③ 제3류 위험물 중 금수성 물질

🖋 유별을 달리하는 위험물의 혼재기준(운반기준)

위험물의 구분	제1류	제2류	제3류	제4류	제5류	제6류
제1류		×	×	×	×	○
제2류	×		×	○	○	×
제3류	×	×		○	×	×
제4류	×	○	○		○	×
제5류	×	○	×	○		×
제6류	○	×	×	×	×	

※ 이 [표]는 지정수량의 1/10 이하의 위험물에 대하여는 적용하지 않는다.

현실이라는 땅에 두 발을 딛고
이상인 하늘의 별을 향해 두 손을 뻗어
착실히 올라가야 한다.

- 반기문 -

꿈꾸는 사람은 행복합니다.

그러나 꿈만 좇다 보면 자칫 불행해집니다. 가시밭에 넘어지고 웅덩이에 빠져 허우적거릴 뿐, 꿈을 현실화할 수 없기 때문이죠.

꿈을 이루기 위해서는, 냉엄한 현실을 바탕으로 한 치밀한 전략, 그리고 뜨거운 열정이라는 두 발이 필요합니다. 그러지 못하면 넘어지기 십상이지요.

우선 그 두 발로 현실을 딛고, 하늘의 별을 따기 위해 한 계단 한 계단 올라가 보십시오. 그러면 어느 순간 여러분도 모르게 하늘의 별이 여러분의 손에 쥐어 져 있을 것입니다.

Craftsman Hazardous material

| 위험물기능사 실기 |

www.cyber.co.kr